教学革新

从心理学常识起步

钟启泉　编著

Instructional
Innovation

华东师范大学出版社
·上海·

图书在版编目(CIP)数据

教学革新:从心理学常识起步/钟启泉编著.
上海:华东师范大学出版社,2024. -- ISBN 978-7
-5760-5420-0
Ⅰ.G44
中国国家版本馆 CIP 数据核字第 2024AU5634 号

教学革新——从心理学常识起步

编　　著　钟启泉
策划编辑　彭呈军
责任编辑　朱小钗
责任校对　郭　琳　时东明
装帧设计　刘怡霖

出版发行　华东师范大学出版社
社　　址　上海市中山北路 3663 号　邮编 200062
网　　址　www.ecnupress.com.cn
电　　话　021-60821666　行政传真 021-62572105
客服电话　021-62865537　门市(邮购)电话 021-62869887
地　　址　上海市中山北路 3663 号华东师范大学校内先锋路口
网　　店　http://hdsdcbs.tmall.com

印　刷　者　上海景条印刷有限公司
开　　本　787 毫米×1092 毫米　1/16
印　　张　15.5
字　　数　227 千字
版　　次　2025 年 1 月第 1 版
印　　次　2025 年 1 月第 1 次
书　　号　ISBN 978-7-5760-5420-0
定　　价　58.00 元

出版人　王　焰

(如发现本版图书有印订质量问题,请寄回本社客服中心调换或电话 021-62865537 联系)

目 录

引言　把握"教学革新"的科学证据/1
　　一、"教学革新"的挑战/1
　　二、"教学革新"的科学证据/3
　　三、从改造教师的学习做起/6

第一编　认识儿童的发展

第一讲　"发展"是怎么回事/2
　　一、何谓"发展"？/2
　　二、生物学进化的视点/3
　　三、文化—历史发展的视点/5
　　四、个体发生学的视点/8
　　五、生涯发展心理学的视点/11

第二讲　认知发展：儿童思维的培育/16
　　一、儿童的思维及其发展/16
　　二、认知发展阶段：皮亚杰的理论/18
　　三、儿童心目中他者的"意图"：心智理论/21

　　四、发展之"壁"与"飞跃":从 10 岁开始/23

第三讲　喜怒哀乐:"情感"的产生及其培育/26

　　一、感觉与情感/26

　　二、儿童的危机与情感/28

　　三、"情感调节"的发展/29

　　四、"情感"的接纳与理解/31

　　五、"情商"与沟通能力/32

第四讲　"我"的成长:社会化与自我发展/35

　　一、社会化与儿童/35

　　二、沟通的发展/36

　　三、社会判断的发展/37

　　四、社会化与"我"/40

　　五、积极的人际关系与良好的社会适应/42

　　六、生涯发展阶段与生涯教育/45

第二编　理解学习的过程

第五讲　何谓"学习":心理学的解读/55

　　一、从行为主义看"学习"/55

　　二、从认知主义看"学习"/57

　　三、从情境主义看"学习"/61

　　四、从认知心理学的进化看"学习"/63

第六讲 如何促进"学习":脑科学的视角/70
一、脑拥有的最重要功能/70
二、帮助脑进行学习:学习境脉/72
三、帮助脑进行学习:学习设计/75
四、架设脑科学与教育实践的桥梁/77

第七讲 关注"学习动机"/81
一、动机与学习动机/81
二、动机作用的认知论/84
三、动机作用的情感论/87
四、面向未来的学习动机/89

第八讲 认知过程的基础/94
一、信息感知/94
二、注意:信息的取舍选择/97
三、记忆:再建构的主观信息/100
四、潜在学习/106

第九讲 "概念"与"知识"的建构/111
一、"概念"的形成/111
二、图式理论与元认知/115
三、知识建构的原理与方略/117

第十讲 "认知风格"的分析/122
一、"认知风格"的研究/122
二、因果认知:作为人的基本认知特征/125
三、认知功能与性别差异/127

第十一讲　社会情感学习/131
　　一、"社会情感学习"的定义/131

　　二、统整的 SEL 的框架/134

　　三、SEL 学校的创造/148

第三编　优化教学的境脉

第十二讲　"个别化学习"的原理/153
　　一、"个别化学习"的概念/153

　　二、"个别化学习"的实施/155

　　三、反馈："个别化学习"的教育性要素/159

　　四、把"灌输的课堂"转变为"探究共同体"/166

第十三讲　"集体效能"与协同学习/169
　　一、班杜拉(A.Bandura)的"自我效能"论/169

　　二、基于"集体效能"的"协同学习"活动设计/172

　　三、"协同学习"的要素与"思维深化"的机制/178

第十四讲　班级集体与伙伴关系/184
　　一、班级集体/184

　　二、伙伴关系/186

　　三、教师的领导力与师生关系/191

　　四、班级氛围与学校文化/194

第十五讲 人格成长:"积极心理学"的视点/198
一、塞利格曼(M.Seligman)的"幸福公式"/198
二、人格成长的关键词:积极心态/200
三、人格成长的关键词:坚毅性格/203

结 语 我们需要怎样的教学/214
一、基于"学生中心"的教学/214
二、基于"科学证据"的教学/217
三、基于"教师学习"的教学/221

后记/225

引 言

把握"教学革新"的科学证据

一、"教学革新"的挑战

"学习"是儿童的自我变革与自我更新。"应试教育"造成教育模式与未来需求之间的断裂,扭曲了儿童"学习"的本来面貌。为了儿童的未来,"学习"的定义必须重新界定。"学习"是经验重建的过程,教师的教育责任就在于通过激活儿童自主学习的种种工夫与智慧,支援儿童迈向幸福的自我变革的活动(交互作用)。在现代社会里,一切的"学习"都能在任何时候、任何场所展开、检索与分享。随着网络社会的出现,传统的学习方式业已式微;学校教学的主要功能——"知识传承"的意义,业已动摇。"关键能力""核心素养"等新型能力概念的倡导,意味着现代社会期许的能力冲破了传统的学力框架。这些概念的共同特色是,"借助工具同世界对话、同异质的他者交流、在广泛的世界中自律性地生存的能力",亦即"同世界丰富地交互作用的能力"。这就意味着学校现场的教师面临着一系列的挑战:

其一,"能力"概念的转换。进入21世纪,"关键能力"(核心素养)的术语超越了学校教育的范畴得以广泛运用。这种"核心素养"不仅指单纯的认知能力,而且涵盖了涉及人格深层的"作为整体的人的能力",隐性的能力被纳入了教育目标的视野。[1]"能力"概念的转换迫切需要教学策略的刷新——从"知识量"到"实践能力"的转变,亦即从追求学校教授知识的储蓄量,到追求"有效地运用各种各样的资源、同异质的他者协作、解决困难课题的能力"。这就是说,从"知识量到实践能力(素养)"的教学目标的

教学革新

转换。

其二,"学习"概念的转换。传统的"学习"的定义是"知识与技能的习得",这种定义过分狭窄。所谓"学习"并不是个人的知识习得,而是学习者通过同他者的交往互动,建构意义的社会实践。把"学习"重新定义为"学习者协同地进行知性的社会建构的实践"[2]。佐藤学说,"学习往往被比喻为从既知世界走向未知世界之旅。我们通过学习之旅,同新的世界相遇、同新的他人相遇、同新的自己相遇。借助对话,创造新的世界、新的社会、新的自我。因此,学习是三种对话——同客观世界对话(建构世界)、同他人对话(建构伙伴)、同自己对话(建构自身)——而展开的统整的对话性实践"[3]。这就无异于打破了传统的"没有教师、教材、课堂,教育(学习)便不能成立"的思维方式。从建构主义的立场来看待学校教育,教学内容的意涵并不是教科书与教师头脑中的知识,而是借助教师与儿童或者儿童之间即交互主体的沟通生成并建构的。因此,知识不是个人垄断的,而是在沟通的社会过程(关系)中构成的。

其三,基于"核心素养"的教学创造。我们需要借助主体性、对话性的"深度学习"的实现,寻求基于"核心素养"的课堂教学。在这里,不是单纯满足于哪一种教学方法优劣与否的问题,而是需要把握人类终身持续的"学习"这一活动的本质。当代学习科学围绕人类学习本质的研究至少取得了三点共识。[4] 这就是:1.儿童是带着丰富的既有知识进入课堂的。2."学习"往往是在具体的境脉与情境之中产生的。3.学习者需要认清"学习"的意义,进而梳理、整合知识。基于上述三点洞察,"有意义学习""真实性学习""明示性指导",自然应当成为教学策略开发与选择的出发点与归宿。基于"核心素养"的课堂教学旨在培育儿童成为即便在未知的世界中也能从容应对的问题解决者。

"教学革新"要求教师教学立场的根本转换,即从"教师中心"转向"学生中心"。教师唯有倾听学生发自内心的"声音"——旨在达成更高水准而自主地表达出来的"声音",才能把自身的教学实践引向"学生中心"教学的高度。

二、"教学革新"的科学证据

近一个半世纪以来心理学研究积累的学术成果,是支撑"教学革新"所不可或缺的科学证据。19世纪后半叶,德国莱比锡大学教授冯特(W. Wundt, 1879)设立的世界上第一个实验心理学研究室标志着"科学心理学"的诞生。奥地利神经科学家弗洛伊德(S. Freud, 1895)的"精神分析论"则为当今临床心理学的理论与实践奠定了基础。高尔顿(F. Galton, 1882)受达尔文进化论的影响,关注人为什么存在差异,展开一系列的"个体差异"研究。不仅为心理学,而且为行为遗传学与统计学的发展作出了巨大贡献,被誉为"差异心理学之父"。美国心理学家华生(J. B. Watson, 1913)主张,心理学要成为一门科学,只能以可客观观察的"行为"作为研究对象。心理学的目的是界定"行为"的法则、预测并控制"行为",华生的这种主张被称为"行为主义"。在行为主义看来,一切的行为是通过刺激与反应的联结而形成的,用经验说来解读包括心理倾向在内的人类的行为。这个学说极大地影响了从1910—1960年期间大约半个世纪的心理学。行为主义的观念到了20世纪初,同实用主义与实证主义合流,客观主义与经验主义成为美国心理学的主流思潮。尔后,以斯金纳(B. F. Skinner, 1938)等人为代表,考虑到刺激与反应之间有机体内的条件,而倡导"新行为主义"。进入20世纪50年代,盛行跨学科研究,在此背景下通过运用人工智能与电子计算机科学的研究,得出了人的心理机制亦可加以验证的推论。在这种思潮中新兴的"认知心理学"脱颖而出,被视为心理学的"认知革命"。人的"主体性"在心理学中得以重新认识,行为主义时代被视为异端的"意识"与"自我"这一原本心理学应当研究的"内部过程",重新得以展开实证性研究。如果说,我们需要倡导基于"科学证据"的教学、而不是囿于教师自身的"经验"与"直觉",那么,心理学研究积累起来的成果是值得珍视的。[5]

基于认知心理学的"能动学习"论倡导五项基本的教学原则[6]:第一,深层处理。围绕信息的心智操作越多,随着时间的推移,记忆信息的可能性就越高。这是一切能动学习的核心,是最基本的原则。要求展开心智操作就得聚焦实现学习目标的材料。这种心智操作可以借助能动学习的种种方法加以实施。第二,模块化。遵循确定的规则逐层地系统分成若干模块的过程。对整个系统而言,模块是可组合、可分解、可转换的。模块适用于从知觉(视觉、听觉等)到概念的一切信息。据此原则,不仅可以优质地建构学科教材与活动,而且可以出色地组织线上线下的课堂教学。第三,形成链接。链接在模块化地组织信息之际发挥重要的作用。把新接收的信息同既有的信息统整起来,亦即形成链接,信息才得以保存,也易于尔后借助给出的线索,回收信息。链接是学习科学中最大的研究课题,有助于学习迁移问题的解决(这里所谓的"学习迁移"是指把教学中掌握的信息运用于工作与日常生活的情境)。第四,双重编码。当信息借助视觉与语言的多种样式加以呈现之际,学习与记忆更加有效。就是说,从呈现图像之初就开始对话的方式,比单独地呈现图像或者语言,更加有效。这个原则反映了人脑拥有大量的记忆储存,因此可以说,信息一旦进入大量的储存,就能更好地学习。第五,自觉训练。需要采用特别的方法,展开有明确目标的自觉训练。让学习者注意接受反馈训练之初的行为与教师对该行为作出反馈之间的差异,通过反馈有助于更好地改进行为。这或许有悖于直觉,但学生最好的学习就是在发生错误的时候。换言之,正是在学生发生错误之后,才能接纳有助于促进学习的反馈。当然,每一个原则即便是单独实施也是有效的,但组合起来更能发挥作用。

20世纪80年代,心理学与生物学的融合产生了"行为遗传学"。到了90年代,与脑神经科学结合产生了"认知神经科学"。所谓"认知神经科学"是科学地研究认知(心理)过程的神经生物学的机制。特别是聚焦心理过程及其行为的表现方式的神经基础。可以说,它是从心理与认知功能怎样借助"脑神经回路"而发挥作用的视点出发,来展开研究的一个学术领域。[7]晚近认知神经科学围绕"人是借助经验与学习而发生变化的"提供了诸多有代表性的科学证据。比如,法国认知神经科学家迪昂(S. Dehaene, 2020)揭示了最大限度地发挥人从环境中提取信息的四种功能——注意、主动参与、错误反馈、巩固(睡眠),倡导学习的"四大支柱"[8]。日本认知神经科学家进一步强调了有助于这些功能发挥的最佳时期（敏感期），这就形成了学习的"五大支柱"[9]。

（一）注意。信息的选择与切换。"注意"在适当的信息选择中扮演着根本性的作用，存在于人脑的种种回路中。"注意"的三个系统（警觉、定向、控制）大规模地调节脑的活动，便于促进学习，但也可能对学习作出错误的导向。所谓"引起注意"就是作出斟酌、过滤与选择，因而认知科学家称之为"选择性注意"。从学生的角度来说，不仅需要相信教师教的知识，而且必须自律地、批判性地思考，成为学习的主人。

（二）能动参与。动作与认知的连接。要获得信息就得能动地作用于环境。根据认知心理学的研究，语言与动作同样是支撑信息处理的，能动性的动作是有助于学习的。"能动学习"意味着拒绝被动、主动参与、能动地生成假设并在现实世界中加以验证。教师的责任就在于最大限度地发挥儿童的智能，这就需要精心设计教育的阶梯。通过提问与启发，不断激励他们寻求新的知识与新鲜事物，引导他们攀登知识的顶峰。

（三）反馈。误差的积极反馈。任何学习都有着感性地提取并修正"目标值"与"实现值"之间的误差的反馈作用。错误反馈并不等于惩罚。教师只要及时地对学生的错误作出反馈，学生便可充分地利用反馈进行修正。学生所获得的反馈的质量，是他们的学业能否取得成功的决定性要素之一。当然，测验也是一种反馈，但分数是错误反馈最拙劣的替代品。

（四）巩固（睡眠）。记忆的巩固。神经科学提供了睡眠与信息、记忆关系的神经科学的证据。"睡眠并不是一段不活跃的时期，也不仅仅是清理白昼积累在脑中的废弃物的时间。恰恰相反，人们在睡眠时，脑仍然在活动。正如俗话所说的'睡眠学习'，它按照特定的算法运行，再现前日记录下来的重要事件并把它转送至记忆中更有效的区段。""深度睡眠可以巩固与类化知识，心理学家称之为'语义记忆'或'陈述性记忆'，而在脑活动接近觉醒状态的快波睡眠期间，会强化视觉与运动的学习，即'程序性记忆'。"[10]

（五）最佳期。认知神经科学提醒我们需要关注发挥上述这些功能的"最佳期"。

所谓"最佳期"就是"临界期"与"敏感期",而"敏感期"是指感觉输入影响知觉—运动系统的发展的时期,亦即通过经验获得新的行为的有限时期。这个时期所获得的行为是"不可逆"的。教育神经科学研究提供的一系列科学证据,为"教学革新"开拓了新的理论视野与教育方略,值得我们关注。

值得注意的是,学习科学围绕"人是如何学习的"命题,从更广阔的"文化境脉"的视角,不仅梳理了实验室研究的神经心理学与认知科学的成果,而且检视了文化与社会心理学、基于课堂教学的研究以及成人学习中学习的质性研究的积累,得出的结论是:"每个学习者都会在生命进程中发展出独一无二的知识序列和认知资源,它们由学习者的文化、社会、认知及生物等境脉的相互作用所塑造。理解'人如何学习',其核心在于学习者在发展、文化、境脉和历史上的多样性。"[11]

三、从改造教师的学习做起

我们需要重新定义"教师工作"。学校教师的根本使命就在于,让每一个儿童拥有自由地航行于没有标准答案的未来世界的本领。戈尔曼等学者表示(D. Goleman, P. Senge, 2014),必须掌握三种技能,或者说,学会"三个聚焦"——"聚焦自我、聚焦他人、聚焦外在世界"[12]。"聚焦自我"指的是,面向自身,关注由自身的思考与情感组成的内在世界。把握自身的目标、扎根深层的动机、理解自身的感悟以及为什么如此感悟,也懂得如何内化这种感悟。能够聚焦自身,这是良好的自我管控的第一步。"聚焦他人"指的是,面向他人,发现并理解他人,亦即所谓的"移情"。大体包括三类:认知性理解他者、情感性理解他人、从理解他人出发的关爱。不仅从自身的见解出发,而且从对方所展现的解释理解其中的现实,把自己与对方链接起来。这种技能是同关心他人、同他人协作的能力息息相关的,是建构有效的人际关系的关键所在。"聚焦外在世界"指的是,面向世界,理解广袤的客观世界——理解自然界,理解社会系统,进而不仅培育对系统的知性,而且链接其他两种知性(理解自己与理解他人的知性)。理解这些系统是如何相互作用的;在系统中形成了怎样的相互依存的关系。而这种相互作用,无论在家庭、在组织、在整个世界中,都是普遍存在的。因此,佐藤学(2023)强调,如果说19世纪、20世纪的教师是"教的专家",那么,21世纪的教师是"学的专家"[13]。以往的教师主要是钻研教材、进行提问与设计板书,编制落实知识点的课时教案。而今的教师是以设计学习单元,调整探究与协同,观察、判断与反思学习为中心的工作。就是说,学习的设计、调整与反思,是当今教师的主要工作。只要教师未从"教的专家"转向"学的专家",那么,要实现课堂变革几乎是不可能的。

学校变革从"教学革新"开始。"教师中心"的课堂教学模式依然存在,导致诸多一线教师将课时教案、知识点的识记、教学效率奉为金科玉律,落入昔年"课时计划"的窠臼。毫无疑问,教师的教学立场与观念不变,绝不可能有新的教学设计的创造。佐藤学指出,基于"计划"而实施的教学实践与基于"设计"而实施的教学设计,无论在目的、逻辑、方法方面是全然不同的。[14]前者的"计划"是在实践之前决定的,实践是根据计划实施的;而后者的"设计"是"同情境的对话",在实施过程中还需作出修正的、基于变化的设计而实施的实践。决定"计划"的是"目标",因此,基于"目标—达成—评价"的周期性实践,评价用目标达成度来显示的实践研究是一种假设验证型研究。而决定"设计"的是"愿景",想创造怎样的教学、实现怎样学习这一愿景,引领着教师的教与学生的学,即基于"设计—实施—反思"的周期性实践。两种教学实践其样式、逻辑、话语是截然不同的。基于"计划"的实践是目标达成的技术性实践,基于"设计"的实践是寻求愿景的反思性实践。学校教育既然是一种制度性实践,是作为项目实践(技术性实践)来组织的。然而,教师与学生所要求的是基于设计的项目设计(反思性实践)。进一步可以说,基于"计划"的实践适用于物质产品的生产,基于"设计"的设计适用于文化社会活动。在21世纪的教学中,从"计划中心"的教学走向"学习中心"的教学是大势所趋。这是由于在21世纪的社会中,创造性、探究学习与协同学习,远比追求教学效率更具价值。在我国,基于"计划"的教学实践与教学研究占统治地位。今后,应当基于"设计"的思维,以"设计—实践—反思"的周期,展开新的教学创造。

教学革新以改造教师的学习为前提。我们的教师往往依赖自身的直觉与经验,却轻视教育理论的滋养;我们的教育行政往往忙于"先进经验"的推广,却不注重基于经验的实践理论的建构;我们的教育研究者往往打着"讲述中国教育故事"的大旗,却忽略或无力去挖掘真实的故事以及提炼其背后闪光的观念。没有理论的实践是盲目的实践,没有实践的理论是空洞的理论。在充斥着"盲目的实践"与"空洞的理论"的汪洋大海中不可能有一线教师真正的学习与成长。我们需要在教育理论与实践之间架起一座沟通的桥梁。瑞士心理学家皮亚杰(J. Piaget)在他的《现代教育学》(1949)中指出,"教育学类似于医学。它是一种术,不过是基于(或应当基于)正确的科学知识的一种术"[15]。不言而喻,心理学作为一种"术",可以为教育实践提供源源不断的"科学证据",是教师学习不可或缺的一份精神财富。唯有一线教师操起了"心理科学的手术刀",才能更好地剖析儿童的学习活动、自身的教学实践。

教学革新归根结底意味着"学习共同体"的创建。"学习共同体的改革不是'运动',而是'网络'。这种改革是意义非凡的。在这种网络中并不存在头领与中心,大凡参与的所有学校、所有教室、所有社区都是中心,是'去中心化'的,所有的参与者都是改革的主人公"[16]。这也正如法国认知学习神经科学家迪昂(S. Dehaene, 2020)说的,"就像医学以生物学为基础那样,教育领域也必须扎根于教师、家长、研究者一体的系统而严整的研究生态系统,持续地寻求更有效的基于科学证据的学习策略"[17]。

参考文献

【1】钟启泉. 解码教育[M]. 上海:华东师范大学出版社,2020:7-15.

【2】广石英记. 教育方法论[M]. 东京:一艺社,2014:190-191.

【3】【13】【14】【16】佐藤学. 走向课堂与学校的未来:学习的革新[M]. 东京:小学馆,2023:84-85,11-12,104-105,154.

【4】奈须正裕. 创造新型学习的智慧与诀窍[M]. 东京:行政出版公司,2019:73.

【5】钟启泉. 教学心理学十讲[M]. 上海:华东师范大学出版社,2020:1-4.

【6】斯蒂芬·M.科斯林.能动学习:基于"认知心理学"的五项原则[M].永井知代子,等,译.东京:医齿药出版股份公司,2023:15-16.

【7】若林明雄.心理学教养讲座[M].东京:有斐阁,2022:33-50.

【8】【10】斯坦尼斯拉斯·迪昂.精准学习[M].周加仙,主译.杭州:浙江教育出版社,2023:152,231-232.

【9】【15】乾信之.脑是怎样学习的:来自教育神经科学的启示[M].京都:京都大学出版会,2023:179,306.

【11】利拉·巴格利·马雷特,等.人是如何学习的Ⅱ:学习者、境脉与文化[M].裴新宁,王美,郑太年,主译.上海:华东师范大学出版社,2021:3.

【12】丹尼尔·戈尔曼,彼得·圣吉.21世纪的教育[M].井上英之,主译.东京:钻石社,2022:19-21.

【17】斯坦尼斯拉斯·迪昂.脑是这样学习的:学习的神经科学与教育的未来[M].松浦俊辅,译.东京:森北出版,2021:315.

第一编

认识儿童的发展

在一切的混乱中有和谐,在一切的无序中有隐匿的秩序。

瑞士分析心理学家　荣格(C. G. Jung, 1875—1961)

儿童生来就是知性的存在,借助思维与认知,了解种种事物,彼此交互作用,理解逐渐深化。这种知性发展从早期阶段就开始了,儿童从小就在幼儿园、小学里学习并掌握种种知识。不过,仅仅接受幼儿园与小学的教育是难以支撑儿童的思维发展的,而家庭中的经验与知识、同伙伴游戏与交流的日常生活本身,正是支撑儿童知性发展的丰厚的基础。可以说,幼儿园与小学阶段的课程就是基于儿童知性的准备状态来设计的。那么,何谓儿童思维的发展,亦即认知发展是怎样产生的?又是在怎样的情境中反映出来的?如何促进儿童的认知发展?——这一系列的问题,心理学的研究,特别是认知发展、情绪发展以及儿童的"自我"成长(社会化与自我发展)的研究,为学校教育现场的活动设计与实施提供了基本的科学证据。

教学革新

第一讲 "发展"是怎么回事

人是万物之灵。人的发展不仅具有共同性,也具有个别性。每个人与生俱来的素质是不同的,加上同怎样的境脉相遇、经历怎样的经验、达到怎样一种发展状态,是千人千面的。本讲主要围绕"发展"是怎样一种现象,展开讨论。"发展心理学"一般从四个时间轴的维度,来把握人的发展的现象。这就是:把人视为有别于其他动物的"生物学进化的视点";人是在怎样的社会一文化中生存、并在该文化所承载的历史中生存的"文化—历史发展的视点";从每一个人的具体成长过程来看的"个体发生学的视点",以及从人的整个生涯的角度来把握的"生涯发展心理学的视点"。

一、何谓"发展"?

当我们接触到儿童的"发展"这一术语之际,会在脑海中浮现出怎样一种形象呢?一定会想起婴儿的"成人"的过程,进而会对这种成长过程——婴儿会什么、不会什么,几岁儿童能做什么、不能做什么——抱有种种的期待。不错,通过发展心理学的研究,可以帮助我们找到理解人的成长的标尺。

在当今的发展心理学中,"发展"被定义为"从受精卵开始到死亡的心理与行为的变化"[1]。从这个定义可以明白,"发展"并非单指婴儿与儿童的现象,而是指整个人生的变化过程。"发展"的过程是连续的,不过,发展的变化在不同时期(阶段)各有其特征。"发展心理学"是心理学中较新的学术领域。以往大多称为"儿童心理学""青年心理学"领域的以年龄来区分研究对象的心理学,主要是研究成为"成人"的变化,亦即研究逼近"成人"目标之过程的领域。就是说,"成人"被视为完成品,不再变化了;"儿童"则反之,是在变化着的"未完成品"。确实,婴儿的变化是极大的。从"婴儿"成长为"成人"是终身持续变化的存在,把它纳入研究视野的,便是当今的"发展心理学"。这也体现了将"发展"的视野贯穿于整个人生来考察"变化"的视点。换言之,一般意义上的"人生"之中所观察到的个人行为(心理)方面的变化被视为"发展",有别于日常生活中"成长"的术语。"成长"指的是"进步""向上"之类的积极的变化,而心理学中的"发展"不仅指"成长",还包括人生中不可避免的负面的变化——某种功能的丧失与衰退(老化)。一旦把人的终身纳入视野来阐述"获得"与"丧失",就得把婴幼儿视为成长、获得的存在;把高龄者视为丧失、衰退的存在。不过,即便是婴幼儿也存在本来"有能"变得"无能"的现象:降生后不久,婴幼儿在养育的环境中能发出或区分所说话语中并未包含的语音;但一岁之后,在养育的环境中对未说话语中的音,却没有什么反应了。另有些婴幼儿对养育环境中所说话语的语音特别敏感,能发音并作出区分。这样看来,"发展"这一现象中"获得"是与"丧失"同时进行的。"发展"的概念所指的历时性变化,不仅有量的变化,也有质的变化。

"发展心理学"就是伴随着时间的推移而产生变化的过程与整体结构的研究。心理学家维果茨基(L. S. Vygotsky)主张,要把握人类的心智慧功能、行为本质,就得关注其起源与发生学的变化。[2] 这种发生学的方法论表明,我们必须从多维视点出发,来考察其生物学进化、文化—历史发展、个体发生学发展以及生涯发展的机制。

二、生物学进化的视点

(一) 进化的视点

达尔文(C. Darwin)的《物种起源》(1859)摈弃当时神学的"设计论"的观点,倡导"物种是通过自然选择进化"的学说[3]。"进化心理学"(Evolutionary Psychology)就是基于达尔文自然淘汰说的进化理论来考察人类的心智与行为的一种研究,旨在揭示人种的特殊性。同时,从所有生物共同的进化力学出发,得出统整地理解的视点。"进化心理学"主张,人类的心理是一整套信息处理的装置,这些装置是自然选择的结果,其目的是处理我们祖先在狩猎等生存过程中所遇到的适应问题。进化心理学的代表性人物科斯米德斯(L. Cosmides, 1989)着眼于"互惠利他"这一进化论的概念,来说明心智的动作。这种理论主张,"只要利他者能在将来的某个时刻从受惠者那里获得回馈式的收益,那么,促使人类在非亲属之间产生利他行为的心理机制就能得以进化"[4]。

提起"进化"过程,往往联想到"进步"。不过,如前所述,"发展"的概念包含了"获得"与"丧失",在进化中也会产生"获得"与"丧失"。"进化"不等于"进步"。随着身体成长的变化,同时也会带来某种缺失。试看人类进化史上的重大事件[5]:人类在大约700万年前开始直立行走。其契机是由于地壳变动的影响,土地干燥,从原本居住的森林迁徙到草原,生存环境发生了巨大变化,黑猩猩之类的类人猿的祖先却仍然居住在森林里。由于居住环境的变化,食物也发生了变化。犬齿缩小,釉质变厚。在大约260万年前,人类开始使用石器、制作工具。大约240万年前,脑容量增大。约150万年前,开始使用火。约10万年前,开始农耕。约4万年前,出现壁画艺术。就是说,人类进化的步伐是从直立行走开始的。直立行走带来的是双手的自由解放、工具的制作与使用。此外,由于能有效地长距离步行,居住地域得以扩大。再者,以直立行走为契机,大脑进化、智能发展、语言诞生。不过,直立行走也带来负面影响:腰痛、胃下垂、脱肠、难产、起立性低血压、贫血、脚浮肿、吞咽障碍,等等。就是说,"进化"在巨大的变化中也会带来巨大的损失。值得关注的一点是,不仅在人类发展的过程中,而且在人种这一存在的进化过程中,既有得也有失。

(二)"二次就巢性"与"生理性早产"

把人类的发展特征同大型动物、比如鹿与马相比可发现,人类开始走路的时间迟缓。瑞士动物学家波特曼(A. Portmann, 1951)指出,大型动物为保护身体,一生下来就能走路,谓之"离巢性"。而小型动物,比如兔子和猫的幼崽,眼睛看不见,耳朵听不见,在成长期间待在安全的巢穴,谓之"就巢性"[6]。人类尽管身躯的大小接近于大型动物,但以开始走路为标准,同别的动物相比,大约早产一年,具有"二次就巢性"的特征,被视为"生理性早产"。在生后的一年之间,也谓之"子宫外胎儿期"。所有的进化过程,正如直立行走带来的正面与负面的双重作用,人类的生理机制还存着诸多不可思议之处。另外,人类的婴儿从未成熟的状态降生下来,直至成人,所花的时间漫长,从某种意义上说是学习时间的延长。行为的可塑性大,适应新的环境便有了可能。在发展的过程中,从婴儿对声音反应的获得与丧失亦可看出,无论在怎样的环境条件下都能拥有适应的能力。应当认识到,人类的这些特征是基于由艺术、学术、体育、游戏组成的社会文化背景生成的。人类学习时间的延长意味着不仅有获得文化涵养的积极面,也有养育负担过重的消极面。所以,当我们思考"人"这一存在之际,可以从生物学进化的视点出发作出多层面的考察。

三、文化—历史发展的视点

(一) 从历史看"儿童"

"儿童"这一概念本身是产业革命之后才有的。法国社会历史学家阿利埃斯(P. Aries)的《儿童的世纪:旧制度下的儿童和家庭生活》(1960)[7],通过从欧洲中世纪至18世纪的绘画、墓志铭、日记、书简的分析,揭示"儿童"的概念并非自古以来就有的,而是社会建构的概念。当今我们大多数人都拥有将"儿童"视为可爱的、幼稚的"儿童感",这种意识与情感其实在中世纪是不存在的。该概念于17—18世纪率先在上流社会产生、在19世纪中叶之后才成为不分阶层为世人共享的概念。有人批判阿利埃斯的研究,指出其所用史料的偏颇、中世纪也存在儿童的场所,如此等等。然而重要的是,从历史上来看,人们以为是理所当然的同年龄阶段划分(诸如"儿童""成人""青年""老人"之类)相应的概念,和伴随而来的对儿童的感知与行为,以及其中隐含的儿童观,是伴随着社会的变迁而发生着巨大的变化的。

(二) 文化与发展

20世纪20—30年代,苏联心理学家维果茨基与鲁利亚(L. S. Vygotsky, A. R. Luria, 1930)把人的发展同人类的历史发展密切联系起来。"现代文化人的行为不只是生物进化的产物,也不只是儿童期发展的结果,而是历史发展的产物。在人类的历史发展过程中所获得的变化与发展,不只是人际之间的外部关系,也不只是人类同自然的关系,而是人类自身的变化、发展,其所固有的本性的变化"[8]。试看现代人的行为,比如,语言的运用正是从人类自身的变化、发展而来的。诚如维果茨基所说,尽管人类交往的语言并不相统一,却能有效地同他者交往、同物体交流;尽管运用语言的生物学基础是同样的,但个人的语言是根据其所处的文化环境而不同的。

马雷特(C. B. Marrett, 2018)指出:"从广义层面说,文化是人类群体的习得行为,它通常反映了这个群体的传统并通过社会学习而代代相传;与此同时,文化也得以塑造,以适应环境与目标。"[9]格塞尔(A. Gesell, 1934)被誉为通过大量儿童样本系统地反映动作发展这一领域的先驱,他启发了众多研究者去探索各种文化境脉下的儿童在哪个年龄阶段以何种顺序做什么。卡拉希克(L. B. Karasik, 2010)的研究表明,不同国家的文化会造成人在动作发展速度方面的惊人差异,而这和其贫困与否并无关系。比如,对非洲国家儿童的研究显示,婴儿会抬头和会走路的时间平均早于欧美儿童。最重要的是,某些文化群体特别看重儿童的早熟,这些父母特别期望他们的孩子在更小的年纪能够取得重大成果。[10]

日本学者原博子在《儿童的文化人类学》(1979)中根据自身在1961—1963年同加拿大西北部印第安人一起过了11个月狩猎生活的经验发现,文化不同,看待儿童发展的视点也不同,因而成人对儿童的应对方式也有所不同。

一天,发生了这样一件事。

在小木屋附近的一处不显眼的角落,一个四岁零四个月的小女孩挥动着斧头在劈柴。我不由得环顾四周,看是否有成人在照看。刹那间差点大声叫唤"危险!"却又改变了主意,在旁边紧紧地盯着。

就在这节骨眼上,斧头砍下来了,木头被劈成两半。这个孩子把劈好的木柴搬在一处、堆成了一座柴山。接着又捡起一段木头,重新挥舞起斧头,把它劈成两半。见此情景,我才放下了悬着的心,一边感叹着,一边凝视着孩子娴熟的动作[11]。

罗格夫(B. Rogoff, 2005)在《作为文化活动的发展:个体、世代、共同体》中也描述了刚果部落民的孩子们在日常生活之中使用砍刀的情景,书中还附有出生后11个月的小孩熟练地操起砍刀、切水果的照片。在这种文化背景下,当需要使用生活上必需的刀具时,成人与其教导孩子"别使用""有危险",不如教会儿童正确的握刀姿势。这就是说,"发展"是同这些人所浸润的文化价值观以及这种价值观下的生活方式,紧紧地联系在一起的。

(三) 遗传与环境

如上所述,在探讨为什么会有这种"发展"的时候,从生物学的视点出发强调的是"遗传",即注重成熟与先天性的立场;从社会学的视点出发强调的是"环境",即注重环境与经验的立场。德国心理学家施太伦(W. Stern, 1914)倡导"辐合说",即"发展"是遗传要素与环境要素叠加作用的结果。就是说,遗传与环境均是制约"发展"的重要因素[12]。交互作用说的代表人物、美国心理学家詹森(A. R. Jensen, 1968)倡导"环境阈值说"。该学说主张,实现遗传的可能性所必要的环境的量与质是各不相同的,各种特性的实现有其各自特有的环境条件的阈值(一定的水准)。"行为遗传学"通过比较"双生子"(双胞胎)的异同,分析遗传与环境因素对个体特征(性状)的影响。"行为遗传学研究发现,遗传影响看起来几乎无处不在。事实上,很难找到不受遗传影响的行为维度或障碍。另一方面,行为遗传学研究也为环境影响的重要性提供了一些最有力的证据。原因很简单,遗传力很少大于50%,这意味着环境因素也很重要。"[13]双生子可分"同卵双生子"与"异卵双生子"。两者通常在性别、外貌与血型等方面存在差异。"同卵双生子"具有的遗传信息完全相同,在遗传学上甚至可以视为同一个人,不仅外貌一样,性别与血型也相同;而"异卵双生子"从遗传学的角度看,则与普通的兄弟姐妹没有什么区别,彼此之间平均有50%的遗传信息相同。一方面,无论是哪种双生子,基本上是在相同的环境中成长的,这种环境称为"共享环境"。它有使双生子趋于相似的作用。另一方面,即便是双生子,在外貌、性格等方面依然存在诸多的差异,可以视为因双生子分别受到不同的环境影响所致,这种环境称为"非共享环境"。它有使双生子产生差异的作用。

行为遗传学的上述见解可以归纳成如下三个判断[14]:其一,所有的心理形质的个别差异受遗传的影响。其二,"共享环境"(家庭环境)的影响作用大多微乎其微。其三,个别差异的源泉大多来自"非共享环境"。就是说,"发展"并不仅仅是由遗传或环境决定的,是两者的交互作用而产生的。尽管行为遗传学的见解表明遗传对个性特征与智能的影响是巨大的,然而,单纯着眼于这种遗传要素的影响作用也会导致历史上的"优生学"的谬误。因此,从学校教育的角度来看,关注环境对智能发展可能产生的影响,以及学校与社会文化的作用,更为重要。

四、个体发生学的视点

(一)"发展"的一般性特征

发展原理——在人的身心发展中有谓之"发展原理"的一般特征,即"连续性""顺序性""方向性"[15]。"连续性"是指发展是无休止地连续发生的,不是急剧变化的。"顺序性"是指发展是按照一定的顺序发生的,不是逆顺序。"方向性"是指发展具有一定的方向性,从身体与运动能力的发展可以看出"从头部到尾部、从中心部到周边部"的发展方向。

发展阶段的划分与反抗期——人的发展是连续的,但在变化过程中会出现具有明显特征的可区分的时期。以这种特征为线索,可以把人的一生的发展变化划分为若干时期与阶段。另外,划分这种时期与阶段的方式会由于关注重点的不同而不同,从而出现种种不同的类型划分。从社会习惯与实用性的角度作出的划分是最为普遍的,一般分为胎儿期(从受精卵到出生约40周)、婴儿期(步行与语言运用的开始,诞生—2

岁)、幼儿期(运动、对话趋于自由,2—6岁)、儿童期(第二性征出现,6—12岁)、青年期(生理成熟与心理功能趋于完成,12—22岁)、成人期(家庭生活、职业生活趋于稳定,20—30岁)、壮年期(40—50岁)、老年期(60岁之后)[16]。在人的成长过程中会出现两次"反抗期"。一是在2—4岁的时期,儿童的自我意识萌芽,出现"第一反抗期";二是在青年期,自我意识强烈,出现"第二反抗期",比之第一反抗期,反抗的对象扩大,反抗的内容多样化。可以说,这是儿童确立起作为独立的"人"的重要时期。

发展领域的相互关联——发展是各个侧面、各个领域(诸如身体、运动、认知、社会性、情感等)相互交织而推进的过程。人的发育按照一定的规律推进,但并不是以均匀的速度推进的。所谓"发展曲线"就是具体地、可视化地表达发展面貌的一种手段。其典型的代表就是斯卡蒙(R. Scammon, 1930)的"发展曲线"(生长模式),具象化地描述了这种过程[17]:从青春发育的12岁来看,脑的发育相当于成人脑的"神经型";整个身体处于发育之中的"一般型";生殖器官几乎尚未发育的"生殖型";淋巴系统组织急剧发育其免疫功能超越成人水准的"淋巴型"。随着系统伴随着整个身体的发育而发育,淋巴系统落后于成人。淋巴系统的充实在青春发育期非常必要。在青春期,嗓音发生变化,出现第二性征。伴随着时代的发展,饮食生活与生活环境的改善,加快了儿童的身体发育与性早熟,谓之"发育加速现象"。身体发育与心智发展形成巨大的差异,是现代儿童发展困境的一大原因。

(二) **发展与教育**

成熟与学习——作为影响人的发展的要因,"成熟与学习"究竟哪一个占据优势地位,是自古以来一直争论的问题。"成熟优势说"主张,发展不受环境与学习的巨大影响,它是生物学成熟,亦即依据人的遗传程序而进展的;反之,"学习优势说"主张,人的发展是受学习与环境所决定的。前者的代表人物是美国心理学家格塞尔。在他看来,发展的重要因素是成熟,倘若未达到与成熟水准相符合的学习,哪怕再多的训练也是没有效果的;后者的代表是人物美国心理学家华生(J. B. Watson, 1924)。他从行为主义立场出发,主张人的发展是由出生后的学习与环境所决定的。[18]

早期经验与临界期—敏感期——在发展初期的某个时期一度经历的经验会对其后的行为产生重要的影响,谓之"早期经验(早期学习)效果"[19]。而这种学习得以形成,只限于极短的一定期间,此期间就叫作"临界期"。典型的例子就是"刻板印象"。德国动物行为学家劳伦茨(K. Lorenz, 1960)的研究表明,幼禽在孵化后的极短期间内,只要对最初相遇的对象进行一次或数次的跟随学习,就能在此后的长时期内表现出跟随的习性。不过,人并不存在像幼禽那样的戏剧性的早期经验效果与临界期,但存在极其缓慢的敏感期。比如,英国的儿童精神病学家鲍尔比(J. Bowlby, 1959)主张,婴幼儿与母亲之间亲密、持续、充满幸福感与满足感的精神状态,是最根本的。在儿童一岁后,缺乏良好的亲情关系谓之"母亲养育的丧失",会妨碍尔后其体格、运动、情感、智能发展与性格的形成。

发展课题——每一个人的身心与人格的发展都是循序渐进的。美国教育学家哈维赫斯特(R. J. Havighurst, 1972)认为,人要过一个健康而满足的社会生活就得实现其人生各个时期应当达成的课题,并且系统地梳理了从幼儿期到老年期各个阶段的发展课题。倘若能出色地达成某个时期课题,则幸福美满、并易于达成尔后阶段的课题;倘若未能达成,则会产生社会适应性困难,尔后的发展课题也难以达成。在哈维赫斯特看来,发展课题之所以产生的原因有三个:生理成熟、社会与文化的要求、个人的价值观与愿望。由于这些因素的组合,构成了各个阶段应当达成的课题。可以说,发展课题是人生各个阶段的教育目标与发展的评价指标。[20]

发展的"最近发展区"——前面提及的"成熟优势说"主张,"准备"一旦形成,学习是最有效果的,此前的信息没有什么意义。然而,"准备"的形成不能靠等待,通过适当的教育是可以促进准备的形成的。学习的时期不是同教育策略(方法)无关,倘若讲究一定的教育策略,可以在更早的时期展开有效的学习。维果茨基从这一观点出发,主张应当把儿童的知性发展分为两个水准:一是儿童当下能独立解决问题的水准;二是通过他者的帮助及同他者的协同作业、可能解决问题的水准,这两个水准之间的"间隔"或"落差"谓之"最近发展区"。[21]维果茨基举例作了说明:两个儿童想独立地解决 8

岁智力水准的问题,不过,向这两个儿童提出他们不能独立解决、但在提示了解答要领的条件下,一个儿童能解决 12 岁水准的问题,另一个儿童只能解决 9 岁水准的问题。显然,在这种场合他们的"最近发展区"不能说处于相同的发展水准。在维果茨基看来,构成发展水准的指标的,并不是业已成熟的功能(亦即儿童当下能独立解决问题的能力),而是在他人的帮助之下成熟的那部分功能,亦即"最近发展区"。教育的可能性与策略取决于这种"最近发展区"。所谓"教育"的作用,就是把儿童今日的发展水准提升到明日的发展水准,同时拓展新的明日可能发展的水准。尔后,布鲁纳(J. S. Bruner, 1976)把支援这种发展的"最近发展区"谓之"脚手架"(Scaffolding)。[22] 在我们思考如何基于发展而作出适当的支援时,这些概念都是不可或缺的。

意大利儿童教育学家马拉古奇(L. Malaguzzi, 1957)说,"儿童是一种有其自身规律的存在。……儿童的整个生活有别于成人的生活,有其特定的动态和现象",而"理解儿童就是欣赏儿童,就是更加意识到我们的教育责任"[23]。

五、生涯发展心理学的视点

如前所述,"发展心理学"是研究人的心理发展的学问,对何谓"心理发展"问题的回答(亦即"发展观"),在晚近的半个世纪中发生了巨大的变化:其一,作为发展之目的的"成人"。直至 20 世纪 70 年代,"发展心理学"亦被称为"儿童心理学"。当时的"发展心理学"主要是探讨从婴儿期至青年期儿童身体、行为、认知方面的变化的一门学问。这里所谓的"发展",指的是无能力的、未成熟的儿童朝向有能力的成人上升变化的成长过程,被视为成为"成人"(比如在认知层面,能展开逻辑性的抽象思维)的发展目的。因此可以说,从学术的角度对成人之后的发展,几乎是缺乏研究的。其二,寿命的延长与生命周期的变化。伴随着医学进步与经济发展带来的寿命延长,人们和研究者关注如何延年益寿。其三,所谓"发展"不单指儿童,成人之后并不是不再"发展"了。在人的整个生涯中存在着就业、结婚、繁衍子孙等众多事件,每个人生的转折期都会经历生活情境、人际关系、自身角色作用的变化。这样看来,在把握包括成人之后的变化在内的人的发展的场合,"发展=能做什么"这一单纯的思维方式,是难以充分地描述生涯发展的过程的。可以说,随着寿命的延长,把握漫漫人生途中的发展面貌——不仅包括"能做什么"的上升变化(获得),还有下降的变化(丧失)与停滞的发展面貌,是时代与社会的需求。因而"生涯发展心理学"应运而生。"生涯发展心理学"的奠基者是德国发展心理学家巴尔特斯(P. B. Baltes, 1987)。他把"生涯发展"界定为"人从生到死整个生涯的行为'恒常性'(Constancy)与变化",而界定生涯的各个时点发生的行为变化的形态与路径、发现其变化时间顺序与相互关系的法则,就是"生涯发展"研究的课题[24]。以下就是巴尔特斯倡导的"生涯发展心理学"研究的若干前提[25]。

(一) 发展是"获得"与"丧失"的交织

发展是"成长"(获得)与"衰退"(丧失)能动地交互作用而形成的,这个过程可以视为个人对环境的适应能力的变化。发展过程复杂(包括一系列的发展模式),既有成长,也有衰退,还有停滞。晚近围绕婴儿期发展的研究报告得出从"获得"与"丧失"的观点来把握儿童成长的现象。婴儿诞生不久便能识别多样的刺激,这种识别力随着经验的增加而变得狭窄。举例来说,6个月大的婴儿不仅能识别不同的人脸,还能识别不同的猴脸;9个月大的婴儿(却同成人一样)识别猴脸的能力则衰退了。这可以视为人对环境的适应过程——人在自身生活环境中必要性低的能力丧失,必要性高的能力得以维持。

(二) 发展是多维度、多方向的

"生涯发展"亦即身心机能与行为变化多种多样,这种变化何时发生、何时终结、在多长时期发生、具有怎样的方向(比如,机能的提升与低落、行为的增加与减少),会由于机能与行为种类的不同而有差异。另外,在机能与行为的变化中,既有"连续变化"(口头语言数的增加等),也有"非连续变化"(俯伏、站立步行等)。基于卡特尔(R. B. Cattell, 1971)的界定,"智能"系由多种要素(维度)——"流体智能"(记忆与问题解决等基本的信息处理过程)与"晶体智能"(语言与社会知性之类作为文化知识的智能)——所组成,巴尔特斯以智能发展为例作了解释,他认为"流体智能"在步入成人(25岁)之际达到高峰,其后逐渐下降;但"晶体智能"随年龄的增长而持续提升。这就是说,构成智能的各个要素是以不同的速度与方向发展的。从这个意义上说,发展具有多维度与多方向性。

(三)发展是多重因素交互作用的结果

个体的发展是由生物学因素与环境因素交互作用所决定的,而影响个体终身发展的现象可分三种,这就是:1.年龄性(Ago-graded)事象——同个体的年龄紧密相关,系指生物学变化(身体发育等)与社会现象(入学、就业等)的影响。2.历史性(History-graded)事象——同历史发展阶段相关,系指生物学(进化论)境脉与环境(社会)境脉,包括迈向现代化的长期的社会变化、长期的人口结构与产业结构的变化、经济萧条、战争、流行病等的影响。3.非规范性(Non-normative)事象——人生中的重大事件。系指对当事者而言是重要的,但何时产生、又是怎样产生的,不同的人有着极大的差异,诸如生物学层面的疾病因素;环境层面的移居、转行、事故、友人病故等因素。

(四)发展的可塑性

所谓"发展的可塑性",指的是"个体内可塑性",即个体内部的"可变性"。个体的发展路径存在着由于环境与经验的不同而有所差异的可能性。巴尔特斯介绍了高龄期认知功能训练效果的研究。如前所述,高龄期的"流体智能"低落,其原因在于相当于"流体智能"的能力在日常生活中不太使用。不过,让高龄者进行类似于"流体智能"测验中采用的问题(记忆、计算、图形处理等问题)的解答练习,经过练习的大多高龄者,均能显示与年轻人同样的水准。这个结果表明,不使用的能力经过使用,可以得到恢复。围绕可塑性的效果研究显示,人的发展可塑性是巨大的,但也有其局限性与个别差异。

(五)个体的生涯发展浸润于历史中的脉络之中

在巴尔特斯看来,个体的生涯发展的目的,归根结底在于基因与文化的世代传递。牵涉前者的行为有生育与养育,牵涉后者的行为有世代之间的文化遗产继承与社会资源分配。代代相传,不仅对个体的生涯发展及其自身是重要的,而且对子孙后代的生涯也会产生重大的影响。个体的生涯发展是经历漫长的作为"种"的进化、受到历史积淀起来并得以传承的文化的影响。可以说,个体的生涯发展是浸润在进化与文化的漫长历史脉络之中的。人的"生涯发展"必须基于跨学科(人类学、生物学、社会学、教育学,等等)展开多视角的探讨,才能更好地揭示个体的生涯发展(谓之"个体发生")与作为"种"的进化(谓之"系统发生")之间的关联,更全面、更真切地描述人的"生涯发展"的面貌。

参考文献

【1】若林明雄.心理学教养讲座[M].东京:有斐阁,2022:51.

【2】【5】【6】【8】岩田惠子.学习—发展论[M].东京:玉川大学出版会,2022.4,4-5,5-6.

【3】【13】V. S. Knopik. 等. 行为遗传学[M].王晶,等,译.上海:华东师范大学出版社,2022:8,99.

【4】服部雅史,小岛治幸,北神慎司.认知心理学导论:人类认知的不可思议[M].东京:有斐阁,2015:139.

【7】杉山光信.儿童的世纪:旧制度下的儿童与家庭生活[M].杉山惠美子,译.东京:みすず书房,1980:5.

【9】【10】科拉·巴格利·马雷特,等.人是如何学习的:学习者、境脉与文化[M].裴新宁,王美,郑太年,主译.上海:华东师范大学出版社,2021:22,25.

【11】原ひろ子.儿童文化人类学[M].东京:晶文社,1979:10.

【12】【19】【20】【21】永江诚司.教育心理学关键词[M].京都:北大路书房,2013,14-15,17-18,20-21,21-22.

【14】【24】【25】坂上裕子,山口智子,林创,中间玲子.从问题开始的发展心理学:终身发展心理学[M].东京:有斐阁,2014:24,11-12,12-16.

【15】【16】【17】【18】樱井茂男.教育心理学[M].东京:图书文化,2017:23,28,24-25.

【22】子安增生,等.教育认知心理学展望[M].东京:ナカニシア出版股份公司,2016:332.
【23】保拉·卡利亚里,等.成为瑞吉欧:马拉古奇的教育之道[M].任丽欣,李薇,译.上海:华东师范大学出版社,2023:56-57.

第二讲 认知发展：儿童思维的培育

所谓"认知"是指"记忆、思维、语言、概念"等人脑所进行的知性活动。两大认知发展理论——皮亚杰基于发生认识论的认知发展理论，与维果茨基基于认知的社会建构的文化发展理论，均以主体（儿童）与客体（周边的人与事物）的交互作用的变化为基底、对发展现象作出说明的元理论。这两种理论相辅相成，有助于我们多侧面地理解认知发展。从多元的视点——行为维度、认知维度、文化维度，多层面地把握儿童（学生）的认知活动，是教师教育工作的第一步。

一、儿童的思维及其发展

（一）认知发展与智能

所谓"认知"就是人们通常所说的"认识"，在心理学中谓之"智能"。如何界定"智能"其实是一项相当困难的课题。简单地说，大凡"智力测验"能测定的就是"智能"。不过，把它看成是单一的、还是复杂的，存在着争论。另外关于认知的对象，晚近也有扩大的趋势——囊括了自我认知的行为在内。既然认知对象的扩大是理所当然的，那么，多元智能的看法，也就理所当然了。尽管如此，界定认知发展的核心，仍然是一如既往地借助智力测验所能测定的"智能"。智力测验重视的是语言记忆、语言推理、数的推理、逻辑顺序的理解，以及如何解决日常生活的问题。

围绕智力测验测定的"智能"，不同学者有不同的主张[1]。斯皮尔曼（C. Spearman, 1904）主张"二因子说"，即"智能"由两个因子组成：所有知性活动共同的"一般因子"（g因子），与个别知性活动独有的"特殊因子"（s因子）。瑟斯顿（L. L. Thurstone, 1938）倡导"多因子说"，包括"空间"（S）、"知觉"（P）、"数"（N）、"语言理解"（V）、"记忆"（M）、"语言流畅性"（W）、"推理"（I/R）。吉尔福特（J. P. Guilford, 1967）

倡导由"内容""产物""操作"组成的三维知性结构,即"内容"(图形、符号、语义、行为);产物(单位、类别、关系、体系、转化、意涵);操作(评价、聚合思维、发散思维、记忆、认知)。这些维度的组合由120多个因子构成。这里所谓的"内容"是指智力测验中涵盖的信息本身;所谓"产物"是指信息的传递方式;所谓"操作"是指处理信息的心理作用。[2]

到了20世纪后半叶,出现了从多元的视点展开阐述的智力理论。比如,卡特尔(R. Cattell)从"终身发展"的视点出发来揭示年龄与智能的关系:不受年龄影响的"晶体智能"与随着年龄发生巨大变化的"流体智能"。前者基于学习与经验所获得的知识与技能处于结晶化状态,用来处理日常生活问题的能力;后者是在新的情境中运用信息操作与推论,适应新环境的能力。斯滕伯格(R. Sternberg)则从"信息处理"的视点出发,把"智能"视同电脑的信息处理过程一样的思维过程。在他看来,"智能"有三个维度,即元件维度、经验维度和境脉维度。这三个维度的优势与劣势的平衡是因人而异的,因而表现出智能的差异。加德纳(H. Gardner)说,在众说纷纭之中,多数专家更倾向于一般智能的观点。不过,这是过往的情形,因为加德纳自身就是从"脑功能分化的视点"出发来倡导"多元智能"的。[3]

(二) 加德纳的"多元智能说"

"多元智能说"的重要性在于,分析智能的根据完全有别于以往的"多因子说",因此,智能测验也要求有别于传统的智能标准。在加德纳看来,人脑的某个部位即便有多处受损,语言能力也不受损,这就可以作为一种能力析出"语言智能"来。自闭症儿童的社会能力往往有问题,但他们之中在乐曲的演奏或数字的运算方面显示出杰出的能力者,并不罕见,由此可以分别析出"音乐智能"与"数学智能"来。加德纳总共析出了八种智能,即"语言智能""数理逻辑智能""音乐智能""身体运动智能""空间智能""人际智能""内省智能"七种智能,后又加上"自然观察智能"。加德纳拓展的多元智能概念的特色在于,在传统的受重视的"语言智能"与"数理逻辑智能"之外,为别的种种智能正名,尤其揭示了"人际智能"所具有的意义。

二、认知发展阶段：皮亚杰的理论

皮亚杰关于建构儿童知性发展的系统理论，谓之"发生认识论"。他着眼于儿童是怎样感知、记忆、认识事物与世界的，倡导"图式""同化""顺应""平衡"的概念。在这些概念中，"图式"（Schema）是尤为重要的一个概念。所谓"图式"是认识事物的行为与思考的框架，儿童拥有认知的框架，亦即拥有"图式"。所谓"同化"是基于"图式"汲取新的信息。不过，当纳入的外界信息不适于自己的认知"图式"的场合，就必须变更"图式"本身，这就是"顺应"。"同化"与"顺应"是相辅相成的。当直面外界的新信息之际，借助"同化"与"顺应"的反复，个体能动地认识事物的稳定化过程，谓之"平衡"。[4]这种认知是怎样发展的呢？皮亚杰主张"认知发展阶段"由如下四个阶段或时期构成[5]——感知运动阶段、前运算阶段、具体运算阶段、形式运算阶段。这里所谓的"运算"不是实际进行的操作行为，而是被内化了的、在头脑之中进行的思维操作。所谓"认知发展"，亦即意味着"从儿童独特的认识世界的思维方式转向成人认识的思维方式的质性变化"。

（一）感知运动阶段

最初的婴儿阶段是"感知运动期"（0—2岁）。这个时期的特征是，理解人的话语、用语言去表达自己思考的语言能力的发展，并不充分。婴儿只能用表情与声音来表达自己的需求：或凝视成人的脸庞，或把玩玩具，不断地体验着同环境的交互作用。可以说，婴儿是通过自身的感觉与运动、同外界交互作用，开始理解自己与外界的。这个阶段是儿童认知发展中早期的重要发展阶段，亦可细分为六个阶段来加以说明。在婴幼儿早期谓之"原始反射"的"吮吸反射"与"握持反射"之类，是他们自身对外界的某种反射性行为，有助于理解外界。比如，捏紧拳头的"握持反射"是一种先天性生理反射，带有感觉自身与外界有所差异这一认识的意味。在这个时期的认知发展中，"喃喃"与"初语"这一早期的语言发展极其重要。尽管有个别差异，但1岁到1岁半前后，会从此前发出的"喃喃"("大大""帕帕"之类的并不具有意义的语言)到"初语"("妈妈""爸爸"之类的有意义语言),拥有"语言"这一符号是同儿童头脑中形成经验与事物的表象联系在一起的,有助于为儿童认识与理解世界、同外界的交互作用作出重要的贡献。另外,婴幼儿面对放在一处的某个物体,能理解该物体是作为独立实体而存在的,即便是被遮住了的看不见的存在,它仍然是存在的,皮亚杰谓之"客体永久性"。婴幼儿指着想要的东西、向成人传递意图的"共同注意",也在认知发展中起着重要的作用。

(二) 前运算阶段

大体相当于幼儿期的"前运算期"(2—7岁)。在这个时期,儿童从唯有通过感知与身体运动来认识世界的状态,发展为能使用头脑中的表象来认识外界的能力。儿童的认知世界有了极大的拓展,活动场所从家庭拓展至幼儿园、小学、社区,经验的幅度与深度也有别于此前,发生了质的变化。不过,逻辑运算尚不充分,仅止于直觉判断。这个时期认知发展的特征可以归纳为如下三点:

其一,象征功能的发展。这个时期出现了语言,语言是象征性功能的代表。所谓"象征"是指用别的什么来表现某种事物,象征功能的表现是"表象"得以形成。简单地说,就是在头脑中想起什么、浮现出"印象",而给"印象"贴上的印记(符号),即语言。如在庭院里往往可以看到一群儿童玩再现吃饭场面的"游戏"——在玩具与碗里放进沙子当米饭、灌上泥水当菜汤的情景。

其二,在前运算阶段,运算(亦即在逻辑框架中展开思考)尚不充分。比如,在皮亚杰的守恒实验中,首先把等量的橙汁放进同样的玻璃杯里,确认量是否同样。然后,在儿童的眼前把其中一个玻璃杯的橙汁灌入细长的试管中,看起来量发生了变化,引起知觉上的混乱。借助询问两个玻璃杯里的橙汁是否等量这一步骤,来评价儿童是否能展开基于逻辑框架的思考。实验表明,这个时期的守恒课题难以成功。"即便从直觉上看好像是发生了变化,但从逻辑上说并没有变化"——理解了这一点,才算进入"具体运算阶段"。正因为此,这个时期被称为"前运算阶段"。

其三,儿童的认知与思考只能基于自己的视点,难以客观地从他人的视点去认识事物或容易被客体的显著特征所迷惑而作出错误判断的倾向,谓之"自我中心性"("自我中心性"不同于"利己"的意涵。不过,由于不断地误解,皮亚杰采用了"中心化"的术语)。"三山实验"是皮亚杰做的一个经典实验。实验材料是由三座高低、大小、颜色不一的"山"构成的一个假设模型。首先要求儿童从模型的四个角度观察三座山,然后让儿童面对模型而坐,并放置一个玩具娃娃在山的另一边,要求儿童指出玩具娃娃看到的"山"的样子。结果发现,儿童无法判断处于不同位置的玩具娃娃看到的"山"跟自己看到的"山"是不同的。皮亚杰以此来说明儿童进行判断时是以自我为中心的。这些前运算期的特征,在进入认知发展阶段的具体运算期之后,才会发生质的变化。

（三）具体运算阶段

该阶段大体相当于小学阶段的"具体运算期"(7—11岁)。表现出能抛开自己的视点、从他人的视点来进行思考与判断("去中心化")的特征,"三山问题"也能正确地回答了。儿童的认知特征有了种种逻辑运算的可能,逐渐获得了守恒概念——即便看来形态变了,液体量与固体量、数量与长度等物理量并无变化。不同于前运算阶段,能从自己以外的视点展开思考,进而能展开高阶的运算——进行系列化与分类的操作,能把一堆不同长度的棒,按照长短顺序进行排列。倘若不能理解长度的相对关系——长棒与短棒、更短的棒,便不可能进行系列化操作。不过,这个时期的运算具有依存于具体事物而展开的特征。在基于真实的存在与经验去理解事物、需要抽象概念与思维的场合,往往会感到困难。

（四）形式运算阶段

该阶段相当于从儿童期终结走向青年期的"形式运算期"(11—15岁)。具体运算阶段的逻辑思维只限于具体思维,到了11—15岁前后形式操作期的认知特征,不再受具体事物与经验的束缚,语言、概念、符号等的抽象思维与判断、推理有了可能。典型的例子就是"理科"教学,在验证科学法则是否正确的场合,能区分论证内容与论证形式来展开思考。因此,不是单纯凭借实际得出实验结果,而是能系统地进行"假设演绎思维"与"导出某种结果"的因素的组合,可以视为"组合思维"(或称"联结思维")。所谓"组合思维"指的是把多项貌似不相关的事物、通过想象加以联结,变为彼此不可分割的新的整体的一种思维方式。

有人批判上述皮亚杰旨在揭示人的普遍的认知发展机制的认知发展理论,存在着依赖于儿童的语言报告这一方法论的问题。不过迄今为止,皮亚杰的发展理论为我们理解与研究人类心智的发展所奠定的理论基础,依然是不容否定的。[6]

三、儿童心目中他者的"意图":心智理论

(一)心智理论及其发展

儿童并不完全理解他人的思考。准确地说,儿童是以有别于成人的儿童式的思考,来理解他者的心理。诸多研究揭示,这种现象在儿童的心智发展上具有重要的意义。所谓"心智理论"(Theory of Mind)是心理学家普雷马克(D. Premack)倡导的概念,这就是以心智的"朴素概念"(从非科学的日常经验获得的概念系统),来"想象与推断自体行为背后的不能直接观察到的心理状态(目的、意图、知识、信念、思考、疑问、推测、动作、好恶)的能力"[7]。人们之所以能同他者进行相互沟通,就是有这种"心智理论"的缘故。心理学中所谓的"信念"是指"坚信某种观点的正确性,并用来支配自己行动的个性倾向性",心智理论的获得可采用谓之"错误信念课题"来测试。所谓"错误信念课题"通常是指在课题中向儿童描述一个故事情节(故事中主人公的信念与事实不符),然后向儿童提问,看儿童能否推断主人公的真实信念。这是目前广泛运用的测量儿童思维的方法。比如,弗里斯(U. Frith)等人编制了如下的"错误信念课题"[8]:

> 萨利有一个篮子,安娜有一个盒子。
> 萨利有一颗玻璃球,萨利把它放进自己的篮子里。
> 萨利去外面散步了。
> 安娜把萨利的玻璃球放进自己的盒子里。

萨利回来了,想玩自己的玻璃球。

萨利会去哪里找玻璃球?

儿童心智的成熟(亦即关于自体"心理状态"的差异的理解)是一个逐渐积累与发展的过程。测试结果表明,3岁左右的被试通常会作出在"盒子"里的错误回答;而四五岁左右的被试能站在萨利的立场上,回答(真的没有玻璃球的)"篮子"。在获得这种"一级信念"之后,再发展到"约翰会想'萨利在思考什么'"之类的"二级信念",就有可能推测他人更复杂的心理状态。

(二)心智理论与课文阅读力

适切地推断他人的心理,跟学校中的教学有怎样的关系呢?日本学者子安增生、西垣顺子(2006)以小学高年级学生为对象,探讨课文阅读成绩与心智理论的关系。[9]课文阅读分为"局部阅读"(不是全局性而是局部性的理解)与"整体阅读"(囊括式阅读),分析各自的课题成绩与心智理论(二级信念)有无的关系。结果发现,在整体阅读的成绩中,对二级信念课题能作出正答的儿童,其阅读成绩也高;到了4—5年级(9—10岁),其阅读成绩也呈现提升的倾向;而在局部阅读的成绩中,没有发现这些关联。这是由于在局部的课文阅读中,无需出场人物心理状态的推断之类的高阶思维,所以,看不出心智理论有无影响。再者,当情节中得出不期望的结果之际,对责任心课题作出了回答(哪些出场人物做出了负面行为之类同责任心相关的课题)的儿童,整体阅读的成绩高;而且年级越高,整体阅读的成绩越高。这些结果表明了心智理论的获得对课文的阅读理解的影响,可以认为,从"局部阅读"发展到"整体阅读"之际,这种影响是重要的。

(三)朴素概念与科学知识

在课堂教学中当儿童作出错误的回答时,教师给出"正确答案"、讲解为什么这是正确的——这种教学是我们司空见惯的。不过,无视儿童基于自身方式的经验而思考的朴素概念,来教授正确答案,往往可能会妨碍理解。比如,让我们来看看,当教师呈现理科教科书、参考书或数据来讲授"地球是圆的"这一科学概念的情景,儿童凭借在日常生活中所见所闻的经验,认为地面是平的,地球不是圆的,从而产生了"知识"与"经验"之间的矛盾。面对这种矛盾,要借助科学知识来更新儿童的经验性知识。倘若不考虑到儿童式的思维方式与既有知识,往往会停留于似懂非懂不充分的理解与表层知识的接纳。沃斯尼亚杜、布鲁尔(S. Vosniadou, W. Brewer, 1992)展开以小学1、3、5年级生为对象的"地球概念模型"的研究,揭示了伴随着发展的儿童获得科学的正确的"球体的地球"这一概念现象。不过,单纯教授"地球是圆的"这一知识,同"地面是平的"这一儿童自身的思考是相冲突的,很容易形成错误的概念。比如,压扁的球体、空心球体、双地球、圆盘地球、矩形地球,等等[10]。由于"朴素概念"具有难以变更的性质,不是把它作为"错误的回答"加以否定,而是先确认儿童拥有的知识内涵是怎样的,然后因势利导,有针对性地支撑其知识变化的过程,这也是教师的一种重要作用。

四、发展之"壁"与"飞跃":从 10 岁开始

(一) 发展之"壁"

如前所述,在以皮亚杰为代表的认知发展理论中,儿童的发展未必是匀速的,其知性发展存在两个质的飞跃期。一是7—8岁,从"前运算阶段"到"具体运算阶段"的过渡期;二是也能像成人那样,离开具体事物进行逻辑思维、向"形式运算阶段"过渡的时期。向"形式运算阶段"的过渡从12岁开始到15岁完成。特别是在"具体运算阶段"后半程,即9—10岁,往往被称为"容易受挫"的年龄阶段,谓之"10岁之壁"(亦称"9岁之壁")。但"容易受挫"未必是"消极"的,而是意味着发生"质的飞跃"的时期。[11]

日本学者渡边弥生(2011)分身体、自我、认知与思维、情感、交友关系、道德六个方面,论述9—10岁前后儿童的变化。比如,这个时期儿童的"自我"能把对方的事情像自己的事情那样来思考;也能想象对方行为背后的情感与思维方式。而在"情感"方

面,自己不仅作为主体来体验情感,而且也能把情感加以客体化、客观地进行思考。在"交友关系"方面,一则朋友的重要性提升,愈益重视友情;二则由于能察言观色、预测前景,往往会焦虑未来的伙伴关系,等等。认知与思维的发展也是影响这些侧面变化的重要因素。渡边把9—10岁前后的发展视为发展的"关节",不是视为"壁",而是作为"飞跃"来看待,重要的是支撑儿童的发展。教师不应当沉醉于"灌输教学",而是采取尊重儿童的思维的姿态。

(二)社会建构的知识

人是在集体中生活、在构筑复杂的社会中获得并发展了别的动物所没有的能力——"读懂他人的心思、反思自身的能力",亦即"自我意识"得以发展。[12]维果茨基从更广泛的视点出发,来建构知性发展的理论。在维果茨基看来,知识是社会建构的。所谓"发展"与"学习"是社会的、文化的、历史的获得过程。因此,儿童不是孤立地学习,而是同文化体现者的他者共同学习的存在。基于这种立场的观点,谓之"社会建构主义"或者"社会文化研究"[13]。对于人而言,语言是思维的工具。维果茨基把语言分为两种:一是"外言",是面向他者而发出的、旨在沟通的声音语言。二是"内言",指的是不伴随发声、作为思维的工具而发挥作用的内部语言。儿童随着发展,从只是"外言"的阶段逐渐地进入获得"内言"的阶段。不仅是语言的习得,而且借助同他者的对话,可以发现自己原本没有想到的"见解",或者借助对话,明确自己的主张。学校教育就是期待借助同他者"协同学习"的方式,来获得超越个别学习的成果。

参考文献

【1】岩田惠子.学习—发展论[M].东京:玉川大学出版部,2022:158-165.

【2】永江诚司.教育心理学关键词[M].京都:北大路书房,2013:110-112.

【3】田爪宏二.教育心理学[M].京都:智慧女神书房,2018:146.

【4】【11】【12】坂上裕子,山口智子,林创,中间玲子.从问题开始的发展心理学:终身发展心理学[M].东京:有斐阁,2014:43,112,17-18.

【5】子安增生,等.教育认知心理学展望[M].东京:アナカニシア出版股份公司,2016:240.

【6】【8】【9】中谷素之,中山留美子,町岳.教育心理学:从日常事件到教学实践[M].东京:有斐阁,2022:18,21,20.

【7】中谷素之,平石贤二,高井次郎.学习—成长—扶持心理学[M].名古屋:名古屋大学出版会,2024:13.

【10】秋田喜代美,藤江康彦.授业研究与学习过程[M].东京:日本放送大学教育振兴会,2010:48.

【13】濑尾美纪子.教育心理学[M].东京:科学社,2021:5-6.

第三讲　喜怒哀乐："情感"的产生及其培育

"喜怒哀乐"人皆有之,儿童也不例外。"情感"对学习而言十分重要,因为"学习"是基于情感、动机、认知的动力性交互作用的影响而产生的。那么,喜怒哀乐究竟有什么作用？如何因应喜怒哀乐的方式,促进儿童情感的成长？要使儿童的喜怒哀乐得以健全地体验与表达,可以采取哪些举措呢？

一、感觉与情感

(一) 两种"感觉"

人们是通过五官接受外部的刺激、从而产生"感觉",来认识世界的。这种"感觉"是基于怎样的心理过程产生的呢？感觉与思维有什么不同呢？我们通常会在两种不同的场合使用"感觉"(Feel)的术语[1]。一种场合是,诸如"身体感觉晃晃悠悠""(吃什么)感觉甜丝丝的""感觉这支笛子的音色走样了"。另一种场合是,"感觉厌烦""感觉有趣""感觉悲伤"之类。前者是觉察到自身与自身周边状况的变化、来把握事物与现象的"感觉",在心理学中谓之"感觉"(Sensation);后者是对所见所闻及当下的状况涌起的"感觉"、对外在信息的自身反应(面红耳赤、心怦怦地跳),以及对其产生某种内在的评价(愉悦、沮丧、欢乐、悲哀),在心理学中谓之"情绪"(Emotion)。可以说,人们使用的"感觉"这一表达指称两种过程:一是指看见、听到、接触到外部变化(及变化本身)而"感觉"的过程,二是指"感觉"到由于种种因素而引起自身内部变化的这一过程。在心理学中这两种过程从来就是分为"感觉"与"情绪"(情感)两部分来展开研究的。在这里,"感觉"的过程不仅是单纯地感觉外在的信息,而且包含把这种信息作为认知处理的传递作用。因此,要理解认知过程,首要的是如何检出内外信息(变化),然后理解同认知处理有着怎样的关系。而"情绪"与一般"情感状态"(Affective State)的内在变化则具有"引起人们行为与反应的独特回路"的作用。

(二) 认识自身的线索

在心理学中基于"感觉"的认识,谓之"知觉"(Perception)。人们怎样才能"知觉"并认识自身呢?比如,"自己感到紧张"或许是通过感受到"面红耳赤、手出冷汗、举止笨拙"之类的状态而得以认知的。贝姆(D. J. Bem)倡导的"自我知觉理论"(Self-Perception Theory)主张[2],"自我知觉"是个体以自我为认知对象、从而认识自身的一种知觉形态,亦即自身的态度与情感之类的内在状态的理解,是可以借助自身行为与周遭环境的知觉评价来加以实现的。一般说来,人们可以利用两种线索——"内在线索"与"外在线索"来认识自身与周遭的状态。"内在线索"是指自身的情感状态与生理状态;"外在线索"是指外显的表情、行为变化等他者也能观察到的线索。当人们理解自身的心理状态的场合,特别是在"内在线索"微弱或不常使用的场合,可以通过观察自身的行为与该行为发生时的情境,来推断自身的态度与感受。

(三) 线索传感器

那么,人们是如何感知"内在线索"与"外在线索"的呢?这是人们借助感觉器官,亦即通过五官(眼、耳、鼻、口、皮肤)来察知周遭环境的变化与状况,借以适应环境的。"内在线索"主要通过"体性感觉"(身体表面的感觉与"内脏感觉"——空腹感、满腹感、口渴感之类)来获得信息;"外在线索"主要通过"特殊感觉"(视觉、听觉、嗅觉)来获得信息[3]。比如,作为身体"内在线索"的肠胃的好坏与心脏的鼓动,可借助嵌入身体之中的感受器(传感器)检知;而"外在线索"——他人的表情(脸面僵硬、脸红、瞳孔变化等)和声调、语气的变化等,则可以通过耳、目这一感受器来感知。"感受器"亦称"传感器"。视觉是检出光的变化的"光敏传感器";听觉是检出声音变化之空气震动的"声敏传感器";触觉是感受所受压力的"压敏传感器";嗅觉是把握气味成分的"气敏传感器";味觉是把握食物酸碱度的"化学传感器"。人们依据这些感受器作出的反应,可以察觉对象与环境的变化。另外,变化的有无,变化的量的差异与作出反应的感受器种类的不同,皆可以成为传递对象与状况之"意义"的线索。比如,在暗处出现一抹光束,亦可根据在怎样的场所里发出什么颜色(种类)、多大强度(量)的光,来判定那是街灯还是星星发出的光。

人们是通过五官来了解自己周边环境的变化与状况、借以适应环境的。从感觉器官"感到"的信息被传送到脑,在脑里产生"感觉"。在感觉过程中拥有旨在检出对象的差异与变化的机制。换言之,人们拥有"感觉"某种环境变化的机制,这就是"感觉"。而根据从这种感觉得来的线索加以统整,便可理解状况、对象、自身与他人的状态,以及怎样一种情境,即"知觉"(Perception)。进而,记忆所知觉的对象、理解其用途与状况,运用它来进行某种知性作业的心理过程,这就是狭义的(相对于感觉、知觉而言)"认知"(Cognition)。广义的认知强调的是包括感觉与知觉在内的个体对外部世界的整体认识和体验。

二、儿童的危机与情感

(一)旨在适应社会生存的情感的功能

我们在日常生活中总是伴随着喜怒哀乐而生存的。"喜悦"与"愤怒"之类对特定对象产生的比较激烈的一时性情感,在心理学中谓之"情绪"(Emotion),在"情感"(Affect)中由于包含着在一定时间内持续的、无明确对象的"心境"(Mood),因而得以区分开来[4]。"情感"不仅带来喜怒哀乐的主观体验,也让人们提升了生物学、社会学意义上的生存可能性。"情感"的功能大体分为三项:

其一,应激的功能。亦即使身体状态发生变化,便于应对特定状况的功能。比如,当人们感到恐怖之时,肾上腺素分泌增加,瞳孔扩大、肌肉充血、注意力集中之类的身体变化。这些变化有助于精准地把握恐怖的对象,尽早地作出判断并采取行动:或与之拼搏,或逃之夭夭,或吓退恐怖的对象。

其二,沟通的功能。由于情感使身体状态发生变化,并采取相应的行动,也是向他人发出读取其意涵的重要信息。比如,当孩子讨厌虫子、显示出恐怖的情感反应时,读取这种情绪的家长就会作出驱赶虫子的举措。

其三,促进学习的功能。人们基于对自身情感与他人情感所处状况的理解,作出对该状况的行动。情感得以唤起的情境中的某种信息,比之未唤起情感的状况,更易于记忆。比如,自己陷于危险、家长察觉到这种危险而表现出恐怖情感的场合,这种状况作为一种危险的情境而被学习,从而计划旨在回避的行动。就是说,由于"情感"是人们处于要作出某种处置的特定情境危机之际所产生的,因此,儿童显示的情感是一线教师理解儿童所处的情境、策划支援策略的一大线索。正因为此,未掌握语言的婴儿同周遭的成人的情绪回应与交往,也是重要的。儿童一旦掌握了语言,就能借助语言传递自己的情感,更准确地进行情感沟通。不过,伴随着儿童的发展,成人和教师也可能产生压抑儿童的情感表达、曲解儿童情感状态的情形。要正确地理解并支援儿童的情感体验,并非那么轻而易举。

(二) 情感的种类与发展

刚降生的婴儿也会表现出反映多种情感的表情。根据路易斯(M. Lewis)的研究[5],婴儿诞生时就已拥有了满足、兴趣、痛苦的情感。出生后半年,认知能力提升,能把握更复杂的环境,拥有了"喜悦、惊讶、悲伤、厌恶、愤怒、恐惧"六种情感,谓之"一级情感"。一岁半之后,由于拥有了自我意识,会表现出反映自我意识的害羞与羡慕的情感;在获得了自我评价标准与规则之际,也会产生诸如"耻辱"与"罪恶感"等种种情感的理解与分化,谓之"二级情感"。随着儿童能把握更复杂的世界,情感也变得多样化,承担起因应世界的信号的作用。

三、"情感调节"的发展

(一) 何谓"情感调节"

"情感"是功能性的。持续地经验、持续地表达强烈的情感,对身体而言并不是一件好事。当人感到恐怖时会导致脑分泌的肾上腺素增加,心跳加快、血压上升。这是同形成身体的准备状态——或逃离,或同恐怖的对象搏斗——联系在一起的,是极其重要的瞬间反应。再则,表达激烈的情感也是社会所不欢迎的。特别是向他者表达消极情感往往会恶化人际关系,在社会目的之下抑制情感也是必要的。处置情感的原因,控制所经验、所表达的情感,谓之"情感调节"(情感抑制)。儿童是通过脑的发育与生活中种种的经验来发展"情感调节"能力的。

(二) 情感调节的承担者

表达或抑制情感的,是当事者自身,但往往在控制之前(情感回归日常的状态)也会有他者的介入。比如,降生后不久由于自身不能控制情感,所以通过哭泣来表达情感,让养育者(母亲)读取,作出哄孩子或改变环境的处置。能否圆满地进行这种调节,取决于当事者与养育者之间的默契关系。日本学者须田治(2002)把这种调节梳理成三个维度[6]:其一,基础性的身体调节。即身体进入兴奋与注意的状态,或放松这种状态的生理性调节,即产生哭泣之类的情感行为。其二,情感调节的人际关系部分,通过养育者与保育者来加以补充的维度。这是儿童与养育者的情感调节。其三,来自环境与周边条件的影响。即儿童表达的情感行为是受自然与社会文化环境的影响而产生的。换言之,情感调节的承担者,从个人到环境,是形形色色的。

(三) 情感调节与依恋

随着同养育者的交往的范式化,婴儿吸吮指头,使自己沉静下来,或有意地让他者改变自己的状态而施加影响,得以自律地进行情感调节。随着婴儿逐渐长大,情感调节的自律性也逐渐增大,获得他者的帮助得以实现情感调节的范式,可以维持终身。这里所谓的"他者的帮助"不仅是获得身边的物理性安慰行为,这种行为通过特定的关系、每日每时周而复始的作用,形成一种记忆积累下来并得以内隐化,也包括"养育者等重要的他者形象的安慰"。而说明这种他者作用的理论之一,就是鲍尔比(J. Bowlby, 1951)倡导的"依恋理论"[7]。婴儿天生具有求取同养育者的特定他者的亲密关系的倾向,不限于情感调节,刚降生的婴儿由于自身不能进行摄取营养、转动身体、确保安全环境之类的生存的基本行为,就得保障同他者的亲近关系、接受来自他者的支援。当亲近关系得以保障之际,便拥有安全感,否则就会惴惴不安。基于这种天生的机制,就会以追随或者痛苦的情感表现之类,寻求亲近养育者的主体性行为(依恋行为)。伴随着儿童的发展,依恋行为变得隐蔽。这不是由于亲近需求倾向的丧失,而是同养育者的交流范式得以记忆、维护安全的范式得以预测(期待)而被内化了的缘故。这种被内化了的预测谓之"内部工作模式"(Internal Working Models, IWMs)。"内部工作模式"一旦获得,在安全受威胁的情境中会作出怎样的行为,不同的预测是有所不同的:例如预测等一会儿就能获得支援的安心的儿童表现出焦虑,但很快会在安慰自己的时间里度过;预测养育者会对自己的行为作出否定性反应的儿童,有意无意地控制自我焦虑之类的否定性情感;而预测养育者不会搭理的儿童,则持续地表现出旨在传递希望响应与不满的强烈的否定性情感。"内部工作模式"作为人际关系的基本面貌,在养育者之外的他者关系之中也起作用。因此,在伙伴之间容易表现出怎样的情感,其结果会建构怎样的人际关系,也会影响到"内部工作模式"的内涵。大体说来,"依恋"分三种类型:安全型、焦虑型、回避型。后两种依恋型被视为"非安全型依恋",因为同"安全型依恋"相比,这两种类型虽然在生物学意义上也能提高生存概率,但是却不利于个体后期的进一步发展,影响个体尔后的发展质量。

四、"情感"的接纳与理解

(一)表情:理解情感的窗口

人对他者情感的信息极其敏感。比如,刚降生的婴儿会表现出"情绪感染"——看到他人的情绪状态,自己也体验同样的情绪状态——的现象[8]。这种"情绪感染"实际上是怎样产生的呢?通过面部表情肌的动作(同他者同样的表情)就可以得到确认。可以认为,在信息感染中自己运动与观察他人进行同样运动的时候,是跟激活神经元的脑神经反射相关的。他人的表情信息借助脑的神经反射而体验到情感,自己也表现出同样的情感。即便掌握了语言之后的儿童(哪怕是成人)也往往不用语言来表达自己的情感。因此可以说,从这种表情与声色之类的非语言信息及其状况中获得的信息,用来推测他人的情感,也是最重要的信息。另外,要从非语言信息理解情感,还得借助跟情感相关的情感语汇来进行语言化。在情感理解的发展与个别差异的研究中往往采取显示表达喜怒哀乐的情感语汇、选择匹配相应情绪/语汇的照片的方法。这些研究表明,3岁儿童能通过表情来精准地理解喜怒哀乐等情绪。

(二)**情感理解的个别差异与发展差异**

情绪感染是天生的自然现象,但传染情绪的强度有个别差异。这种个别差异也会影响到对情绪强度的理解与情感的共情反应。另外,要从情境出发理解他人的情感,也需要理解有关他人的视点与他人处境的能力,在这种能力中也存在个别差异与发展差异。产生情绪能力的个别差异与发展差异的原因,其一是脑神经的机能,其二是环境。

五、"情商"与沟通能力

(一)**何谓"情商"**

精准地处理来自环境的信息、适应其环境的能力,谓之"智能"。对于中小学生而言,应对相应于自身学年所设定的学习课题的能力,是知性的重要方面。表达"情感智能"的术语形形色色,诸如 EI(情感智力,Emotional Intelligence)、EQ(情商,Emotional Quotient)等。戈尔曼(D. Goleman, 1995)倡导"情感智力"的概念,并给出了一个相当宽泛的定义:"情感智力包括诸如激励自己在面临挫折时坚持不懈的能力;控制冲动和延迟满足的能力;调节自身心境、防止痛苦淹没思维的能力;同情和希望的能力。"[9]围绕情绪的智能,沙洛维、梅耶(P. Salovey, J. D. Mayer, 1990)则倡导"情商"的概念与框架[10]——"情商是把握自己的情感,加以适当的调节与利用的一种知性"。根据这个界定,"情商"指的是"识别种种情感的意涵及其关系,据以推测并解决问题的能力"。在他看来,这种"情商"是可教的。借助 EQ 的提升可以更丰富地发展儿童与生俱来的

"智商"(Intelligence Quotient, IQ)。他说:"好教师如同好家长。好教师能为学生准备好'安全基地',使他们得以最大限度地发挥智力的环境。'安全基地'成为'安全港湾'。学生正是从这儿出发,甘冒风险,探索未知的世界。"[11] "智商"与"情商"是相辅相成的。当人们作出某种判断之际,很少在检讨了一切可能性之后,再来采取逻辑性的方略。在多数情形下是从以往经验中获得的情绪性信息,借助聚焦的过程来作出有效的判断。

(二)"情商"的构成要素

梅耶(J. D. Mayer)主张"情商"由如下四种能力组成[12]:1.情感认知——界定自他的情感,正确表达自己情感的能力。包括从引起情绪的身心变化认识自己当下的情绪状态,从表情与姿势认识他者的情绪,或者评价绘画、音乐等艺术作品所描绘的情绪。这是最基础的能力。2.情感促进——产生有助于记忆与判断,促进思维的情感能力。认识到悲伤的时候,正是适于精细作业的时机。意识到情绪与意识的相关性,通过调动特定经验来改变情绪的状态,借以顺利进行作业的能力。3.情感理解——把握情感拥有的特征、情感与情境的交融,理解复杂情感的能力。包括对特定情绪的产生或转化为别的情绪的法则(诸如,正义一旦被否定便产生愤怒);对同时产生若干复杂交织的(诸如,爱憎同时产生,恐惧与惊恐转化成畏惧)情绪的分析与理解能力。4.情感调控——深度调控自己与他人情感的能力。压抑自身的"愤怒"情绪的表达,免受来自周边的不良评价。[12]

"情商"是可以用来预测学生能否适应学校的心理性结果的一个要素。"智商"可以预测学生在学校中的学业成功率,但预测社会中的成功率,却没有什么可靠性。要在社会中立足,就得控制自己的情感、理解他人的情感,同他人协作,抱有共情。

(三)社会情感能力

在心理学与认知科学领域中所谓的"认知能力",分狭义与广义两种意涵。狭义的"认知能力"多指学力与逻辑思维能力,但从广义上说,情感的控制与关乎自我理解、他者理解的能力,是作为"认知能力"的一部分来看待的,往往给人一种轻视或排斥"非认知能力"的印象。实际上,"非认知能力"有别于学力与"智商",从作为自我的控制、评价与调节功能的"认知能力"所需要的"社会情感能力"来理解更加准确。

OECD的"社会情感能力"(Social and Emotional Skills)研究表明,认知与情感密不可分。人的智力就是由认知能力与情感能力(或"非认知能力")两种要素构成的。正所谓"技能产生技能","非认知能力产生非认知能力"。"非认知能力"是一种"人力资本",就像滚雪球那样,是日积月累积累起来的,不会消逝。"智商"与"情商"作为新时代学校教育的重要命题愈益受到注目,亦是理所当然的。

参考文献

【1】【2】【3】服部雅史,小岛治幸,北神慎司.认知心理学导论:人的认知的不可思议[M].东京:有斐阁,2015:22,23,24.

【4】【5】【6】【7】【8】中谷素之,中山留美子,町岳.教育心理学:从日常事件到教学实践[M].东京:有斐阁,2022:30,32,34-35,36,38.

【9】艾德蒙·罗尔斯.脑、情绪与抑郁[M].傅小兰,等,译.上海:华东师范大学出版社,2022:30.

【10】【11】劳拉·韦弗,等.引领SEL成功的五个要素[M].高见佐知,等,译.东京:新评论,2023:218,219.

【12】岩田惠子.学习—发展论[M].东京:玉川大学出版会,2022:165-166.

第四讲 "我"的成长：社会化与自我发展

人的成长是生物需求与社会需求交互作用的产物。一个人唯有经历并跨越人生的各个发展阶段的心理危机，才能形成健全的人格。"我"倘能解决直面的危机，则能促进发展，否则便会妨碍发展。本讲聚焦儿童（学生）的个性发展与适应的特征，旨在陈述包括环境因素在内的儿童发展课题。

一、社会化与儿童

（一）儿童发展的社会化侧面

儿童降生伊始，就会对他者作出敏感的反应。借助社会沟通可以提高生存的可能性，对于刚降生的儿童来说，所谓"社会"就是同双亲的一对一关系。在这种关系中婴儿向养育者传递自己的需求，养育者呼应这种需求，给予其无微不至的关爱。这就是说，儿童从婴儿期开始，旨在同他者相适应以更好地生存，便围绕有效行为的内容与强度，在尝试错误中展开学习。两者之间形成的行为范式（依恋）是养育者与婴儿交互作用的结果，同时也是婴儿学习周边社会的结果。当婴儿成长为幼儿，身体与语言能力提高，同生活环境一起，社会关系与交互作用的内容也随之扩大。同养育者之间的关系从旨在生理性、精神性的稳定关系，变化为涵盖学习生活方式的关系。然后进入幼儿园和中小学，在集体生活中增添同教师与伙伴的关系。在学校里，从伙伴之间学会因应社会文化与习惯的思维方式与行为。掌握社会生活所必需的行为、价值观的过程，谓之"社会化"。人与社会的关系是基于所属社会集体与人生阶段而发生变化的。因此可以说，社会化是终身持续的过程。

（二）社会化的承担者

儿童的发展直接或间接地受生态环境的制约，这种生态环境是由若干密切组合在一起的系统组成的,这些系统表现为一系列的同心圆——这就是布朗芬布伦纳(U. Bronfenbrenner,1979)倡导的"生态学模型"[1]。1.微观系统。儿童生活的场所及其周边环境(家庭、幼儿园、学校、邻居、社区)。2.中观系统。处于微观系统中两个事物(比如,幼儿园与家庭、幼儿园与社区、家庭与社区)之间的关系或联系,对儿童的发展有极大的影响力。3.外层系统。它对儿童的发展只有间接而无直接的影响。比如,父母工作的场所、家庭生活的背景、各种视听媒体等,这些渗透到成人与儿童的生活之中。4.宏观系统。它是儿童所处的社会文化背景,包括来自某种文化或亚文化的价值观、信仰与信念、历史与文化、政治与经济、社会机构等。比如西方文化推崇个人主义,东方文化推崇集体主义。这样看来,直接影响儿童发展的是,借助教养与教育、评价(社会评价)来塑造儿童的社会认知与行为的养育者、教师与伙伴。应当说,他者是儿童社会化的"直接承担者"。不过,我们必须认识到,"直接承担者"终究也是社会化的"间接承担者",因为他们必然接受来自国家与文化的更宏观层面的社会影响。

二、沟通的发展

(一)"三项关系"的形成

社会化过程的媒介即"沟通"。心理学中所谓的"沟通"是指,在自己与他者之间彼此分享与沟通的共同表象,而"表象"就是关于某个事物与对象的认识与形象。比如,自己好不容易完成的一件事,就容易认为他者在完成同样一件事时的困惑,于是能主动地帮助他者,或为他者办好这件事。要形成沟通,就得发现他者拥有不同于自己的表象。据此,理解、预测他者的行为,并基于这种理解与预测选择自身的行为。"自己""他者""情境",谓之"三项关系"[2]。"三项关系"会在一岁半前后出现,其具体的行为即"社会参照"。所谓"社会参照"是从成人的反应来对未知对象作出评价与判断。比如,通过察言观色、观察父母亲的表情,就可以知道自己想去的地方是否安全。在三项关系的形成之中必须知晓他者是怎样一种情绪,理解这种情绪具有什么意涵。为此,就得首先区分并理解自己所体验到的种种情绪状态。自己感到焦虑的某个对象,通过验证对方的情绪状态,三项关系于是得以形成,沟通得以发展。

（二）语言与心智理论的发展

"三项关系"一旦形成,语言学习便得以进展,"沟通"便能以语言为主展开。语言,起初只能是在分享该情境的人之间理解的"一次性语言",随着发展的展开,不在该情境的人之间也能借助语言境脉,利用"二次性语言"。"二次性语言"的获得意味着能超越生活的场域、展开更广范围的社会性学习。这种语言的发展是在反思自身经验意义的自我理解,与理解他者(他人是如何理解事物的"心智理论")的交互作用下进行的。围绕他者意图(认识他者是拥有意图的存在)与认知信念(知道与基于知道的思考)的理解,逐渐高阶化(自我的信念—他者的信念—他者中别的他者的信念)。不仅自己实际经历的情境,而且通过来自他者所见所闻的信息与信息媒体(书籍与报纸杂志)的情境理解与多重情境之间关联的理解,也有了可能。由于能理解的社会范围与复杂性的扩大,同社会相连接的学习方式也变得丰富起来。

三、社会判断的发展

（一）"道德—亲社会行为"判断的发展

皮亚杰和美国心理学家柯尔伯格(L. Kohlberg)认为,儿童的道德发展不是单纯地增长道德知识的过程,而是认知结构的质的变化过程。皮亚杰从不同年龄儿童的游戏中划分儿童道德判断发展的阶段,揭示了从"他律道德"向"自律道德"发展的过程。6岁前的儿童由于一味尊重成人、自我中心的认知倾向极强,容易根据成人的权威、也基于自身的利益作出道德判断(他律道德)。不过,到了9岁左右,受成人拘束的社会关系转向基于彼此尊重的社会关系,在认知方面也摆脱了自我中心性,因而能基于彼此的共识、也基于自身的判断,作出道德判断。作为社会化的典型内容可举"好行为"(道德行为)与"为他者的行为"(亲社会行为)的社会性判断。按照埃森伯格、缪森(N.

Eisenberg, P. H. Mussen, 1989)的界定,所谓"亲社会行为"是指"帮助他者或他者团队,为其做好事",类似于"爱他性"的行为[3]。无论是道德行为还是亲社会行为,起初都是从避惩罚求报偿的外在物质性理由中产生的,行为的理由与判断的根据渐次从身边的他者的反应(认可、责难)、一般价值(法律、秩序、典型的"好行为"形象等),内化为自己的价值标准。

柯尔伯格发展了皮亚杰的理论,不限于儿童期,也涵盖了青年期。他提出了三种水平、六个阶段的"道德判断发展阶段论"[4]。这就是:1.前习俗水平(①惩罚与服从的取向阶段;②相对功利的取向阶段)。2.习俗水平(①协调人际关系的取向阶段;②法律与秩序的取向阶段)。3.后习俗水平(①社会契约的取向阶段;②普遍伦理的取向阶段)。在"前习俗水平"中儿童作出判断的依据是,凡是自身的行为结果能避免受罚的,即为"善",反之则是"恶"。就是说,行为的标准是取决于自己的本意、不考虑社会习俗的水平。在"习俗水平"中儿童以他者的期待与社会习俗的方法作为自身行为的导向,行为的标准来自他者的期待、他者的肯定或基于社会习俗的水平。在"后习俗水平"中,儿童的道德判断以抽象的道德价值与自己的良知为导向。亦即,行为的标准是基于他者的期待与社会习俗,自身的良知与人性尊重得以觉醒的水平。"前习俗水平"的道德判断在整个儿童期逐渐衰减,进入青年期之后,从"习俗水平"逐渐发展为"后习俗水平"的道德判断。柯尔伯格的道德发展理论的特征可以概括如下:1.道德发展的阶段性——发展阶段超越文化,阶段的顺序是不可逆的。2.道德发展的必要条件是认知发展能力——在道德发展中认知能力的发展是必要条件。3.道德发展是基于经验的认知结构的均衡化——认知发展由于经验的不同而使得认知结构产生失衡,借助均衡化形成道德认知。4.道德发展中角色取得的重要性——道德的发展需要产生关心与尊重他者的角色作用[5]。

(二) 社会认知领域理论

美国社会心理学家杜里尔(E. Turiel, 1983)的"社会认知领域理论"是继皮亚杰、柯尔伯格之后道德发展理论的"第三代建构主义道德心理学"。他同样从认知发展的视点出发,倡导重视更大的社会境脉的"领域特殊理论"。柯尔伯格的道德发展阶段包含道德与习俗两个方面,可以说是从"他律道德"向"自律道德"发展的一元模型。但在杜里尔看来,不可胜数的社会预期与社会规则所组成的复杂社会世界,其中的社会规则存在领域的区分,即:"道德领域""习俗领域""个人领域"。不同领域有着不同的多元道德发展过程,各个领域彼此区分而又交互作用。[6]儿童从5岁前后就能通过不同质的社会交互作用,对三个领域作出某种程度的区分。尤其是个人领域的认知发展,在儿童自身的发展与人际关系健全的沟通能力培育中尤为重要。"个人领域"的认知发展是同个人表达与选择的正当性联系在一起的。儿童有时会同养育者产生矛盾,伴随着自由的责任与对他者的影响问题,矛盾得以消解。儿童即可从中学会控制自身的行为。

(三) 社会化的机制

伴随着发展,社会行为与判断也发生变化。"社会信息处理模型"就是阐明这种机制的一个代表。儿童通过日常经验与沟通,学习诸多事物并将其作为知识与社会图式(思维框架)保存下来。具体地说,当人碰到某种具体的社会情境之际就会引出如下的流程:(1)线索的编码;(2)线索的解读;(3)目标的分类;(4)反应的检索与建构;(5)反应的决定;(6)行为的实施[7]。当他者观察其所付诸的行为之后会反馈某种反应,在他者的这种反应中还包含对其行为的是非善恶的评价。这种学习成为该采取怎样的思考与行为的一种学习材料,这种模型主要用来解释反社会行为(从非法集团的暴力与破坏等事件到不适当的行为选择的解释)。从信息处理的视点出发,也可用来把握个人在社会生活中所存在的问题及其应对过程。

另外,从他者反馈过来的种种反应有助于儿童加深对自身的理解。社会行为与道德判断是否用来端正自身的言行,被视为儿童期后期(小学中高年级)儿童自我理解与自我评价的重要领域。可以说,关于社会行为与判断的学习是催生"自信"心理——受他者认可的有能的自己——的一种原动力。"自信"是人的一种内在感受,同时也是向他人展示的一种感受。学生在课堂教学中往往会表现出某种自信,教师可从学生回答问题时在语言表达与反应速度等行为方面的信息,推察其自信的程度。研究表明,"自信"可从三种不同的水准加以探讨。这就是:1.整体水准的"自尊感"(Self-esteem)、领域水准的"有能感"(Perceived)、课题水准的"自我效能感"(Self-efficacy)。构成自信之基础的决定性因素是"自我效能感","自我效能感"是依存于一个人对人生中所碰到的课题能否作出根本处置的一种觉悟[8]。

四、社会化与"我"

(一)内在需求与社会需求的调适

前述内容从关系的角度阐述了儿童提升社会判断、学习社会行为的面貌。人是具有种种需求并旨在实现需求的存在。婴儿因应养育者反应的态度与行为的掌握,也是在获得养育者的关爱与饮食之中产生的过程。社会化的过程是一面因应社会需求、一面如何满足"我"(注1)的内在需求的过程。从某种意义上说,也是内在需求与社会需求的一种调适过程。

埃里克森(E. H. Erikson, 1959)的"心理社会发展理论"是旨在解释个体在同社会的交互作用中是怎样成长的一个代表性理论。这个理论把人生分为八个阶段:1.婴儿期(0岁—1岁半):基本信任感与不信任感。2.幼儿前期(1岁半—4岁):自律与羞愧。3.幼儿后期(4—6岁):自主性与内疚感。4.学童期(6—12岁):勤奋性与自卑感。5.青年期(12—22岁):身份认同与角色混淆。6.成人期(就业—结婚时期):亲密与孤独。7.壮年期(生育期):繁殖与停滞。8.老年期(生育终结、退休期):统整与绝望。[9]各个阶段都存在于社会与个体的关系之中产生的发展课题。比如,婴幼儿期的发展课题是借助基本信赖、获得来自养育者对自身要求的适当的应答。这种发展课题一旦圆满实现,便获得了"这个世界是安全的、可信赖的"这一认识(基本的信赖感),于是转向下一个发展阶段的自律性问题的挑战。另一方面,倘若发展阶段的课题尚未达成,则会把"不信"与"内疚"带进下一个发展阶段。

埃里克森的"心理社会发展理论"具有以往的发展理论所没有的特征：第一，心理社会的视点。关于"自我"与"自己"的发展，以幼儿长大成人的历程为研究对象，精神分析学家是以心理生物学（性）的冲动为轴心来描述人的心智发展的，而埃里克森则在汲取"心理生物"视点的同时，加上了"心理社会"的视点，认为人作为社会的存在，是在人际关系中形成自己，构建"心理社会"，亦即使自己的存在得以发挥可能性的社会场。第二，危机与"对立"。在人生的八个发展阶段中每个阶段都存在两种力——积极的力与消极的力。这就是说，在我们的心中保持着均衡状态与紧张状态。[10] 第三，终身发展的视点。在学校教育情境中面对儿童的时候，需要关注同其年龄相应的发展，不仅关注该阶段的发展课题，而且需要追溯以往的发展过程。亦即需要拥有过去、现在、未来的长期视野。

（二）"自我认同感"的获得及其要因

在学童期（儿童期），备受他者期待与认可的"好孩子"受到重视，看重社会适应。到了青年期，"自我认同感"的获得成为课题，同时存在着两种意识，即"对社会的适应"与"自我认同感"的意识。在这里，"认同感"意味着过去、现在、未来的自己的同一性（连续性）；他者心目中的自己与自身心目中的自己的同一性（整合性）。换言之，所谓"自我认同感"是指个体在特定环境中的自我整合和适应之感，是个体需求内在一致性和连续性的能力，亦指人格发展的连续性、整合性与成熟性。可以说，这是一个人探求既适应社会、又获得"自我认同感"的自我的阶段。"自我认同"的意义在于，自身认知自己的存在，认识自己存在的意义。"自我认同感"的获得并不是轻而易举的，有的人致力于问题解决，结果却丧失了"自我认同感"；有的人则干脆采取回避面对问题的态度。

玛西亚（J. E. Marcia, 1993）[11] 把个体获得"自我认同感"的个别差异谓之"身份认同"，并从两个视点——其一，作出抉择而处于什么样的艰难阶段（危机）；其二，是否基于自己的抉择而采取行动（投入）——出发，界定了"自我身份"的四种状态：1. 早闭——这种人往往"获得"了自我认同，但并非基于自身的投入，而是基于他者，特别是父母的安排。他们在探寻自身的过程中几乎未曾经历过"危机"(低投入)、便确立了自我认同(高需求)。2. 混乱——这种人并不处在寻求自身的过程中,既不了解自己、不确定未来的发展(低需求),也不那么关注此类问题(低投入),往往容易抛弃自己曾经的决定,处于"走一步看一步"的状态,甚至接受一些与过去的决定截然相反的机会。这种人处于"混沌不清"的状态,但他们自身并不察觉有什么异样。3. 延缓——这种人在一定程度上做出了自我探索(高投入),但尚未得到答案(低需求)。4. 达成——这种人经历过自身直面危机的探索(高投入),并在渡过危机之后获得了对自己的清晰认知,对特定的人生目标、信仰、价值观作出了坚定的选择(高需求)。

在"自我认同"的获得过程中所摸索的是这样两种自我姿态——受气质之类的生物学因素的影响,而易于采取的先天特定行为的自我姿态;此前的社会化过程中学得的角色,而采取的行为范式的自我姿态。它们会在极大程度上影响到一个人如何自觉地经验从降生到青年期的自我形象。

五、积极的人际关系与良好的社会适应

(一)积极的人际关系

人际关系是人们日常生活中的一部分。根据阿特曼与泰勒(I. Altman, D. A. Taylor, 1973)提出的"社会渗透理论",人际关系可从两个维度加以把握:一是交往的广度,即交流或交换的范围,二是交往的深度,即亲密水平[12]。人际关系不仅为我们提供计划之内或计划之外的自我成长机会,而且也体现了人生旅程的一个阶段。形成并维系人际关系的能力无论对充满活力的社会组织,抑或寓于其中的社会主体的成长与发展的内在世界,都是重要的。所谓"积极的人际关系"是一种"以开放性、流动性、非侵入性、真诚的对话为特征,具有促进个人成长自立的取向"[13]。这种人际关系随着参与活动的性质、彼此开放的程度而有所差异。不过有一个关键性的共同特征,即同时存在着两种相遇的可能性——同肯定、喜悦、心理安抚相遇的可能性;同不满、失

望、心理创伤相遇的可能性。这是应当认识到的重要张力关系的二分法。有意义人际关系"好、坏"与否的核心在于,是否拥有建设性且公平地认知并处理不愉快事件与经验得以展开的空间的充分的能力。这种能力得以发挥作用的前提在于人际关系是限制(妨碍)积极生活或者作为积极生活的媒介。

社会心理学家费斯克(S. T. Fiske)梳理了60多年来有关人际关系的心理学研究,揭示了五项认知性动机与情感性动机交融在一起的核心社会动机:"归属感"(Belonging)、"理解"(Understanding)、"控制"(Control)、"自我增强"(Self Enhancing)、"信任他人"(Trusting Others),即 BUCET(为便于记忆,读作"bucket")[14]。归纳起来说,所谓核心的"社会动机"是"表明在别人干预的情境中促进人们的思考、情感与行动的根本的基础性心理过程"[15]。这与其说是个人性格的问题,不如说是借助人与情境的交互作用、人类本性与社会条件的交互作用而产生的。我们每一个人在相似的程度上存在种种的差异,但都会体验到这些核心的社会动机的原动力。越是认识这些动机的重要性,人的行为就越是合乎高阶的价值观,越是有助于确立与培育人们所期待的人际关系。

"控制"是管理社会环境、境界与自身的能力,是感悟效果的根本需求。正如费斯克所说的,对"控制"的价值的信念,"表明人们是如何彼此理解的;如何秉持特定的态度;人们起初是怎样(相互或是单方)被引发的?而人际关系又产生了怎样的情感"[16]。"控制"的术语往往被视为含有否定性的意涵。不过,我们需要认识到,它是以一种积极的方式——运用有效地传递我们的需求、寻求特定种类的帮助,以及借助有说服力的方法作出提案的技能,引领富于实效的人际关系的社会控制形态。"依存性"与"自律性"作为构筑积极人际关系的社会动机的一种控制的概念,都是必要的、不可避免的。紧张与不悦感是在偏于"依存性"抑或"自律性"的某一方或是在两者处于不协调的时候表现出来的。德国哲学家叔本华(A. Schopenhauer)的"豪猪法则"(1851),有助于我们把握人际关系建构的核心——

个人成长自立的韵律。这篇寓言说的是:一群豪猪在寒冷的冬天里挤在一起取暖,但是它们的刺毛开始互相击刺,于是不得不分散开。然而寒冷又使它们聚集在一起,于是又重演同样的场景,经过几番聚散,最后它们发现彼此之间保持适当的距离是最好的[17]。这个道理,在人类社会的现实生活中也同样适用。"豪猪法则"常用来描述人际交往中的一种困境,即人际距离的问题。在人际交往中人们需要在亲密与独立之间寻求一个平衡点,既要保持与他人的联系,又要保持自己的独立性,避免过度依赖或过度疏离。

(二)亲情

在五种核心的社会动机的基础上考察"亲情"的概念,也是必要的。这是积极的人际关系的关键性特征,是信赖与信赖的复杂交织。在成年期的亲情中,人际关系与亲情发展的早期模式反映了幼儿期主导性的亲情样式,可能会反复表现出来。一言以蔽之,主观的亲情类型(稳定型、剥夺型、拒绝型、恐惧型)是以内化了的自我与他者模型为基础的。我是谁?——对此问题的回答,具有重叠交织(积极的还是消极的、自立的还是依存的之类)的关于自身叙事所牵引的倾向。他者是怎样一种人?——对此问题的回答,具有重叠交织(积极的还是消极的、值得信赖的还是不值得信赖的、应当回避还是应当相遇之类)的关于他者叙事所牵引的倾向。我们应当持续地反躬自问,比如,我,在他者面前是怎样一种人?倘若不是定期地追问,那么以往的叙事就不可能作为现实的问题暴露出来,这就意味着丧失了彰显自己价值观与发现自我信念的机会。我们需要时刻反思自身,揣摩自身的叙事并在必要的时候因应需要增进亲情,这是管控自身情绪(亦即了解自身、积极地疏导情绪)的根基[18]。

(三)"内在适应"与"外在适应"的平衡

所谓"良好的社会适应"是两种状态的形成,即适应来自社会的需求(社会化)与基于自身需求、实现自我(个性化),指的是"社会"与"自我"处于相辅相成的关系——借助社会的支援而满足自身的需求;而基于自身需求所获得的成果又得到社会的认可。

不过，由于某种缘由，适应社会的需求优先，或是反之，满足个人的需求优先，都会导致两者之间均衡的打破，会有损"良好的社会适应"。研究表明，青年期表现出来的种种问题的背景性因素之一是"过剩适应"。所谓"过剩适应"，是指优先适应社会需求，而抑制了个人需求。由于外在地适应了社会性的功能，却断绝了个人需求的追求（内在适应），个人"良好的社会适应感"低落。反之，以"内在适应"优先而损害"外在适应"的状态，会遭受来自周边社会的负面评价，使"良好的社会适应"低落。不管哪一种失衡，都会产生某种摩擦。社会化的直接担当者需要关注"内在适应"与"外在适应"两个方面，促进儿童的发展。

（四）把握"内在适应"的状态

如何把握从外表难以观察的"内在适应"，对于教师而言是一个繁难的课题。同"内在适应"与"良好的社会适应"相关联的概念是"自尊心"（Self-esteem）[19]。诸多研究表明，"社会性""社会适应状态""自尊心"呈正相关关系。不过，作为自尊心所测定的内容包含了基于外在标准的自我评价。不能说可以确切地把握纯粹的"内在适应"。一旦不能满足外在标准就不能维系的自尊心，是同不适应的自我认识及其维系相关的。从青年期开始明显表现出来的不适应性的自我认知，有一种"自我爱"的倾向。自己以为是出色的"自我爱"的自我认知，表面看来是积极的，但实际上往往在被否定的场合会产生攻击性的抑郁结果。

人生发展中的青年期处于"认同/认同混乱"的阶段。青年期伴随着身体发育，通过寻求"我是谁？我要去哪里？"的课题，确立起"自我认同"的概念。可以说，"自我认同"的确立本身，意味着经历了发展上的危机，并超越了这种危机的一种心理结构。

六、生涯发展阶段与生涯教育

（一）"生涯"与"生涯发展阶段"

学生从学校毕业之后选择怎样的出路，将来从事怎样的职业，发挥怎样一种社会角色,是青年期所关注的重大课题。在学校教育中,职业选择的支援主要是围绕"职业(出路)指导"或"职业咨询"来展开的。不过,晚近学生从学校毕业走上职业(社会)的过渡问题,不仅涵盖了职业(出路)选择,还从更长期的发展视点,亦即作为"生涯发展"来把握的。这里所谓的"生涯"(Career),正如"生涯中心"之类的术语所表述的,大多是作为工作、职业的话语来使用。但另一方面,不同的时代与情境也存在各式各样的话语。其语源是中世纪希腊语的"车道"(手推车、双轮敞篷马车经过的道路及其印痕),在英语中意味着跑马场与竞赛场的"跑道"与"足迹",由此引申出意味着人们所经历的路程及其足迹与经历。伴随着时代的变迁,不再局限于特定职业与组织中的劳动方式而具有了更加广泛的意涵,指的是"通过同劳动方式相连的作为个人体验的生活方式"。就是说,"生涯"是指"人在一生发挥各种角色的过程中,发现自身价值与自己角色作用之关系的联系与积累"[20]。换言之,涵盖狭义意义上的职业(职务)、借助广义意义上的种种社会角色发挥而形成的自身的生存方式。

所谓的"生涯发展阶段",可以说就是在社会中发挥自己的作用、实现自身的社会价值的过程;也是自身知性的、身体的、情感的、社会的特质,作为"人"的生存方式得以统整的过程[21]。在同社会的关系之中来把握自己、管控自己(亦即自我理解与自我控制的积累),是终身持续的生涯发展过程。因此,为了促进生涯发展,来自外界的有组织的系统的影响作用是不可或缺的。在学校教育中要求通过培育作为职业工作者而自立所必须的基础能力与态度,来促进每一个人的发展。施恩(E. H. Schein)立足于人生不同年龄阶段和职业工作的主要特点,将职业生涯分为九个阶段:1. 成长—幻想—探究(0—21岁);2. 进入工作世界(16—25岁);3. 基本训练(16—25岁);4. 生涯早期的正式成员资格(17—30岁);正式成员资格—生涯中期(25岁以后);6. 生涯中期危机(35—45岁);7. 生涯后期(40岁—引退);8. 衰退与离职(40岁—引退);9. 引退,显示了生涯发展各个阶段的心理社会危机课题[22]。

(二)生涯彩虹图

"生涯发展阶段"最具代表性的模型,当推舒珀(D. E. Super)自20世纪60年代以来一直倡导的"生涯发展阶段"模型,他对此不断加以精致化,形成了著名的将职业与职业之外的人生角色分成生涯的不同时期,进而发挥作用的"生涯彩虹图"(图4-1)。

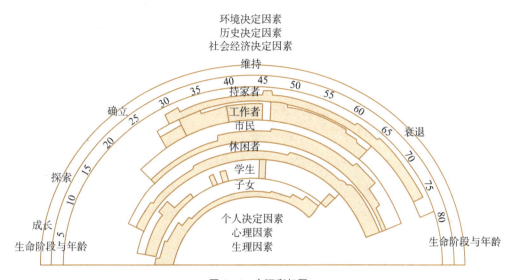

图 4-1 生涯彩虹图

资料出处:古屋喜代美,等.旨在理解儿童的教育心理学[M].东京:ナカニシヤ出版股份公司,2023:178.

"生涯彩虹图"通过横向与纵向两个维度,展示生涯发展的时空关系,阐释生涯发展阶段与生活角色之间的相互关系。首先,横向层面代表横跨一生的"生活的跨度",亦称"大周期"。彩虹图的外层显示人生的主要发展阶段和大体估算的年龄,这就是五个"生命的跨度":"成长期"(4—14岁,相当于儿童期);"探索期"(5—24岁,相当于青春期);"确立期"(25—44岁,相当于成人前期);"维持期"(45—64岁,相当于成人后期);"退出期"(65岁之后,相当于老年期)。其次,纵向层面代表纵贯上下的"生活的空间",是由职位和角色所组成的。舒珀认为,每个人在一生中必须扮演六种角色,依次为(子女、学生、休闲者、公民、工作者、持家者)。各种角色之间交互影响、交织成每一个人独特的生涯类型。一个人拥有多重的角色,在人的一生中角色作用的组合发生着变化。可以说,在人生各个阶段取得角色之间的均衡是重要的,这是作为一个人生活方式的表现。从舒珀的理论可以看到,各自的生活方式是由个人因素(包括兴趣、态度在内)及其所处环境(家庭、学校、社会)的关系所决定的。从而,亦可从时间轴的维度来把握自己的生涯规划。比如,通过认识当下自己的角色是怎样一种情形、是如何运用时间与能量的,来理解自我的状态,并得以展望自己未来的角色作用与出路的选择。"生涯彩虹图"为我们提供了纵览人生全局、审视生涯发展的有力工具。可以说,当今世界各国的"生涯教育理论"就是基于这一理论而展开的。

(三)生涯教育的目的

"生涯教育"是面向每一个人的"社会的、职业的自立",通过养成必需的基础能力与态度,来促进生涯发展的教育。这个定义指明了从学前教育至高等教育系统的生涯教育的方向。就是说,"生涯教育"不限于学校毕业之后的出路指导,而是指向儿童终身的生活方式之基础的"社会的、职业的自立"的形成。面向"社会的、职业的自立"的基础能力由如下四种能力构成[23]:1."人际关系形成—社会创造能力":理解他人的思考与立场,倾听对方的见解,准确地传递自己的思考。同时,认识自身所处的情境,发挥角色作用,并同他人协作、积极参与社会,创造社会的能力。2."自我理解—自我管控能力":围绕自己想做什么、能做什么、感悟意义,保持同社会的相互关系;基于对自己未来发展之潜能的积极认识,展开主体性行为。同时,规范自身的思考与情感,并为自身的进一步成长而终身学习的能力。3."课题应对能力":在从事的工作中发现、分析种种课题;编制适当的规划,处理并解决各种课题的能力。4."工作能力":理解"工作"的意义,基于自己的立场与角色作用,重视"工作",在对纷繁复杂的信息进行选择,作出自身的主体性判断,经营生涯的能力。这些基础性、通用性能力,并不是要求每一个人均需掌握。"生涯教育"的目的是面向"社会的、职业的自立",要求每一所学校参考"核心素养"的界定,基于学校、社区与儿童的实际,在设定具体的能力指标上,下一番功夫。

中小学生处于施恩(E. H. Schein)所称的"成长—幻想—探究的阶段",他们都有其各自的经历与经验(包括失败的经验)。这个阶段的心理社会危机(注 2)课题是:职业选择(注 3)基础的形成、心仪职业的斟酌、接受教育与训练,形成劳动习惯。具体的课题是:形成职业兴趣、认清自身的职业能倾、获得职业模型与职业信息、获得目标与动机,体悟必要的职业经验,等等[24]。教师需要关注每一个学生。每一个学生都是独一无二的存在,"激活其自身内在的火花,是发挥身体的、知性的、精神的潜在能力的关键"[25]。

注 1

自己与自我的发展——"我"是谁?"我"是怎样一种存在?这是众多年轻人在思考自己的未来之际感到困惑不解的问题。把人感受、思考种种的问题、在付诸行动时关于自身的核心部分,称之为"自我"。"自己"侧重于人得以塑造的存在;"自我"是"我"的行动的本源,即存在于个人内部的根源性存在。

注 2

危机——按照美国心理学家卡普兰(G. Caplan)的界定,所谓"危机"(Crisis)是"当人碰到人生重大目标的障碍,用惯常的方法无法超越的时刻产生的。焦虑(惊慌失措)的时刻连连发生,在此期间尽管尝试了不同解决方略也终究归于失败的状态"。这个概念不是单纯指个人的遭遇,而且也涵盖了如何把握危机状况、危机干预(介入)策略及其变式。因此,即便众人经历同样的危机状况,由于各自拥有不同的特定背景,其经验的影响与范围是不同的。因此,就得从两个侧面加以求解:一是求得处于危机状态的人所表现出来的反应及其相关问题的一般性理解;二是求得其个人特有经验的个别性理解。另外,危机理论一方面梳理了所积累的危机干预的实践性见解,但不可忽略的另一面是,危机的产生不仅源于个人,也源于个人所属的共同体所带来的问题。个人即便陷入了危机状态,倘若周边的环境(共同体)能采取保护性措施,便有望在其所属的共同体中缓解个人的危机状态。"学校"这一共同体是儿童身心与人格健全发展与成长的关键场域。倘能驱动"学校共同体"所拥有的保护功能与复苏功能,那么,儿童在日常的发展与成长过程中产生的心理危机是可以得到消解或缓解的。

注3

职业选择——选择怎样的职业,关系到收入、工作的满足感与生存方式的意义,是人生中的重要抉择之一。因此,多角度的"职业选择"研究由此展开。19世纪初,帕森斯(F. Parsons)在波士顿设立世界上第一个"职业指导局",开启了职业指导运动,被誉为"职业指导运动之父"。当时的美国社会随着从第一产业转向工商业的产业结构的变化,在城市中聚集了大批作为劳动力从地方聚集而来的年轻人,其中许多人由于不能适应工作而沦落为流浪者,导致贫民窟的滋生。帕森斯设想通过适当的职业指导,辅助青少年进行职业选择,以匹配相应的职业乃至完善整个社会。帕森斯从个人与职业相匹配的立场,论述了"知己知彼、妥善选择"的必要性:1. 了解自己(能力、能倾、兴趣、希望、才能、缺点);2. 理解职业及从事该职业所必需的能力;3. 正确认识自身与职业之间的匹配关系。这些论述时至今日仍然不失其意义。

参考文献

【1】【2】【7】【11】 中谷素之,中山留美子,町岳. 教育心理学:从日常事件到教学实践[M]. 49,50,54,57-58.

【3】 樱井茂男. 最新教育心理学[M]. 东京:图书文化,2017:156.

【4】【5】 青山征彦,茂吕雄二. 学习心理学[M]. 东京:科学社,2018:134-137,136.

【6】【22】【24】 中谷素之,平石贤二,高井次郎. 学习—成长—扶持心理学[M]. 名古屋:名古屋大学出版会,2024:17,137,137-138.

【8】 约翰·哈蒂,格雷戈里·C. R. 耶茨. 可视化学习与学习科学[M]. 原田信之. 主译. 京都:北大路书房,2020:333.

[9][10] 岩田惠子.学习—发展论.东京:玉川大学出版会,2022::89-93,98-100.

[12][19] 辻川典文,阿部晋吾,神原步,田端拓哉.简明社会心理学[M].东京:科学社,2020:92-93,23.

[13][14][15][16][18] 克里斯蒂安·纽沃堡,等.积极心理学入门[M].西垣悦代,等,主译.京都:智慧女神书房,2023:114,108,112,109-110,113.

[17] 艾略特·阿伦森,乔舒亚·阿伦森.社会性动物(第12版)[M].邢占军,黄立清,译.上海:华东师范大学出版社,2020:273.

[20][21][23] 古屋喜代美,关口昌秀,荻野佳代子.旨在理解儿童的教育心理学[M].东京:ナカニシヤ出版股份公司,2023:176,176,179.

[25] 马克·马洛夫.寻求脑与身体的最佳化[M].矢岛麻里子,译.东京:钻石社,2024:9.

第二编

理解学习的过程

> 心态变了,行为才会变;行为变了,习惯才会变;习惯变了,人格才会变;人格变了,命运才会变。
>
> 　　　　　　美国心理学家　詹姆士(W. James, 1842—1910)

"学习"的本质究竟在哪里呢?"学习"狭义的定义是"知识与技能的获得"。但我们不能停留于此。佐藤学说:"学习往往被比喻为从既知世界走向未知世界之旅。人们通过学习之旅,同新的世界相遇、同新的他人相遇、同新的自己相遇,而借助彼此之间的对话,创造新的世界、新的社会与新的自我。因此,学习是同客观世界对话(创造世界)、同他人对话(创造伙伴)、同自己对话(创造自己)三者统整的对话性实践。学习就是基于这三种相遇与对话的'意义与关系的重建'。"学校是以"儿童的学习"为中心的场所。"学习"的形成及其质量是同儿童学校生活的充实与满足感紧紧地联系在一起的。围绕儿童"学习"的心理学研究并非局限于"如何有效地展开教学,让儿童在考试中取得高分"。对于一线教师而言,重要的是关注儿童的学习活动之背景的心理过程。美国心理学家德韦克(C. S. Dweck,2006)的"心态"研究表明,"成长心态"(Growth Mindset)是学生获取学习成功的关键因素。本编从"社会学习论""动机作用论""信息处理论"的角度揭示"学习"是怎么回事、如何才能促进"学习",旨在探讨并分享儿童在整个学校教育中学习活动的特征,以及超越学校范畴的知识习得与运用的心理基础。

第五讲 何谓"学习":心理学的解读

科学心理学历经140多年的岁月,获得了长足的发展。在心理学研究领域中关于"学习"的界定大体可以区分为三种不同的立场,这就是:行为主义、认知主义、情境主义。本讲首先梳理从这些立场出发理解"学习"所必需的原理,然后介绍"认知革命"带来的一系列概念的进化,以及基于认知神经科学关于"学习"概念的界定。

一、从行为主义看"学习"

经典的学习理论多采用人类之外的动物(狗、猩猩、鸽子之类)的学习作为研究对象,来回答"学习"是在怎样的情境与条件之下产生的。以华生(J. B. Watson, 1913)为代表的行为主义心理学采取的立场是,仅限于以可直接观察的行为来作为研究对象,其学习理论以"条件作用"为代表。所谓"条件作用"(包括"经典条件作用"与"工具条件作用")就是基于可直接观察的刺激与反应的关系来揭示学习过程的思维方式。所谓"学习"即"刺激与反应的联结"[1]。

(一) 两种条件作用

经典条件作用——巴甫洛夫(I. P. Pavlov, 1923)的"经典条件作用"不同于桑代克的学习原理。在狗的条件反射的实验中,发现这样一种现象,即"当狗一起接受有关与无关的刺激之际,无关的刺激与反应之间会产生联结,从而产生反应的状态"。在这里,他用"条件反射"的现象来说明"学习"。

工具条件作用——斯金纳(B. F. Skinner, 1937)根据桑代克的效果法则,倡导"工具条件作用"(操作条件作用)。在他看来,"对生物的自发性行为带来好的结果的场合,该行为会反复发生,从而形成学习"。形成这种学习必须附有过程与条件,诸如"强化"(正强化、负强化)与"弱化"(正弱化、负弱化),等等。

（二）观察学习

"行为的变化"即便不直接给予强化因子，通过观察他人赋予的刺激或强化因子亦可形成。班杜拉（A. Bandura, 1977）倡导的"观察学习"就是"通过他者的行为及其结果（榜样），观察者的行为发生变化的现象"，这种现象谓之"观察学习"或"社会学习"。这是基于学习者同环境交互作用的学习。在社会学习理论中"学习"被视为在社会环境中所进行的认知过程的变化。因此，它不同于别的学习理论，未必伴有行为的再现与直接性强化，而是出于观察与范例而发生的。在这种场合，基本上是指"受他者的影响而产生的学习行为、态度与价值观"。

（三）行为主义学习的基本原理

行为主义着眼于行为的研究，积累了以"学习"为中心的研究成果。在行为主义看来，所谓"学习"是以遗传性素质为基础，基于经验而获得的种种知识。这里所谓的"经验"与作为结果获得的"种种知识"，更明确地说，是在某种状况之下活动、观察、听闻的结果，以及在同样状况或者类似状况之下产生的"行为变化"。"经验"包含了幅度广泛的内容，诸如"活动""观察""听闻"，等等。所谓"种种知识的获得"是以"行为变化"的方式体现出来的。另外，基于动机与疲劳之类的一时性的变化和基于成熟的变化，不包括在内。

行为主义倡导促进"学习"（亦即促进行为的变化）的基本原理是：接近原理、效果原理、练习原理。所谓"接近原理"是指，越是时间上接近，学习越容易产生。在经典条件作用中，从中性刺激呈现到无条件刺激呈现之间的时间间隔越短，其条件作用越容易产生；而在工具条件作用中，自发反应与强化因子之间的时间间隔越短，其条件作用越容易产生。所谓"效果原理"是指，"带来满足的反应得以反复，而带来不满足的反应则会被去除"。所谓"练习原理"是指，"刺激与反应的结合通过练习得以强化，不练习就会减弱"。

二、从认知主义看"学习"

在认知主义看来,人是一个信息处理体,探讨的课题是"在头脑中"信息是怎样进行处理的。认知主义心理学采取的立场是,正如记忆与思维那样,在人们头脑中进行的信息处理(认知)对学习起着重要的作用。所谓"学习"意味着"通过在某种情境中遇到的刺激视为'符号',并从这些符号中'建构意义',来变革认知的结构",或是"通览整个问题情境,借以明确手段与目标之间的关系"[3]。怎样才能形成此类信息呢?要建构或者变革知识结构,就得长时地存储信息。换言之,存储信息亦即"记忆"。围绕支撑"理解"与"思考"的记忆机制以及认知主义学习原理,作一些梳理。

(一)记忆的机制:三种模型

双重存储模型——阿特金与希夫林(R. C. Atkinson, R. M. Shiffrin)[4]借助"双重存储模型"来界定记忆。该模型的重要性在于,存储信息的并不是一个存储库,而是分两个存储库,即"短时存储库"与"长时存储库"。具体地说,保存信息的时间不同。短时存储库在头脑中复述信息,一旦停止复述,只能保存15—30秒钟左右;而长时存储库不必复述也能久远地保存信息。另外,两者保存的信息量(容量限度)也不同。具体地说,短时存储库的容量有限,只有7 ± 2个组块(单位)。就是说,只能保存5—9个左右的组块,而长时存储库却无容量的限制。该模型也可说明从外界输入信息得以储存之后、如何适当提取的过程。来自外界的信息不加选择地输入各不相同的感觉样式(视觉、听觉之类)的感觉登录器,可瞬时保存,这就是"感觉记忆"。不同的感觉样式,其保存时间是不同的。视觉性感觉记忆是500毫秒,听觉性感觉记忆是5秒左右。在这种感觉记忆中只有被注意到的信息输入短时存储库。由于注意量有限,只有一部分的信息输入短时存储库。而且如上所述,在短时存储库中信息只能瞬时保存,保存在短时存储库中被编码的大多信息容易转送到另一个存储库——长时储存库。一旦进入了长时存储库的信息即便不再编码也会永续地保存下来、不至于消失。

加工层次模型——在克雷克、洛克哈特(F. I. M. Craik, R. S. Lockhart, 1972)[5]倡导的"加工层次"(处理水准)模型中,主张"越是深度加工,记忆越是容易"。所谓"加工层次"是指对刺激作出的加工程度。就是说,加工层次越深,付出的成本就越高。亦即,加工的负担大、时间长。诸如,试比较如下三种加工:着眼于"该语词的字体是大写还是小写"之类的刺激的"图形"形态加工;着眼于"该语词是否合乎音韵"的音韵加工;着眼于"该语词的含义归属于哪个概念范畴"之类的意义加工,越是后续的加工,层次越深。因此,即便是同样的刺激,进行意义加工时也最容易记忆。

工作记忆模型——巴德利(A. D. Baddely, 1986)[6]倡导的工作记忆模型,传承并发展了"双重存储模型"。具体地说,它跟"双重存储模型"一样,存在着两个性质不同的存储库,即"短时存储库"与"长时存储库",但"短时存储库"的功能有所拓展:其一,在"双重存储模型"中聚焦的是信息的保存,而在"工作记忆模型"中则回应现实的认知处理,在具备保存功能的基础上增加了处理功能。人们在大多数场合,不仅是单纯地保存信息,而且是在加工过程中保存,或是边保存边加工的。正因为此,该模型的名称中加上了"工作"(Working)的字眼。其二,在"双重存储模型"中设想"短时存储库"是借助编码得以保存信息的,而在"工作记忆模型"中则除了基于"内在声音"的保存之外,还有基于"内在眼光"的保存。这些是基于构成要素来承担的,前者由"语音回路"承担,后者由"视空间模板"承担。再加上"情景缓冲区",承担着同"长时存储库"进行信息交换的功能。其三,随着加工功能的追加,因而引进了"加工资源"的概念。其调节作用,追加了"中央执行系统",要进行认知加工就得有加工资源。个人一度使用的加工资源的量是有限的。再者,不熟悉的加工与复杂的加工则需更多的加工资源。要提升加工效率,就得调节这种加工资源,承担这种功能的是"中央执行系统"。概括起来说,"工作记忆"由"中央执行系统""语音回路""情景缓冲区""视觉空间模板"构成,成为"长时记忆"的基础。所谓"中央执行系统"是指通过控制语音回路、情景缓冲区、视觉空间模板,整合长时记忆与信息的系统。所谓"语音回路"是指操作并存储理解语言,旨在进行推论的语音信息的系统。所谓"视觉空间模板"是指操作、存储视觉空间表象的系统。所谓"情景缓冲区"是指短暂的、容量有限的被动系统,就像记忆故事与电影的剧情那样,可将各个领域之间随着剧情而展开的视觉空间信息加以整合,并同"长时记忆"连接起来。"工作记忆"不仅是短时的信息保存,也包括认知信息的处理功能与控制功能,其容量存在个别差异。可以说,记忆容量的差异关系到特定课题解决中个人的成绩。

(二)"长时记忆"的分类:"宣言式记忆"与"非宣言式记忆"

宣言式记忆——它是用词汇表达的记忆,也叫"陈述性记忆"或"外显记忆"。这种"宣言式记忆"又可分"意义记忆"与"情景记忆"[7]。1.意义记忆与情景记忆。所谓"意义记忆",诸如"中国的首都是北京"之类的关于词汇意涵的记忆,人们的知识几乎都是"意义记忆",而"情景记忆"是个人所体验的事件的记忆。"意义记忆"与"情景记忆"的差别就在于同"自身"的关系。"情景记忆"的内容基本上涉及同自身相关的经验,而像"法国大革命爆发"的历史年号之类的"意义记忆",是同自身没有关系的客观性知识。2.自传体记忆。所谓"自传体记忆"是指在"情景记忆"中对自己而言特别重要的、形成自身形象之基础的"自传"那样的记忆。在回想包括"自传式记忆"在内的"情景记忆"的场合,过去的体验并不是随时都能想起的。在何时、在怎样的情境与境脉中想起,是同回想的内容与记忆的表象不同而有所不同的。就是说,关于自己的记忆,是同该时点相应的、重构起来的一种新的意义建构,谓之"重构性回想"。即便是记忆内容的每一个具体的事实没有变化,但意义的重构在该时点发生了变化。自己过去的经验由于当下状态的不同,重构了不同的记忆。此外,也存在连自己的名字、家族也想不出来的状态,谓之"记忆丧失"。实际上,这种障碍主要在于"情景记忆","意义记忆"大多能比较正常地维系。

非宣言式记忆——所谓"非宣言式记忆"是不可言表的记忆,也叫"非陈述性记忆"或"内隐记忆"。在"非宣言式记忆"中包括"技能-习惯""启动效应"与"条件反射"等[8]。所谓"程序性记忆"是关于"怎样做"的步骤性知识,相当于"体悟"的记忆。通过保持某种技能与习惯,即便未意识到也能运用的记忆,比如,骑自行车、乐器演奏、体育运动等,大都基于"程序性记忆"。所谓"内隐记忆"是指在不需要意识或有意回忆的条件下,个体过去的经验对当下的任务自动产生影响的现象。

(三)认知主义学习的基本原理

"学习"不仅是单纯的记忆,还得思考、理解同种种知识的链接、形成高阶思维、提升通用性,谓之"深度学习"。下面就来梳理一下与"深度学习"相关的认知机制[9]。

元认知——所谓"元认知"是关于认知的认知。"元认知"分"认知性知识"与"认知性活动"。"元认知知识"分人类的认知特性、课题与方略的知识,诸如"思考易受情感的左右""验算有助于防止计算错误"等。"元认知活动"分"元认知监督"(认知的察觉、预想、检点与评价)与"元认知控制"(认知的目标、计划与修正)。

精致化——所谓"理解",是通过谓之"精致化"的过程才得以发展起来的。在认知主义看来,为了促进知识结构的建构或变革,首先牵涉到信息摄取阶段的编码化工夫。在加工信息上面进行的编码,谓之"精致化编码"。依据"加工层次"的研究,反复地进行浅层次的加工编码是无助于促进记忆的,要进行"精致化编码"。而"精致化编码"正如"记忆术"那样,亦即利用既有知识、切割成"模块"恰当地赋予意义的"有意义化"、把复杂信息链接成形象的"形象化"、编织故事的"故事化"。这些策略的一个共同之处是,利用既有知识与复数的信息,从信息中发现意义、丰富意义。借助这些工夫,有助于作为长时记忆巩固下来。在精致化的方略中,寻求信息的结构化与系统化也是有效的。奥苏贝尔(D. P. Ausbel, 1960)的研究表明,把教材的信息加以提炼的文字作为"先行组织者"率先提出,有助于促进记忆。这是由于沿着"先行指导者"的结构得以把握信息之故。在精致化策略的基础上,把保存在"长时存储库"中的信息用"概念地图"加以表达,也是促进记忆的有效策略。这种"概念地图"是学习者用"节点"(表示概念)、"符号"(图形、图案),和连接各节点的"连线"(单向、双向、非方向),将自己"头脑中"的概念与概念之间的状态用对应的形式加以描绘出来,从而形成学习者自身的知识网络,这也是促进知识的结构化与系统化的有效策略。

熟练化——通过学习过程,变不懂为懂、变不能为能,这个过程谓之"熟练化"。美国认知心理学家诺曼(D. A. Norman, 1982)阐述了人在知识习得层面的成长——"熟练化"——的过程,包括1."积累过程"——人在积累经验过程中知道的内容(知识结构)之上再添加新的知识。2.结构化过程——利用集结的知识更替旧有的知识结构。3.调整过程——顺利地运用结构化了的知识[10]。在学习之初为"初学者",通过建设性交互作用,知识得以重建、理解得以深化。在完成优质知识的建构、亦即通过"深度学习"之后,能以依存于该知识领域的方式推进"熟练化",谓之"熟练者"。"初学者"与"熟练者"不仅同年龄相关、也同经验相关。波多野谊夫(2006)区分了两种类型的熟练者。一是能尽快地解决一定类型的熟悉问题的"定型性熟练者";二是在碰到新奇的情境时,能灵活地组织知识与技能、指向新境界的"适应性熟练者"。乍看起来,"定型性熟练者"是高效率的,但他们只能在既定状态与情境中发挥作用,而"适应性熟练者"能在任何情境中灵活地运用自己拥有的知识与技能。这样看来,衡量是否获得了真正的学习,重要的不是考察其是否能直接地运用学到的知识,而是考察其是否能创造性地运用学到的知识。

三、从情境主义看"学习"

情境主义重视主体周边的人与事物的状况与境脉,采取仔细叙事的方法。因此,不同于针对主体、捕捉在其身上发生变化的行为主义与认知主义,来把握不同的学习面貌,基于这种立场的"学习",是"主体与系统之间协同关系的建构"[11]。这样来看待的"学习"是如何形成的呢?"合法的周边参与"与"分布式认知",就是解读这种学习的理论。

(一) 合法的周边参与

作为共同体的正式成员参与实际的活动、参与的形态逐渐变化,乃至于参与深度实践共同体活动的过程,谓之"合法的周边参与"(Legitimate Peripheral Participation, LPP)[12]。莱文、温格(J. Lave, E. Wenger, 1991)发现,裁缝店的学徒,最初是从拆线头、熨烫、整理成品之类的收尾阶段的作业做起。随着经验的积累,慢慢升格为缝制和裁剪的作业,这些作业均是裁缝店的实践所需要的。就这一点而言,这些作业全是"合法"的。不过,在实践中的地位却是不同的。起初的作业即便失败了也无关大局,从这个意义上说,是"周边"的作业,然后才逐渐过渡到核心的作业。学徒的"学习"尽管是合法的,却是以从周边参与开始的方式,逐渐地变化为更充分地参与实践的方式。在这种参与方式变化的过程中,来自他人的"脚手架"发挥着重要的作用。"合法的周边参与"的概念,意味着把学习者的学习视为从"周边参与"向"中心参与"移动的过程。学习者随着从周边参与向中心参与的移动,不仅习得实践的知识与技能,还有变革实践的设想与见解;同时也变革了自身的见解与个性。这就是说,人的"学习"指的是:不是停留于单纯的知识与技能,而且涵盖了学习者在"实践共同体"的人际关系之中作为"人"的成长。从这个意义上说,人的"学习"是以学习者的"全人格的变化"为其特征的。

（二）分布式认知

在社会实践的现场从事活动的人们与现场所配置的工具作为一个系统加以把握的方式——这种见解意味着,知性行为是作为一个系统分散在人际以及人与工具之间、超越了个人的一种系统而发挥作用的。从这个意义上,称为"分布式认知"(Distributed Cognition)[13]。文化人类学家哈钦斯(E. Hutchins, 1994)关于美国海军舰船航行团队的协同作业的研究,就是从这种视点出发来把握社会实践现场人们行为状态的一个典型案例。他从两个方面作出了分析。一个着眼点是,团队的分工结构与成员之间沟通的结构。舰船的航行不是一个人能完成的作业,而是在分担各种角色的人协同作用之下进行的共同作业。另一个着眼点是,工具的使用。在航行中需要频繁地求得航船的速度,这种速度不是靠"距离＝速度×时间"的公式演算出来,而是利用"距离—比率—时间计算图表"这一工具来进行的。可以这样说,求速度这一活动不是在个人的头脑中"封闭"地进行,而是借助特殊工具的支撑、分散地进行的。在他看来,航行团队的协同作业是以有效地配置熟练程度不同的成员这一制度分工体制为基础,各个成员的行为受其他成员的监督、调度、引领,并借助各种工具的使用,有效地解决局部的误差而达成的。在社会实践的现场,借助制度性分工的体制、成员之间的沟通、各个场所配备的工具而形成结构化的,是"分布式认知系统"。每个成员的行为浸润在这个系统的境脉之中,彼此展开协同,从而达成知性目标。

（三）情境主义学习的基本原理

从上述的理论继承,可以得出促进学习的若干基本原理。首先,在情境主义看来,"学习"不是封闭于主体之中的,而是在主体同周边的协同关系之中产生的。这种观点,正如"合法的周边参与"的概念所表明的,人的学习并非停留在作为教师教学的结果,增长个人的知识与技能,而是在种种的情境之下通过多样的关系、人作为"其人"而成长的。因此,重要的是,不仅考察主体的行为与知识,而且也得考察主体周边的学习境脉,探讨两者的关系。其次,按照罗格夫(B. Rogoff，2003)的说法,所谓"参与"是一种"有引导的参与"[14]。这里面存在两种基本过程：一是"意义摆渡"的过程,指的是参与某种活动之际所必需的知识得以分享,身边的他者能弥补其不足;二是"参与结构化的过程",指的是身边的成人与他者调整儿童的经验。就是说,在"参与方式"的变化中,从事这种实践的共同体中的有能的他者,承担着重要的作用。倘若在给予直接的"脚手架"的场合,通过观察他者也会产生影响。再者,如何使用工具,也是需要考虑的。从分布式认知的概念可以看出,在诸如面对运算的课题之际,不同的条件所必要的处理方式也会发生变化。在今日 AI 技术的条件下,应当学会选择利用工具的技能。

四、从认知心理学的进化看"学习"

（一）认知革命与"认知心理学"的进化

认知革命——对心理学问题的关注可以追溯到古罗马时代。科学心理学的历史则是从 1879 年莱比锡冯特(W. Wundt)创设"心理学实验室"开始的。20 世纪前半叶在心理学中产生巨大影响的是,华生(1913)的行为主义与弗洛伊德(S. Freud, 1896)

的精神分析。20世纪后半叶之后,应用电子计算机的信息科学、行为遗传学、认知神经科学工程学与生物学的思潮对心理学产生了巨大的影响,跨学科的研究导致了心理学的"认知革命",从而产生了"认知心理学"[15]。这种新的思维方式的问世之所以称作"革命",意味着在心理学的世界,摆脱了半个多世纪以来一直占统治地位的行为主义的思想枷锁,获得了解放。从华生的古典行为主义看来,人的行为全是用过往的条件作用来解释的,进行认知的个体的主体性则被忽视。从新行为主义看来,尽管考虑到刺激与反应之间生物体的条件,但在注重刺激与反应的联结这一点上,基本上是没有变化的。不过,通过认知革命,在心理学中重新认识了人的主体性,在行为主义中心的时代被视为异端邪说的意识与自我这一原本应当是心理学研究的"内部过程",得以展开实证性的研究。平克(S. Pinker, 2002)归纳了"认知革命"的核心主张如下[16]:1. 心理过程借助"信息""运算""反馈"等概念,在物理世界中占据一席之地。2. 心理并不是"空白的白板"(白纸)。3. 拥有无限多样性的行为,是借助心理过程的有限组合而产生的。4. 作为其底色的心理机制(基本结构)具有普遍性,但覆盖其底色的表层部分(具体的行为)由于文化与社会的差异而有所不同。5. 心理是由多层的交互作用部分所构成的复杂"系统"。

认知心理学的进化——认知科学经历了30年的历史发展,在20世纪80年代后半叶迎来了巨大的变革期,称之为认知革命的"第二浪潮"。就其特质而言,可归纳为如下两点:其一,以同外界的连续性交往为中心的"认知"的概念化。其二,伴随着对人脑结构的关注高涨,受神经细胞的启发而建立起来的新型运算模型(人工神经网络模型)的问世,与运用脑功能成像技术的认知神经科学的创生。这样,可以说,认知心理学已从认知科学早期的"个人的符号处理模型化"的羁绊中获得了解放。下面就来考察一下认知革命带来的一系列影响深远的概念——"生态效度"(Ecological Validity)。奈瑟尔(U. Neisser)在《认知心理学》出版的15年后出版《观察记忆》(1982)中,强调了在自然的境脉中使用日常材料进行记忆研究的重要性[17]。他在序言中断言,"自艾宾浩斯(H. Ebbinghaus, 1885)以来,在严格控制的实验室中积累的记忆实验材料是一种错误的知识"。比如,不管你怎么研究无意义缀字的遗忘率,对"在日常生活中怎样的事件易于记忆"有着怎样深刻的心理学意义的回答,始终是没有定论的。亦即主张,游离于现实之外的人工化课题与特殊状况下所得到的实验结果,是不能反映真实生活情境中的认知活动的。研究方法与结果不符合人类的生态,便可谓之缺乏"生态效度"。这种批判的原点就在于这样一个信念——个人的认知不可能离开社会或是物理境脉,基于这种视点的心理学谓之"生态心理学"。不过,也有学者持这样的立场,即实验室实验即便缺乏生态效度,也并不意味着实验毫无意义。人工化的课题可以揭示日常生活中认知活动的一个侧面。换言之,严格控制的课题本身尽管缺乏生态效度,却反映了认知生态效度的一个侧面。尔后,奈瑟尔转职康奈尔大学,极大地影响到从独特的观点出发进行视觉研究的吉布森(J. J. Gibson, 1979)。吉布森重视环境的结构甚于个体内部发生的认知过程;重视同视知觉协同的身体运动的调节。这种研究成果同晚近的"具身化认知"的研究一脉相承。

"社会认知"(Social Cognition)的研究隆盛。社会心理学作为有别于认知科学的研究流派,围绕个人对外在世界的信念,提出了"认知冲突"与"认知的契合性"这一独特的概念[18]。认知革命以来,人际关系认知、自我认知、归因、认知方式的类型等认知研究欣欣向荣。而晚近则恰恰相反,在认知心理学的研究中大多援引社会认知的理论与见解。这种互补关系愈益增强,如今认知心理学与社会心理学之间的隔阂消弭。不过,在20世纪80年代认知科学的地壳之所以发生愈益强烈的震动,不是由于社会心理学,而是文化心理学。

"情境认知"(Situated Cognition)。这是在主体与情境的协调关系之中理解人的才智的一种尝试。哈钦斯(E. Hutchins, 1990)调查美国海军大型舰队的航行[19],观察其舰队航行中团队成员的活动,没有哪一个成员能包揽所有的作业。进行分工的成员是在各自岗位从事自己的工作,为此就得协调成员之间的作业。作为局部性的交互作用的结果是,自然而然地形成整体作业实施的结构。就是说,大型舰队航行的知性作业实践是借助制度性的分工体制、各种工具与技术、沟通等等,同所形成的"情境"交互作用产生出来的。从知性行为（认知）不是在每个人的头脑之中，而是分散在情境（社会）之中的意义上说，谓之"社会分散认知"。熟练的行家并不仅仅体现在人造物中，而且体现在人通过同工具的协调而进行作业的行为（交互作用）之中。再者，在这种真实的社会实践现场的研究中，大多采用谓之"质性研究"的方法。这是以参与观察、采访等源自文化人类学的田野作业的方法，20世纪70年代以来，以社会实践与文化作为课题的发展研究中，大多采用了这种方法。

"暖认知"（Warm Cognition）。这不是同外界的交互作用，而是关于内部的交互作用的研究流派。在早期的认知科学中"情感研究"也同"社会性"一样，被束之高阁。不过，20世纪80年代以来，涉及情感影响认知的研究开始增加，还产生了"暖认知"这一象征性的表达[20]。这种情感研究的活跃对认知神经科学与进化心理学的发展作出了巨大的贡献。2001年新创刊的学术杂志《认知—情感—行为的神经科学》清晰地表明，不仅在认知与情感研究中采用行动研究手法，而且也运用神经科学研究。可以预期，这个流派的研究将会长盛不衰。

认知心理学的新潮流——心理学从诞生之日起直至2015年，迈过了整整60年的历程。自20世纪90年代以来，在认知心理学出现了新的动向。诸如：1."进化心理学"（Evolutionary Psychology）。这是立足于进化生物学，把它运用于人类心智与行为的一种研究。2."具身化认知"（Embodied Cognition）。如果说，知性（认知）是编码处理、人脑是编码处理装置，那么，只需详细地把握认知的全貌、脑的功能，就应当全然明白了，即我们处在充斥着各式各样的信息环境之中。换言之，我们的认知原本是同身体不可分离的。比如，"步骤记忆"是关于技能与习惯的记忆，涵盖了身体的要素。如前所述的吉布森的观点与认知神经科学的最新研究成果也表明了身体与认知是不可分离的。晚近的研究揭示，体性感觉、身体状态与动作是以种种的方式影响认知的。这种现象谓之"具身认知"或"具身化认知"[21]。具身化认知研究特别在近数十年间急剧增加，它的牵引力之一就是在最权威的科学杂志之一的《科学》（Science）连续刊载关于"具身认知"的大量研究。研究显示，"洗手"这一行为可以减轻道德罪恶感；他者身上的"暖和感"(接触到暖烘烘的咖啡杯)容易被视为"温文尔雅";"厚重感"(沉甸甸的剪贴板)容易使人感到一个人物的"非凡业绩",如此等等。这些研究乍看起来像是"隐喻",实际上显示了身体对认知与行为的影响。认知并不是孤立于身体之外的,把两者整合起来是有其研究上的意义的。可以预见,未来这种纳入身体的认知研究将会愈益兴盛。

(二) 认知神经科学

心理学有着漫长的过去与短暂的历史。所谓"漫长的过去"是指,自亚里士多德(Aristotle)以来对心理功能的关注;所谓"短暂的历史"是指,19世纪以来作为科学心理学的历史。科学心理学源于朴素的内省,而今却有着科学地阐明脑功能这一浓厚的生物学色彩。

认知心理学的一个重大进展就是"认知神经科学"。所谓"认知神经科学"是在科学地研究认知(心理)过程的神经生物学机制的领域中,特别聚焦心理过程及其行为侧面的神经基础的研究。可以说,认知神经科学是从心理—认知功能怎样借助"脑—神经回路而产生"的视点,来展开研究的一门学问[22]。可以说,认知神经科学是从"心理学"与"神经科学"两个侧面形成的研究领域,是牵涉"认知心理学""心理生物学""神经生物学"的跨学科研究领域。认知神经科学的研究同"行为遗传学"一样,强化了"心理学"与"生物学"的链接。在早期的认知心理学中主要关注的是运算什么(符号处理)。不过,随着知性见解的多样化,也同时随着技术革新的进展,引发了对实施运算的软件——人脑——的关注。在19世纪,关于人类的脑功能几乎一无所知。进入20世纪,细胞层面的研究获得进展,借助微电极可以记录神经细胞膜上的电位变化,逐渐揭示神经细胞作出的反应及其反应特征。从而,大脑视觉区域的动作和大脑半球各个区域具有的不同功能得以揭示出来。另外,从脑损伤患者推定的人类的感觉与运动、行为的神经基础的研究(神经科心理学研究)进而旨在揭示各式各样的认知过程的神经基础的研究,也得以发展起来。以往未知的身体器官——人脑——的研究急剧发展。

20世纪90年代称之为"脑的10年",21世纪称之为"脑的时代"。20世纪后半叶,借助于以电子计算机为首的尖端技术飞速发展,不进行解剖与手术(非侵袭式)的脑活动可视化的技术装置得以开发,并在脑研究与认知功能研究中频繁得到应用。脑及其功能的关系,得益于这样的正常人的脑功能可以用比较简单的步骤加以研究。迄今为止,对人脑及其各个区域的功能,获得了诸多的认识。法国著名认知神经科学家迪昂(S. Dehaene)说:"所谓学习是在脑中形成外部世界的内部模型。"[23]他基于"脑是怎样学习的"一系列研究,倡导"学习的四大支柱"——"注意、主动参与、错误反馈、巩固"。这就是说,人脑要提升学习效率,就得最大限度地发挥四大功能——"注意"(信息的选择与切换,拓展人们所关注的信息)、"能动性"(动作与认知的结合支持信息的处理,能动的动作促进学习)、"反馈"(一切学习都有检验与修正预测值与实际值之误差的"反馈"在起作用)、"睡眠"(睡眠与休息有助于巩固学习与长时记忆。正如俗话所说的"睡眠学习",睡眠中显示脑的觉醒状态的"异相睡眠"有助于增进学习与记忆)。而我国基础教育界盘根错节的应试教育却以"四大剥夺"——"剥夺儿童的注意力、剥夺儿童的能动性、剥夺儿童的反馈学习、剥夺儿童的睡眠时间"为特质,两者之间形成了鲜明的对照。尤其是青少年被剥夺睡眠时间造成身心疲劳的"睡眠负债"现象,成为社会的一大痼疾。时代是人脑创造的,人脑发挥怎样的功能是牵涉"时代进化"的根本课题。

在将近一个半世纪以来,心理学家与教育学家围绕"学习"是怎样进行的,发展了四种视点,这些视点谓之"隐喻"。这就是:1.反应的强化——这是20世纪前半叶倡导的。这个视点是基于连接的强化与弱化的概念。在反应得到奖励的场合,连接得以强化;反应受到惩罚的场合,连接得以弱化。2.信息的获得——这是20世纪中叶倡导的。这个视点是基于学习者记忆信息的思维方式。亦即,教师提示知识,学习者把这种信息保存在记忆之中。3.知识的建构——这是20世纪后半叶倡导的。这个视点是基于学习经验以及学习者在认知性地建构教师所提示的教材内容,学习得以发生的概念。4.参与的方式——这是20世纪90年代把人的"学习"视为"参与文化共同体"活动方式(诸如,被动性参与—建构性参与—对话性参与—能动性参与)持续变化的过程。不同的立场基于不同的视点来把握"学习"的现象,既不存在"哪一种是正确的判断",也不存在"非此即彼"的性质。着眼点与受重视的侧面不同,但都反映了现实世界中产生的实际的"学习"面貌。特别是认知革命以来产生的诸多关于"学习"的基本概念,以及认知神经科学的发展带来的促进学习的科学证据,对于一线教师理解"学习"是怎么形成的,如何促进"多样的学习",是不可或缺的。

参考文献

【1】【3】【10】 田爪宏二.教育心理学[M].京都:智慧女神书房,2018:62-65,66,194.

【2】【4】【5】【6】【11】 中谷素之,平石贤二,高井次郎.学习—成长—扶持心理学[M].名古屋:名古屋大学出版会,2024:43,44-45,45-46,47-48,52.

【7】【22】 乾信之.脑是怎样学习的:教育神经科学的启示[M].京都:京都大学出版会,2023:59-61,326.

【8】【17】【18】【19】【20】【21】 服部雅史,小岛治幸,北神慎司.认知心理学导论:人类认知的不可思议[M].东京:有斐阁,2015:82,195,196,196-197,197,204.

【9】【12】【14】 岩田惠子.学习—发展论[M].东京:玉川大学出版部,2022:134-135,145-149,151-152.

【13】 波多野谊余夫.认知心理学:学习与发展[M].东京:东京大学出版会,1996:38-50.

【15】【16】 若林明雄.心理学教养讲座[M].东京:有斐阁,2022:45,46.

【23】 斯坦尼斯拉斯·迪昂.精准学习[M].周加仙,等,译.杭州:浙江教育出版社,2023:19.

教学革新

第六讲 如何促进"学习":脑科学的视角

法国脑神经科学家迪昂(S. Dehaene,2020)说:"人脑具有着最伟大的才能——学习能力。"[1]人们所做、所感、所经验的一切,均被积蓄在脑中。脑是无穷大的储存库,是我们生活的司令部。"人的知性活动基本上是受脑控制的"[2],当我们理解了脑是怎样运作的,学习就会得到改进,也能在学习场创造更有效的学习环境。诸多研究表明,通过提升学习者有关脑的发展的认识,将会有助于学习与发展。就是说,"认识脑是怎样运作的,有助于改进我们的学习"[3]。

一、脑拥有的最重要功能

(一) 身体预算:脑的最重要功能

大约四百年前,笛卡尔(R. Descartes, 1637)声称:"我思故我在。"而今,认知科学家则说:"我预测故我在。"心理学家巴雷特(L. F. Barrett, 2017)指出,"不同于一般人的想象,脑的最重要功能不是思考,而是通过有效地管理自己的'身体预算',使自己得以生存与成长"[4]。"身体预算"的科学术语是"稳态应变",意味着事先预测并准备好身体需要的能量需求,借以尽可能有效地采取有助于生存的有效行动。通过身体预算的管理所获得的"利益",就是食物、休息、爱情、身体的保护等,这些都是自然界最重要的任务。一言以蔽之,人类的基因得以代代相传。脑的最基本的活动法则就是预测"身体的损益"——失与得的收支,作出自己该做(不该做)什么的判断。这些术语或许令人感到相当主观性、具象化。不过归根结底,人们作出的一切选择都是以身体预算的损益比率为基础的。毫无疑问,当我们理解了脑的主要功能是什么、何者优先、怎样进行学习时,自然会有助于学习的优化。那么,脑是怎样进行学习的呢?

(二)脑是怎样学习的

人们出生时大约拥有1000亿的神经元(脑细胞),这个数量是相对稳定的,但人的大脑是在处于"工程进展中"的状态降生下来并持续终身的过程。到25岁之前,脑才具备成熟的结构与功能。1000亿个神经元之间能形成1000兆的连接,维系人的成长与发展[5]。这些神经元构筑神经通路与神经网络,维持着谓之"神经可塑性"的重建与变化。借助这种神经可塑性的过程,学习得以产生。同新的经验与新的思考相会,人脑形成新的神经连接与神经通路,接收信息。人脑的成长不在于大小、而在于密度的"成长"。通过反复特定的活动与行为,纠正并更新某种信息,一部分神经通路比别的神经通路得以更频繁地使用。在这些神经元之间再建起来的神经网络内部的连接,得以更稳固地发展。其结果是,形成更有效的信息传递与处理的神经通路。现代神经科学的先驱者赫布(D. O. Hebb)用"一起放电的神经元相互连接"来表达,这就是众所周知的人类学习的基本法则——"赫布法则"[6]。从"身体预算"的观点来看,一方面,脑认识这种效率性,将来还会使用更强、更发达的通路与神经网络。但另一方面,不太使用的神经通路与神经网络则发生相反的现象——连接削弱、枯萎、最终切断。英语中的"要么用,要么丢"的谚语,精准地表达了这种神经的连接与切断。人的脑印刻着、储存着所学到的东西,神经网络得以发展。神经网络是针对人们所相遇到的一切人、事、物与情境而形成的。在人感知"苹果"的神经网络中,有大脑各个部位细胞的参与。例如,苹果的种类、形状、大小、香味,还有爱好,最近何时并在哪里见过或者用来作画,人们目睹苹果、浮现苹果的表象,或者即便仅仅是听过"苹果"的单词,在人们的神经网络内都会有数千个连接的神经元对"苹果"产生相应的反应。面对一个小小的"苹果"尚且如此,可以想见,人类的大脑是何等精妙绝伦。

(三)"学习"意味着什么

伴随着人们在日常生活与学习过程中形成的思考(观念、概念)、方略与实践,神经结构(神经通路与神经网络的"密度")会发生变化。但凡人们先前学习过的、听到过的某种思考,或许能简单地处理并获得理解,这是人的神经网络使然。另一方面,就像修筑好的六车道高速公路那样,这是由于能在这条通路上简单有效地输送信息。对于人而言,新的或是此前不太熟悉的思考,由于神经通路与神经网络并不存在或尚未发展,人在学习、理解与实践中,起初至少需要付出更大的努力、能量与精力。可以说,未必是那么愉悦的。这是学习经验的一部分——这种理解,将有助于构筑尚未铺就的高速公路上的神经网络,从而超越困难、便于经验的积累。人们或许并没有把所有的神经通路与神经网络看作六车道高速公路的工程,荒芜道路的建设倘若过早地中断了工程,就会丧失原本的发展机会。

"人脑具有非凡的韧性。即便遭受严重的创伤,如失明、大脑半球被切除或者失聪,也无法熄灭其学习的火花。语言、阅读、数学、艺术,所有这些人类独一无二的、其他灵长类动物所不具备的才能,都能抵御那些严重的创伤。学习是生命的原动力,人脑具有极强的可塑性——通过学习改变自身、适应环境。"[7]

二、帮助脑进行学习:学习境脉

"学习者身处并活动于复杂的发展、认知、生理、社会和文化系统之中。……所有学习者都是在文化所定义的境脉中,以文化所定义的方式成长和学习的。"[8]具体地说,"学习"不是在孤立的状态下发生的,诸多因素会产生影响。其中一部分因素有人的"内在"因素,这就是感觉、能量级别、动机作用等。这些是人类自身可以控制的部分。此外,还有影响我们学习的"外在"因素。顾名思义这就是物理环境、他人的感知方式与行为之类、处于人们控制范围之外的因素[9]。这里试考察一下影响人类学习经验的"内在"与"外在"的因素。假定有两个处于不同学习环境的学生,学习目标是学会阅读盲字,两人的认知能力与学习经历几乎同样。A生在寒冷的教室里,没有人帮助,也没有说明为什么要学习盲字,只给予复杂的手册与盲文。A生疲惫、焦虑、担心是否能够学好。B生也拿到同样的教材,即手册与盲文,配有辅导老师,并在舒适的环境里。B生有充分的休息时间,学习动机高涨,作业完成之后,还有视觉障碍的妹妹充当学习盲文的助手,自信满满。那么,掌握学习课题的可能性更高的,究竟是 A 还是 B 呢?——从这个事例中可以看出,学习成果的质并不取决于个人的认知能力,学习是在更广泛的境脉中发生的。我们需要对学习有一个全局性的理解,亦即学习并非局限于大脑单纯地输入信息而已,而是包括整个学习境脉中的交互作用。因此,要有助于脑的学习,就得考虑到学习环境中包括身体的、认知的、情感的、社会的要素在内的所有因素。

(一) **身体因素**

诸多研究表明,营养是影响身心发展健康的重要因素。大脑通常消耗大约20%的身体能量。心智活动一旦活跃,就得有使神经元"发电的燃料",因而需要更多地输入承载氧气的血液。脱水与低血糖使得身体与脑功能下降,妨碍学习过程。晚近神经科学的研究指出,睡眠有助于巩固记忆[10]。在从事学习课题时被激活的海马神经元,在慢波睡眠时被重新激活,从而强化神经网络,巩固学习。在让受试者学习陌生情境的路况的研究中,睡眠好的受试者,课题解决的错误比例显著减少,在聚焦睡眠不足的研究中,提供了明显的证据,表明"宣言性记忆"与"步骤性记忆"均低落,同低学业成绩相关,睡眠不足会导致前额叶功能减弱。这个事实意味着什么呢?那就是,优质的睡眠是记忆与信息功能强化的大前提。

(二) **认知因素**

学习新的事物必须有专注力。要使得学生掌握新的信息,就得做到信息有趣味、有意义,让他们不分心。就是说,在这里,"多重处理功能"是行不通的。多重处理功能必须同时关注两个以上的对象,尽管是可能的,人们也往往是这样做的——边看电视边做事;边听报告边做眉批。这种出色的能力归功于大脑基底核。大脑基底核是大脑皮层下复杂的神经核的集合体,储存经验,形成并维持人们日常生活中有意识与无意识的习惯,就像人们生活中的自动化操纵装置。不过,将当下的信息保存在工作记忆之中,有意识地进行处理、应对新的复杂事件的,不是大脑基底核,而是前额叶。在这里不能自动操纵,而且不同于大脑基底核拥有几乎无穷大的容量,前额叶的日常容量有限。围绕何者优先、有意识地选择哪一种思考的对象的问题,往往会引起摩擦。研究表明,当人们同时处理两个以上困难的认知性课题的时候,成绩会显著下降。每增加一个同时进行的课题,所有课题的成绩均会下降。多线程的任务同时难以进行,是由于"多重处理功能"涣散注意、劣化记忆,使得成绩低落。不仅如此,"多重处理功能"还会使人疲惫不堪。一旦分心,由于脑的"不应期",恢复专注力要花将近15分钟[11]。比如,当人们从事课题时,手机呜呜作响(有谁来电话了),就会岔开注意力,完成课题的时间会比原本需要的时间延长25%。在这个谓之"切换时间"的现象中,消耗人们的智能,增加了恢复注意的难度[12]。这个事实意味着什么呢?那就是,人脑不倾向于"多重处理功能"。把分心压缩到最小限度,可以最大限度地提升学习的效果。

(三)情感因素

情感是思维与学习不可或缺的。作为情感之基座的杏仁体是脑内一个小杏仁状的部位,由人的行为引发情感性的反应。在识记新的记忆事实的时候,杏仁体会被激活,促进尔后的回忆。这就是说,一旦有了同学习内容相关联的情感线索,与其说是基于单纯事实的内容,不如说是构筑深度且强劲的神经通路。不仅是记忆与学习得到增强,而且在新的研究中,情感作为认知功能的基础受到注目。情感是控制人们注意的焦点、形成建构知识的神经网络所不可或缺的。[13]在前述的学习盲字的事例中可以发现,情感(B生想得到妹妹帮助的愿望)是催生专注于课题的诱因。情感与思维是统整在一起的。这个事实意味着什么呢?——那就是,在学习的时候,尽可能发现、催生积极情感的机会。

(四)社会因素

人们的学习在孤立的环境中发生是极其罕见的。从幼儿期至青年期,人们不仅通过直接经验与他人的观察,而且在学校这一社会设施中学习。通过这些,人们不仅获得学习,而且验证自己的思考、确认其合理性。旨在提供这种学习的社会集团,强化学习成果、提升学习动机与挑战精神,生成远多于独立学习的多样的解决方法。人们的学习境脉与环境中的人际关系(无论教师、同伴、朋友)发挥着引领人们的学习走向成功的重要作用。这个事实意味着什么呢?那就是,尽可能发现学习的伙伴,结成学习小组。——这将会支撑一个人走向成长与成功的彼岸。

三、帮助脑进行学习:学习设计

"教育是我们脑的主要加速器。……没有教育,我们的大脑皮层就会像一颗未经加工的钻石。"[14]学习环境对于学习成果而言是重要的,甚至有人认为环境比认知能力更重要。不过,还有别的帮助人脑学习的催化剂,这就是设计人的学习经验。达瓦齐(L. Davachi)等人的 AGES 模型就是一个便于利用的框架[15]。AGES,即"注意"(Attention)、"生成"(Generation)、"情感"(Emotion)、时间"间隔"(Spacing)。可以说,这是加速人脑的学习、最大化地激活脑功能的有效设计。

(一)注意

按照迪昂(S. Dehaene)的研究,"注意"可区分为三个子系统。这就是:1.警觉(脑的觉醒):指何时需要注意,并调节警觉水平。2.定向(脑的过滤器):指应当注意什么,扩大关注的对象。3.执行控制(脑的切换装置):指如何处理所关注的信息、选择与给定同任务相关的处理并控制执行过程[16]。就是说,神经网络对引起人们注意的一切事物形成建构,反之,对人们不注意的事物一概不形成建构。人脑每天需要处理庞杂的信息,只对自己感兴趣的、有意义的事物作出选择性的注意。"注意"是人们观察世界的过滤器。顾名思义,人们所观察到的世界完全取决于所注意到的大千世界中的事物。注意必须聚焦,这是神经元得以激活、神经网络得以建构的必要条件。在新的网络建构中需要大量的能量,然而,人脑不可能长时拥有专注力。人脑需要定期的休息时间与再度专注的时间,而在此休息期间,形成的新连接得以强化。倘若人们超越了天生的局限、超限专注,难以确保脑的休息,神经连接就会变得衰弱,结局是人们的头脑变得空空如也。这个事实意味着什么呢?那就是,让脑定期地休息,在学习的时候集中精力。

（二）生成

成人的学习方法有别于儿童时代的学习方法。儿童仰赖于家长亦即周边成人全方位的呵护，无忧无虑地汲取周边世界的一切。这是因为，即便并没有印刻在基因之中，人类的进步离不开"文化传承"——文化的、社会的知识代代相传，这是极其重要的，但这种传承不适于成人。对自身而言，是基于适当与否、兴趣与否而选择学习的对象，不断积累学到的知识、对进展中的学习负有最大限度的责任。成人的脑是动态的、可塑的、依存于经验的、情感的脏器。不仅参与学习，而且主导学习。因此，一个人的脑越是自主创造思考、方略、行为，积极地参与，学习效果就越好。当一个人决定自身的成长之旅从哪里开始的时候，关键词是"稳妥性"与"即时性"。研究表明，当成人采取问题中心而非课本中心的时候，学习是最有效的。那么，人们想解决的问题是什么？人们容易到手的机会是什么？——关键在于学习者对过程与成果的当事者意识，亦即学习者自身。这个事实意味着什么呢？那就是，明确对学习者自身的成长与发展而言，什么是最重要的，并据此决定该学习什么。

（三）情感

如前所述，情感与记忆是纠结在一起的。基于情感的线索，就像补给燃料那样，会激活脑中心的神经元，其结果是形成更深的神经通路。多年的研究表明，一段充满情感色彩的人生经历的回忆，其所投入的神经元的活动比之毫无情感的"普通"事件的回忆，要多出数千倍。在幸福与快乐的时刻，任何一种积极的情感都有助于促进学习的进步。比如，在游戏中学习——在有适当的内容、需要有一定难度的技能、终结时进行充分阐述的场合，可以提升学习成果。这种学习成果包括科尔布（D. Kolb，1984）"经验学习"模型中的四个领域——具体性经验、反思性经验、抽象概念化、积极性实践，都能得到提升。这个事实意味着什么呢？那就是，寻求学习的游戏化，秉持一颗游戏之心，就会展开乐趣无穷的学习。

（四）时间间隔

提升学习设计效果比较简单的方法是，把学习内容隔开一定的"时间间隔"。脑的前额叶皮层的界限直接影响学习。这是因为,新的信息必须通过前额叶皮层才能形成技术与知识。所以,如果说从 8:30 至 17:30,除了短暂的休息与进食时间之外,一直进行灌输式学习,那么,势必会超越学习者自身的生物学界限,同时会妨碍学习的提升。人们的认知容量是有限度的,收获递减的法则也适用于学习。我们应当尊重作为生物学存在的学习者自身,展开适于其限度的活动,这是不可抗拒的。这个事实意味着什么呢?那就是,在复习、消化与整合新的学习之际,需要隔开适当的时间间隔。

学习科学业已证明,"脑发展与学习之间的关系是互惠的,即学习是通过相互依赖的神经网络发生的。与此同时,学习与发展又持续塑造并重塑着神经联结以应对刺激与需求。脑发展影响个体的行为与学习,反过来,学习也会影响脑发展与脑健康"[17]。

四、架设脑科学与教育实践的桥梁

"学习"的神经科学研究得出的一个结论是:"脑的发展贯穿人的整个生命过程,遵循着一条人类大体一致的轨迹,但也会由于每个学习者的环境与经验而富于个性化。脑逐渐成熟,能够产生复杂的认知功能,并且在对挑战的适应中表现出神经学层面的可塑性。"[18]现代学校教育不能无视认知科学与脑科学的研究,需要在脑科学与教育实践之间架起沟通的桥梁。

(一)学习设计的要素

如前所述,脑是人们学习的中央储存库与处理设施。要最大限度地发挥脑的处理过程与功能,就得在学习环境与教学设计中考虑如下的要素[19]:

- 身体环境——有规律的良好的睡眠,是记忆与学习的前提条件。
- 认知环境——为了求得最大化的学习效果,就得使注意的扩散最小化。
- 情绪环境——在学习过程中寻求迸发积极情感的机会。
- 社会环境——发现有助于学习与成长的学习伙伴,构筑学习团队。
- 学习设计(注意)——让脑定时休息,以便集中精力学习。

- 学习设计（生成）——把握学习与成长的关键课题,展开有效的学习。
- 学习设计（情感）——游戏化学习有助于激活学习兴趣。
- 学习设计（时间间隔）——要消化、统整反思新的学习,就得有充分的时间间隔。

(二) 学习的积极性周期

当代认知科学通过系统地剖析我们脑的算法与脑的机制,赋予苏格拉底的名言"认识你自己"以新的含义。懂得了脑的机制,"学习"便能更具效率。学习者即便最初感到无聊的内容,也会渐渐产生兴趣。从脑功能引出的学习原则是:1.学习是经验性、关系性的,需要聚焦链接与境脉。2.学习是被编织在记忆、历史与故事之中的。3.学习需要忍耐与时间[20]。威灵汉(D. T. Willingham)在他的《学习脑》中倡导如下的"学习的积极性周期"[21],各个环节周而复始,生生不息:

- 拥有兴趣——对信息有兴趣,就能注意该信息。
- 产生注意——有了注意,就能记住更多的东西。
- 博闻强记——博闻强记,有助于提升考试成绩。
- 成绩优异——成绩优异,便会产生自信。
- 产生自信——有了自信,便可胜任任务。
- 胜任任务——胜任任务,便能减少拖沓。
- 拖沓减少——拖沓减少,便能保障学习进度。
- 保障进度——学习进度保障,便能拓展知识。
- 深度理解——知识得以拓展,易于理解新信息。
- 增长兴趣——理解了新信息,便能增长兴趣。

显而易见,大凡有兴趣的事物,就容易学习与记忆。不过,我们不能仅考虑作为学习之原动力的"兴趣"。换言之,由于有兴趣,也会产生别的认知过程(注意、记忆之类)的作用。新的学习总会带来兴趣、快乐与满足,未知的前方有着无限的可能性。教师应对学生持开放心态,持续地拥有好奇心,时刻为新的发现作好准备,这也是积极生存的意义。

(三)"发挥儿童潜能"的十三条建议

近年来,国际脑科学研究领域围绕"脑是怎样学习的"问题积累了一系列的研究。迪昂(S. Dehaene)倡导的"学习的四大支柱"——"注意、主动参与、错误反馈、巩固"[22],获得国际学术界的广泛认同。他主张抛弃人们头脑中固有的成见:1.儿童不是一块白板。2.儿童的脑不是顺从地吸收环境架构的海绵。3.脑不是一个单靠等待输入来塑造自身可塑性的神经元网络。4.学习不是单靠接触数据或听讲座而被动地进行。5.错误不是差生的标志,错误是学习不可或缺的。6.睡眠不只是一段休息时间,它是学习算法不可或缺的一环。7.今日的学习机械远没有超越人脑。迪昂在此基础上进而提出"发挥儿童潜能"的十三条建议,为家庭教育和学校教育提供指引:1.不要低估儿童的能力。2.利用脑的敏感期。3.丰富儿童的生活与环境。4.抛弃"每个儿童都有不同学习风格"的观念。5.培养儿童的专注力。6.保护儿童的活力、好奇心、参与意愿与自主性。7.让每一个上学的日子都变得愉快。8.鼓励努力。9.帮助学生深度思考。10.设定明确的学习目标。11.接纳并纠正错误。12.定期练习。13.让学生睡好觉[23]。

迪昂呼吁:"怎样才能使认知科学与脑科学的发现同学校制度协调起来呢?需要建立一个新的联盟。就像药品基于生物学和药剂设计研究那样,未来的教育将愈益依赖于循证研究,包括实验在内的基础研究、课堂规模的试验与现场研究。唯有结集教师、家长与科学家各方的努力,才能实现有价值的目标——最大限度地发挥所有儿童的认知潜能,唤起他们的好奇心与学习的喜悦。"[24]

参考文献

【1】【7】【14】【22】 斯坦尼斯拉斯·迪昂.精准学习[M].周加仙,等,译.杭州:浙江教育出版社,2023:2,3-4,9,152.

【2】樱井茂男.教育心理学[M].东京:图书文化,2017:122.

【3】【20】【21】丹尼尔·T.威林厄姆.学习脑[M].锅仓僚介,译.东京:东洋经济新报社,2023:1,354-357.

【4】【5】【6】【9】【10】【11】【12】【13】【15】【19】克里斯蒂安·纽沃堡,等.积极心理学入门[M].西垣悦代,等,主译.京都:智慧女神书房,2023:9,10,11,12,13,15,15,18,16-19.

【8】【17】【18】科拉·巴格利·马雷特,等.人是如何学习的Ⅱ:学习者、境脉与文化[M].裴新宁,王美,郑太年,主译.上海:华东师范大学出版社,2021:2,69,69.

【16】【23】【24】斯坦尼斯拉斯·迪昂.脑是这样学习的:学习的神经科学与教育的未来[M].松浦俊辅,译.东京:森北出版股份公司,2021:202,308-313,313-314.

第七讲 关注"学习动机"

学习的优劣同"是否愿意学习"这一心理因素息息相关,这种心理因素一般谓之"动机"(Motivation)。所谓"动机"被界定为"使人的行为得以产生、维系和促进的要因"。动机问题是把握儿童学习与成长的一把钥匙,本讲梳理若干有代表性的动机理论、学习动机的机制,以及在教育情境中提升动机作用的若干策略。

一、动机与学习动机

(一)"动机"及其分类

"动机"的定义——"动机与需求是驱动人作出行为的原动力"[1]。无论是通过学习获得的行为还是与生俱来的行为,并不是持续出现的,也不是随机出现的。某种行为的出现总有其理由。动机作用是由源自人与动物的内在推动力,与源自外在的牵引力所组成的。比如,"饮食"的行为是受内在的"空腹"推动与外在的"食物"牵引而产生的。这种源自内在的推动力,谓之"动机"(Motivation)、"需求"(Need)或"动因"(Agent),而源自外在的牵引力是行为的对象,谓之"目标"(Goal)或"诱因"(Incentive)。

"动机"的分类——"动机"可分为"生理性动机"与"社会性动机",亦可称为"一次性动机"与"二次性动机"[2]。"生理性动机"是饥渴之类的基于生物学基础、旨在保存个体所必需的动机,以及性动机之类、旨在保持物种繁衍所必需的动机。"社会性动机"是基于社会境脉、亦即同他者的关系之中产生的,诸如"达成动机""亲和动机""认可动机"。所谓"一次性动机"是天生的无条件的动机,相当于"生理性动机"。"二次性动机"是以"一次性动机"为基础条件的动机,是习得性、派生性的动机。比如金钱欲是谁都拥有的需求,并非与生俱来,而是在成长的过程中认识到金钱可随时用来交换食物。"社会性动机"大多可视为"二次性动机"。"目标"是因应动机、具有酬劳功能的要素。诸如因应"渴动机"的是"水"、因应"达成动机"的是"成功"、因应"认可动机"的是"名声"等。如前所述,动机作用不仅是人的内在动机与需求(动因),也同人外在的行为目标(诱因)相关。若问学生"为什么学习",恐怕会举出各式各样的理由:想得到老师表扬而学习;取得了好成绩,就可以玩耍了;成绩不好会挨骂,如此等等。基于这些外在的奖惩而发生的动机作用谓之"外发动机"。可以说,在这种场合"外发动机"成为趋奖避惩的一种手段。另一方面,有的学生不是为了外在的奖惩,而是"学习很有趣,所以学习";"不为考试,而是想学到更多的知识"之类。在这种场合不存在外在的"目标"或"诱因",而是智力兴趣与爱好成为"需求""动因"或"原动力"。不是求得获得奖励的手段,而是学习本身成为目的的动机之一,谓之"内发动机"[3]。

"自律性学习动机"与"他律性学习动机"——"学习动机"一般界定为"引起、导向和维持学习行为这一连串过程中起作用的心理动作"[4]。亦即,"学习动机是投入学习、指向目标、使学习得以持续的愿望与原动力"。学习动机大体可以分两种,即"自律性学习动机"与"他律性学习动机"。"自律性学习动机"有两大特征[5],其一是"发展性特征"。作为"自律性学习动机"之一的"内发学习动机"从婴幼儿期开始活跃,另外作为"自我实现的学习动机",从小学高年级开始逐渐活跃起来。这是由于"内发性动机"是以知性好奇心为基础的,从知性好奇心旺盛的婴幼儿期开始萌发。而"自我实现的学习动机"到了高年级阶段,随着第二性征的发育而拥有了兴趣爱好,能以相当于成人的思维能力来分析自己,并能基于一定的理解、展望未来。其二是由于"自律性学习动机"而产生的"自律性特征"。一旦凭借"自律性学习动机"展开学习,由于其自律性,深度学习得以形成,思维能力与创造力也有所提高。"自律性学习动机"也同"亲社会需求"息息相关。随着"协同学习"的推展,人际关系也得以发展,从而能更好地适应学校的生活,获得身心健康。有别于"自律性动机"的另一种学习动机则谓之"他律性学习动机",是"被控制"的、大多根据他人的指令而学习的。

(二)表扬能否提升动机作用:认知评价理论

一般而言,倘若给予表扬之类的奖励,学生的学习热情就会高涨起来。比如,小学低年级的儿童得到老师奖励的一颗红星,就非常高兴、乐于学习;相反的,成绩较差的儿童得到的是负面反馈。这是教师旨在促进儿童学习而采取的奖惩办法,儿童会为了趋奖避惩而展开学习。这就是说,在奖惩之类的"外发动机"中可以发挥让儿童学习的一定的作用。不过,倘若取消了奖惩的程序会是怎样一种情形呢?——会有照样学习的学生,但也可能出现不再乐于学习的学生。莱伯、格林(M. R. Lepper; D. Greene)等人以幼儿园儿童为对象进行的实验表明[6],给予"表扬"的结果是减少幼儿的"内发动机"。他们起初观察幼儿园的自由活动时间里幼儿游戏的状况,测定自发性画画的时间。这是旨在观察实验前幼儿"内发动机"状态的一种调查。由于动机是一种心理状态,不像体重、身高那样可以目测,因而作为一种替代的方法是,把自发性画画的时间作为"内发动机"的指标。观察2周之后,把55名儿童分成3个小组,逐个叫到实验室,让其画画。"预期报酬组"(约定有奖励)的儿童,在实验结束后,发予奖状。"无报酬组"(无表扬)的儿童,只是让其画画,不给予表扬。"未预期报酬组"的儿童同无报酬组的儿童在同样条件下画画,结束之后颁发奖状。实验1—2周之后同实验前一样观察儿童画画的状况,并测定自发画画的时间。结果表明,根据实验前的观察,三个小组儿童在自由活动时间中画画的时间比例分别是16%、17%、18%,实验前的"内发动机"几乎没有差别。但根据实验后的观察,"预期报酬组"的儿童画画的时间比实验前减少了一半,而"无报酬组"和"未预期报酬组"并无多大的减少。结果表明,通过奖状之类的外在报酬可能会减少"内发动机",谓之"渐次削弱现象(效应)"。这是在幼儿乃至大学生中广泛存在的现象。原本出于兴趣画画、借助"内发动机"展开的行为,一旦施以外在的报酬之后,画画的目的变为获得报酬,没有了报酬就不画画了。基于赏罚之类的"外发动机"的学习或许会有一时性的效果,然而,外在报酬一旦取消,不仅不能保证学习,而且原本拥有的"内发动机"也低落了。所以,在教育情境中运用赏罚的场合需要留意其效果与局限性[7]。

(三)由内而外的动机作用:自我决定理论

一般认为,内发与外发是两种相反的动机作用,把两者视为针锋相对的关系。然

而,事实上诸如存在着"为考上名牌大学而用功学习""并不感兴趣但有自信学好"那样,大多并不是内发动机,而是典型的外发动机在起作用。不把两者视为对立的关系,而是视为内发与外发的连续性观点,就是"自我决定论"。把"自律"与"控制"置于两极,动机作用的调节阶段顺着控制强度的减弱,经历"外部调节—内摄调节—认同调节—整合调节"四个调整阶段,达至"内在调整",亦即"内发动机"的阶段。这种从外发到内发的变化,谓之动机的"内化"。

"自我决定理论"由以下六种理论组成:认知评价理论、有机整合理论、因果定向理论、基本心理需求理论、目标内涵理论、关系动机理论[8]。"自我决定理论"是以自律性动机的概念为核心,牵涉人的个性形成的囊括性的心理学理论,成为今日有代表性的理论体系。基于"自我决定理论"的实证性研究,积累了丰富的支撑儿童自律性动机的见解。诸如"知性好奇心""熟练需求""自我决定""自律性需求",是比较一致的见解。默瑞(E. J. Murray)强调,同"内发动机"密切相关的动机作用,如"感性动机""好奇动机""操作动机"与"认知动机"[9]。所谓"感性动机"是指寻求某些刺激及其变化的动机。人在刺激过剩的环境中会感到疲劳,但在刺激极端少的状态下也会不耐烦,寻求刺激,限制视、听、嗅觉的"感觉遮断实验"揭示了这种"感性动机"的存在。"好奇动机"是寻求新奇的动机。人们去世界各地旅游、漫无目地浏览网页,便属于这种动机。"操作动机"是寻求"做事"的活动性动机,儿童玩积木、分解玩具是同这种动机相关的,"认知动机"是运用认知功能寻求思维愉悦的动机。比如,全文记住漫画的文字,或者纵横猜字谜,这是由于这类活动本身有趣,而不是期待什么报酬。

二、动机作用的认知论

(一)目标与动机作用:达成目标理论

拥有目标达成的动机是有效的,这一点,即便从日常经验来看也是易于理解的。比如,确立了"考上名牌大学"这一明确目标的学生比之没有确定目标的学生,会更加发奋用功。不限于高考,大凡要求做成某种事情的人所拥有的目标,谓之"达成目标"。德韦克(C. S. Dweck)[10]探讨表现出"积极进取"的学习者与动辄"学习无助感"的学习者之间的差异,进而基于学习者设定的达成目标的差异及受其背后的智能观的影响而导致的差异,作出了"达成目标理论"的分析。他把达成目标分为"习得(精通)目标"与"绩效目标"两类。所谓"习得(精通)目标"是指,诸如"理解教学内容""习得新知"之类旨在掌握某种知识、提升自己能力的目标;而"绩效目标"是指,"考试得高分,得分别太低"之类,只求好的或别太差的学业成绩。

至于学生如何看待自己的能力与智能,受上述两种达成目标的影响。就是说,拥有"拓展智能观"(能力与智力会增长)的人,设定的是发展自己能力与智能的"习得(精通)目标";而拥有"实体智能观"(能力与智能是固定不变)的人,设定的是"绩效目标"。实际的学习行为范式取决于学习者拥有的目标与其对自身能力自信的组合。比如,即便是在拥有达成目标的场合,倘若提升了自信,学业成绩则节节攀升,就能同提升自身能力、掌握知识与技能的行为联系起来。反之,倘若对自己的能力缺乏自信,"即便勤奋也不会有好成绩",便会抱着"学习无助感",打退堂鼓。围绕"达成目标"的研究并没有明确的结论。一方面,有"机械阅读"之类的浅层认知性学习行为与"抄写他人的答案""困难的部分跳过去"之类表面化的学习行为。另一方面,也有"达成目标"的高度同学业成绩相关的报告。因此,就得设计"达成目标"研究的新的轴心——"迈向成功""回避失败",展开"达成目标"的再概念化的研究,围绕"达成目标"的见解也得进一步精致化。

(二) 拥有预想效果的自信:自我效能感

教师布置作业说:"请各位同学阅读 500 页的书,一周之后提交读书报告。每天读 100 页,5 天即可读完。剩下 2 天写读书报告,正好 1 周后可提交。"在这种场合下,学生会作出怎样的反应呢？或许,正如教师所说的,每天读 100 页的话,1 周即可提交读书报告。不过,有的学生可能磨磨蹭蹭,每天读不了 100 页的书。[11]

图 7-1　效能期待与结果期待

资料出处:濑尾美纪子.教育心理学[M].东京:科学社,2021:70.

班杜拉(A. Bandura,1977)认为,人对刺激的直接性反应不是行为,而是"刺激的解释"这一认知性活动控制行为[12]。在上述的例子中,刺激是写读书报告,对这种刺激存在两种"期待"的认知,会影响行为。其一是基于"采取某种行为、求得相应结果"这一推测的判断,谓之"结果期待"。其二是基于"为了得到这种结果,自己必须好好地实施必要的行为"这一确信作出的判断,谓之"效能期待"[13]。在提交读书报告的例子中,倘若采取了每天读100页这一行为,那么,花1周的时间即可完成这一结果的推测,即"结果期待"。而自己可以做到每天读100页这一确信,便是"效能期待"。即便知道每天要读100页,但怀疑自己能否做到,亦即没有"效能期待"的场合,"结果期待"的信息也不会影响到行为。而自己抱有每天能读100页的"效能期待",亦即觉悟到效能期待,那么,即便再困难也能作出努力。这种"效能期待"的认识谓之"自我效能感"。可以说,所谓"自我效能感"就是自己能否完成某种课题的预想或自信。

根据"自我效能"理论,是否拥有"自我效能感"也是学习和体育运动之类达成情境中的关键所在。在班杜拉看来,有若干因素影响自我效能。其中影响作用最大的莫过于"成功经验"。当学生接受教师布置的某个课题的时候,倘若拥有同课题相关的成功经验,便能拥有"这次也一定能出色完成"的"效能期待"。而在拥有失败经验的场合,便难以拥有"效能期待"。在这种场合,教师需要探究学习者本人及其失败的要因,琢磨获取成功的方法。通过一点一滴地积累成功经验,来提升学生的自我效能感。

三、动机作用的情感论

（一）兴味盎然：“兴趣”的发展

所谓"兴趣"(Interest)是指专注于某种课题与活动之类的特定对象、对其施加积极作用的心理状态。"兴趣"是内发动机的根源——"知性好奇心"(Curiosity Interest)——的核心，是自律性学习动机必不可少的要素。根据克奈普(A. Knape, 2002)的说法，围绕"兴趣"的研究主要有两种类型：一是作为其人自身的个性、拥有相对稳定的兴趣。由于同其自身的自我概念与价值观密切相关，故称之为"个人兴趣"(Personal Interest)。在不同时期与场所、喜欢从事某种活动的场合，则被视为拥有"特定的个人兴趣"。而所谓"情境兴趣"(Situational Interest)，是基于情境与环境所唤起的兴趣，相对而言，是依靠情境而引发的乐趣与专注。情境兴趣具有可塑性，影响学生的参与和学习。

无论"个人兴趣"还是"情境兴趣"都很重要。正如马雷特(C. B. Marrett, 2018)所指出的，"动机的火花有时来源于学生的兴趣与作业或其他学习机会之间有意义的对接，而学习环境的特征会积蓄一种求知若渴的能量状态，进而激活动机过程"[14]。海德与伦奈格(S. Hidi, K. A. Renninger, 2006)倡导"兴趣发展的四阶段模型"，揭示了从短时的、情境依存性的兴趣发展为长时的稳定的兴趣的轨迹[15]。第一阶段是"情境兴趣的唤起"——诸如对电视或视频中的历史人物与事件发生兴趣，感到理科的实验操作有趣等"情境兴趣"产生的阶段。第二阶段是"情境兴趣的维持"——诸如对教材与实验等学习环境与协同学习的方式拥有持续的情境兴趣的阶段。第三阶段是"个人兴趣的出现"——从情境兴趣过渡到稳定的个人兴趣，表现出诸如"喜欢上了"、从个别单元的学习兴趣转向整门学科的学习兴趣。第四阶段是"个人兴趣的发展"——以充分表现出来的稳定的个人兴趣与积极情感为背景，不仅对熟悉的课题拥有持续的兴趣，而且对困难的课题也引起注意并持有见解、展开自主调整的学习。

(二) 心无旁骛:"心流"的状态

人们往往会全神贯注,忘我地投入工作。许多人都有着类似的体验:当你阅读著名小说家的作品,或者沉浸在自己擅长的体育竞赛的时刻,总会有着极度的愉悦与"岁月如歌"的感觉。美国心理学家契克森米哈伊(Csikzentimihalyi, 1975)把这种极致的不可言状的专注体验,命名为"心流"(Flow)[16]。那是在20世纪60年代,契克森米哈伊采用"经验取样法"(Experience Sampling Method, ESM),对国际象棋手、攀岩者及舞蹈家在竞赛中的情绪体验展开研究,描述了共同的意识状态。一些受试者用"水流"来比喻他们当时的情绪感受,于是,他于1975年用"心流"这个术语来形容这种情绪体验,并把它界定为"人们对某种活动或事物表现出浓厚兴趣并推动个体全身心投入某种活动或事物的情绪状态"。在他看来,"技能"与"挑战"的平衡是产生"心流"最核心的前提条件。心流理论经历了"三通道""四通道"到"八通道"的演进。1997年,契克森米哈伊等人在原有的"心流四通道模型"的基础上,根据不同的挑战感与技能水平的高低分出了八个区间,用同心圆描述各种情绪状态出现的条件,形成"心流八通道模型"(图7-2)[17]。

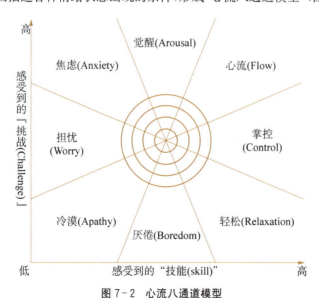

图 7-2 心流八通道模型

资料出处:中谷素之,平石贤二,高井次郎[M].名古屋:名古屋大学出版会,2024:98.

就是说,基于"技能"与"挑战"的组合所体验到的情绪状态可分为如下八种——

Ⅰ区间(觉醒):中等技能、高挑战

Ⅱ区间(心流):高技能、高挑战

Ⅲ区间(掌控):高技能、中等挑战

Ⅳ区间(轻松):高技能、低挑战

Ⅴ区间(厌倦):中等技能、低挑战

Ⅵ区间(冷漠):低技能、低挑战

Ⅶ区间(担忧):低技能、中等挑战

Ⅷ区间(焦虑):低技能、高挑战

这个模型表明,"心流"体验是受个体感受到的"技能"(Skill)水平与感受到的"挑战"(Challenge)水平所制约的。在个人技能与挑战水平处于最佳状态的时刻,容易产生"心流"体验。而面临棘手课题与竞技、技能水平低、也无挑战性的场合,便会产生"冷漠"。在擅长的课题中,技能水平高、但挑战水平低的场合,无需集中精力便会体验到"轻松"。而技能水平低、挑战性却高的场合,则会体验到"焦虑"。因此,形成心流体验的关键在于,调整"技能"与"挑战"的相对关系,规律地进行(1区间>2区间>3区间)。"心流"体验本身是高度专注的一种动机状态,同时也是一种自我成长——借助这种体验的反复与积累,掌握种种知识与技能,涵养一技之长——的机制。

四、面向未来的学习动机

(一)学习的自我调整:自主学习

"自主学习"是一种运用认知、动机和行为策略系统,调节学习过程,借以实现学习目标的学习活动,包括计划、实施、监控和评价四个阶段。"经济合作发展组织"(OECD)倡导的"学习罗盘2030",其核心就是"自主学习"。"自主学习"的心理学理论倡导如下三个阶段的过程,亦即从"预设阶段"——设定目标、制订方案开始,经过"执行控制阶段"——基于元认知调整自身的学习,至"反思阶段"——反思结构,进行自我评价,并获得效能感。

（二）学习的积极进取:投入

关于"动机"有各式各样的概念,"自主学习"的面貌究竟是怎么一回事呢？晚近,旨在揭示积极参与活动(学习与工作等)的概念——"投入"(Engagement),受到关注。所谓"投入"是指专心致志、如醉如痴地从事课题与活动的一种心理状态。在教育领域与产业—组织领域,已经积累了丰富的"工作投入""学业投入"的研究。

作为"学业投入"的框架,包括三个维度,即行为维度、情感维度与认知维度(表7-1)[18]。这些维度不是单独地而是综合地发挥作用,对优质教学与认知—个性的发展也有所贡献。毫无疑问,学校、教师、友人等组成的教育环境对儿童的这种多面投入的实现,是有着强烈的影响力的。

表7-1 "投入"的三个维度及其内涵

下位维度	内涵示例	学习场景示例
行为维度	* 行为的开始 * 努力 * 持之以恒	* 主动从事某种课题 * 直面难题顽强应对
情感维度	* 兴趣—爱好 * 快乐 * 满足	* 对学习内容感兴趣 * 盘根究底
认知维度	* 目的—目标 * 关注与专注 * 积极参与	* 设定目标 * 运用方略的适当调整 * 反思结果

资料出处:中谷素之,平石贤二,高井次郎.学习—成长—扶持心理学[M].名古屋:名古屋大学出版会,2024:105.

关于动机与投入的环境因素的重要性,是斯金纳(E. A. Skinner, 2022)等人的一项最新研究所强调的。斯金纳以"社会生态系统理论模型"为基础,倡导动机发展的"复杂的社会生态"(Complex Social Ecologies)模型[19];直接影响儿童学习动机的第一层次(微观系统)是每日每时面对面交流的场所——学校与家庭;第二层次(中观系统)是学校与家庭中的教师、友人、家长之间的交互作用;第三层次(宏观系统)是比各个阶层与阶层之间的组织化影响更高阶的社会文化因素。在阶层性—复合性的社会影响中,儿童的学习动机得以支撑,社会环境的重要性进一步获得重视。

计划的偶然性

现代社会瞬息万变。未来之梦、向往的工作,不少年轻人往往失之交臂。明确自己的生涯目标、向前迈进,自然是好事;但也存在未能发现明确的目标、即便有了目标也有不尽如人意的事件发生。

心理学家克鲁姆伯尔茨(J. D. Krumboltz, 1998)倡导"计划偶然性"(Plan Contingency)理论。在他看来,偶然事件并非偶然发生,而是无所不在。个人的生涯受不可预期的偶然事件的影响。抓住不期而遇的偶然事件就可能创造有利于自身生涯发展的行动。因此,需要激活个人生涯中的偶然事件。不过,关键在于"计划"一词。就是说,激活同偶然事件与人的相遇,需要有时刻准备好的心态。这就是好奇心、持续性、灵活性、乐观性、冒险精神。在这里,"好奇心"是指探索种种的机会;"持续性"是指遇到挫折仍然坚持不懈;"灵活性"是指不拘泥于一己之见、对不同观点持开放态度,因应情境作出变通;"乐观性"是指即便发生了预料之外的事件也不轻易排斥,总能抓住机会;"冒险精神"是指不惧失败,以挑战的心态采取行动。借助这种主体性行动,就能把偶然化作机缘,开拓新的机会。

基于这种生涯理论,我们需要对自身的生涯作出两种准备,亦即,既要准备好计划性,又要对不期而遇的"偶然性"持开放态度[20]。

(三)促进学习动机的策略

关于动机有种种的理论——认知论、情感论、需求论,存在着从不同的立场来把握动机作用之核心的理论。上面梳理的若干理论是围绕"学习动机"作出的解读,恐怕这些理论彼此之间有交叉重叠的部分,可以为教师提供激发学生学习动机的若干思路。可以说,一种概念被多种理论所论及,表明这种概念在动机作用中的重要性。参考宾特里奇(P. R. Pintrich, 2003)的"从动机理论引出的教育策略"的探讨,可以归纳成如下五个视点[21]:

第一,领会"课题价值"。倘若无法辨别完成某课题的价值与意义,是不会有学习意愿的。因此,在课堂教学中重要的是充分地说明课题的价值与意义,让学生理解。具体地说,教师需要明白易懂地向学生解释,完成某课题对学生自身成长的好处。

第二,认识"达成目标"。特别是认识以发展自己的能力为目标的"习得目标",意味着掌握新的知识、求得深度理解、实现学习行为。可以说,"习得目标"是支撑学生坚韧不拔地挑战新的学习的重要因素。

第三,感悟"自我效能"。即便认识到学习的价值与意义,倘若学生自身没有自己能胜任的预想,是不会有学习愿望的。按照"期待×价值模型"的公式,主观成功概率为0的场合,则动机作用为0。在自我效能感中由于受以往成功经验的影响,要求成功经验的积累。这时的关键在于,课题的难易度适中,可分成若干步骤达成。作为教师的支援,首先是从学习者的状况出发,向学生提示可达成的子课题,然后对达成状况作出反馈。倘若学生失败的场合,就得向他们提供引导学习走向成功的精准的反馈。可以说,通过这种支援可以提升学生的"自我效能感"。

第四,促进归因分析。如何解释学习结果的原因,会对尔后的学习产生影响。比如,在得分差的时候,有归因于自己能力的案例:"自己的头脑笨,再怎么努力也白搭",这种例子初中生、高中生特别多。当然,这里面存在不同的情形:有的是学习方式无效率,有的是努力不够,等等。不应当把失败的原因归结为没有能力。作为教师,有必要针对学生的学习方式或能力方式作出客观的分析。

第五,激发"内在动机"。基于奖惩的"外在动机"的学习,一旦报酬消失,便不再持续。在"内在动机"的场合,则学习能够持续;也有助于促进教学内容的深度理解。为了激发这种"内在动机"的作用,要求教师在教学的各个情境中引发消失的好奇心与兴趣。

参考文献

【1】永江诚司.教育心理学关键词[M].京都:北大路书房,2013:86.

【2】【3】【6】【13】【20】古屋喜代美,关口昌秀,荻野佳代子.旨在理解儿童的教育心理学[M].京都:ナカニシヤ出版,2023:88-89,88-89,91-92,98,190.

【4】【5】樱井茂男.最新教育心理学[M].东京:图书文化社,2017:45-46,46-47.50.

【7】【9】【10】【11】【12】【21】濑尾美纪子.教育心理学[M].东京:科学社,2021:57-58,60,67-69,69-71,70,71-74.

【8】【15】【16】【17】【18】【19】中谷素之,平石贤二,高井次郎.学习—成长—扶持心理学[M].名古屋:名古屋大学出版会,2024:93-94,96,97,98,105,104.

【14】科拉·巴格利·马雷特,等.人是如何学习的Ⅱ:学习者、境脉与文化[M].裴新宁,王美,郑太年,主译.上海:华东师范大学出版社,2021:116.

第八讲 认知过程的基础

"认知"是指个体对外在环境中的信息进行感知、记忆、理解、处理和运用的过程。认知的四个基本层次是感知、注意、记忆与思维，它们是认知过程的基础，也是人类认知能力发展的必经之路。从不同角度分析这些层次，有助于更好地理解人类的认知能力发展特质及其路径。

一、信息感知

（一）对象感知的模式

人们不仅接受进入眼睛与耳朵的信息，而且需要认识、思考它们是什么并付诸行动。我们把基于感知信息的对象谓之"感知"（Perception），而了解其对象是什么的过程谓之"识别"（Identification），也称作"认知"（Cognition）[1]。比如，在植物园里，发现（感知）这边有花，那边有形状奇特的树木，这同探究某种类的花的过程，有着不同的认知处理。在探究花的场合，需要在感知花的特征的基础上，同标本的花朵形状进行比较对照，来"识别"同种类的花。在这个过程中也会"认识"（Cognize）花的色彩与形状之类的特征。倘是先前碰到过的，则谓之"再认识"（Recognize）。在对象的认知过程中会有形态的感知处理，也会有一系列的诸如知识与经验的比较、识别、时而作出期待与预测的认知处理。

不同的背景与人，信息的解释会有所不同。教师有时需要立足于他人的角度作出解释，对解释的差异持有敏感性。在讨论学习之前必须了解"感知"，因为感知决定了人们怎样理解世界。所谓"五感"（视觉、听觉、触觉、味觉、嗅觉）同感知相关[2]。而同学习有着最直接关系的是视觉与听觉。以听觉为例。比如，一个人在森林中步行，突然听见一声巨响。他会怎样？或许会以为那是树枝掉下的声音，继续往前走；如果认为是枪声，便会心惊肉跳了。就是说，感知相关的信息取决于人们的解释。音波并不会由于感知相关声音的信息而有所改变,而是客体感知方式的改变。亦即,关键在于感觉与知觉的差异。感觉是客观性的,知觉是主观性的[3]。

(二) 从感知开始/从知识开始:自下而上处理/自上而下处理

在探讨"感知"的时候,需要区分"自下而上的信息处理"与"自上而下的信息处理"。理解这两种信息处理方式的差异,非常重要。"自下而上的信息处理"始于信息、终于信息。可以说,这种模式的信息处理过程存在于人们的认知系统中,它是半自动化地进行的。可以用来说明我们无需特别意识就能理解所见所闻的事实。刚降生的婴儿主要是进行"自下而上的信息处理"。婴儿的注意针对明亮的、耀眼的、巨大的音响。听见火灾报警声会表现出不悦、惊恐、哭泣,但并不理解其意义[4]。不过,我们成人在认知客体之际,单凭这种机制是远远不够的。在实际生活中往往会发生轮廓的信息不鲜明、可能存在多种解释(图 8-1)的现象。在这里包括"模糊图像—多义图像"(图 8-1a)、"反转图像"(图 8-1b,图 8-1c),以及"境脉效应"(图 8-1d)[5]。

a. 达尔马提亚犬　　　　b. 鲁宾杯

c. 少女与老妪　　　　d. 境脉效应

图 8-1　自上而下感知处理的例子

资料出处:服部雅史,等.认知心理学基础:人的认识的不可思议[M].东京:有斐阁,2015:50.

如图8-1d所示:"THE CAT"。H与A是同型文字。人们当然会把前者视为H,后者视为A。如:"ABC/121314"。横读是12,13,14,纵读是ABC。13与B是同型文字,人们由于受到"境脉"的影响,自然会改变读法。这就是"境脉效应"(Context Effect)。这个例子表明,人们并非一刀切地界定其所见所闻,而是因应境脉、临机应变地认识某种事物。尽管形状可以统一界定,但对于对象的认识并不是能够片面地确定的。当我们看到不鲜明/不确定的文字与绘画时,就像猜谜一样,推测那是什么。考虑情境、运用知识、经验与概念来把握对象的认知处理,谓之"自上而下处理"或谓之"概念驱动型处理"。[6]

(三)基于知识与经验

乍看图8-1a的人,或许会感到困惑不解,该图究竟表现了什么呢? 当人们看到形状并不明确的对象(模糊图像—多义图像)的时候,会根据少量的线索来作出种种的想象,推测其意义。在作出如此这般思考的时候,会动用知识与经验。图8-1a中显示的图像究竟是什么? 正确的答案是"达尔马提亚犬"(白底黑斑点的皮毛犬),它在公园的草地上边嗅嗅边散步。你注目哪一方面,在哪一部分看见图像的轮廓,对于对象的把握方式也就会跟着改变。不同的人或许会由于各自不同的看法,而得出看见牛、看见人的面孔之类的答案。这时,注目的对象谓之"图"(Figure),除此之外的其他部分谓之"底"(Ground)。称为"鲁宾杯"(E. J. Rubin, 1915)的图形(图8-1b)就是说明"图与底"(图形与背景)关系的著名例子[7]。当你注目图像中央白色部分的时候,看到的是杯子,这就叫做"图";而当你注目图像两侧黑色部分的时候,所看到的是两个面对面的人脸(这时白色的、不那么注目的部分谓之"底"),这就是所谓的"互为图底""图底反转"。无论哪一种场合,构成"图"的对象是能够认识的,而"底"的部分是不能知觉到的。这种现象还存在可作出若干不同解释的"多义图像—反转图像"(图8-1c)。人们在《少女与老妪》中首先看到的是少女的图像,"少女"与"老妪"不可能同时被观察到。倘若转换一下视角:把少女的下巴看作老妪的鼻子,少女的耳朵看作老妪的眼睛,少女的脖子看作老妪的嘴与下巴,再加上少女的头发与脖子,于是一个完整的老妪的侧面图像便凸显出来了。这就是说,人们对于对象的看法,是受视点、处理范围、境脉、周遭状况的影响所左右的。人的知觉就是通过知觉对象及其同周遭环境的关系而形成。不过,人们也能改变其视点与焦点。比如,当人看见山的时候,可看到树林与山脉,也可注目生长着的一棵棵不同种类的树,及其枝叶、花朵乃至木纹的色彩与形状。以对象的整体作为视野范围来把握的处理,谓之"全局处理"(Global Processing),而聚焦于其中的一部分以及个别对象与要素来捕捉的处理,谓之"局部处理"(Local Processing)[8]。

二、注意:信息的取舍选择

(一)何谓"专注"

在宴会闹哄哄的人群中,尽管人声嘈杂,但人们仍然可以听到自己所专注的人的声音,这种现象谓之"鸡尾酒会效应"。这种现象表明,人们从感觉接收到的信息,借助"注意"而有所选择。在这种场合,除了自己所专注的人的声音,其他人的声音不会进入耳朵。人们能在两耳流淌不同声音的状态中,运用"双耳分听"的方法,复述来自受指令的那只耳朵接收到的信息,而对未曾接收注意指令的另一只耳朵获取的信息,几乎不能作答。但这也不能说,在专注之外的人的声音全然没有听到。莫里(N. Moray,1959)的实验表明,倘若在不受专注的人的声音中一旦插入自己的名字,大约有三分之一的人能够发觉。这个事实表明了注意功能的作用。我们的周边充满着进入眼睛与耳朵的信息,但并不是全盘接纳。"注意力"意味着,人们能选择对自己而言所必需的信息与感兴趣的信息,集中地进行信息理解的处理。这种注意力的功能谓之"选择性注意"(Selective Attention)。[9]

(二)注意的特性:资源与分配

"专注"这一行为不仅对声音,而且对视觉信息也有影响。专注与视线并不是一回事,在往前看的同时也能注意到后面。人们可以边读书边看电视,但边学习、边工作的效率与准确性会降低,这是众所周知的。这种现象往往可用"资源"(Resource)的概念来说明。这里所谓的"资源"不是石油、矿物资源,而是心理资源。卡内曼(D. Kahneman, 1973)认为,人们可以分散的注意的总量——"注意资源"(Attentional Resource)是容量有限的,分散使用会降低效率与精准度[10]。这就像水管一样,在住宅大楼里倘若每家每户同时使用自来水,就会降低水压,洗涤衣物也就更费时间。不仅是注意力的分散,而且也会影响处理效率。波斯纳(M. I. Posner, 1980)在实验中采用忽明忽暗的方法对空间某位置进行线索化,让被试察觉所呈现的靶子刺激(文字或数字等)的判断课题。在呈现靶子刺激的前夕,倘给予呈现(靶子刺激)方向的线索,反应变快;而给予无效(跟靶子刺激相反的方向)线索的场合,反应变缓。由此可见,"注意"能独立于视线而发挥作用,但注意与否,却会影响空间内对象的处理效率。这种注意的特征,多用"聚光灯""变焦镜头"的比喻来说明。不过,注意并不是机械地移动或拓展或收拢的。波斯纳发现,被试对紧接着呈现在位置上的靶子刺激反应加快,是因为产生了"易化作用"。倘若延缓呈现,则"易化作用"会被"抑制作用"替代。此时,受试对线索化位置上的靶子刺激反应慢于非线索化位置,这种抑制作用谓之"返回抑制"(Inhibition of Return)。亦即意味着减少了注意返回原先位置的可能性,这种现象有利于察觉新位置、提升注意的选择性。另一方面,"快速序列视觉呈现任务"(Rapid Serial Visual Presentation Task, RSVP)要求被试在高速连续呈示的文字系列之间检出插入的两个数字,结果表明,即便可能检出第一个数字,却难以检出第二个数字,谓之"注意瞬脱"(Attentional Blink)。同"注意资源"的分配一样,也应当考虑到"处理资源"(Processing Resource)的分配。

(三) 搜索:视觉搜索与特征整合

当我们想在书架上取出需要的书时,视线会扫描整个书架,这本书大概在哪里。在人们的日常生活中搜索事物、确认对象是司空见惯的事,这种行为在心理学中谓之"视觉搜索"(Visual Search)。书架上放着色彩斑斓、开本各异的书籍。倘若只有一本,一眼便可发现。某对象从中发现出来的状况,谓之"跳出"(Pop out)。不过,要从五花八门或类似的书籍中找出来,费时费力。在大量对象中发现某种特定的特征性要素不同的目标物,谓之"简单搜索"(Simple Search)或"特征搜索"(Feature Search)。搜索以多重特征要素的组合下定义的目标物,谓之"结合搜索"(Conjunction Search)。一般而言,"特征搜索"所需的跳出时间同跳出数几乎没有关系,但"结合搜索"的跳出数多,则跳出时间长。这个现象表明,在"简单搜索"的场合,刺激的特征分析是同时进行的(并列处理),但在"结合搜索"的场合,是对一个个对象顺序地进行特征分析处理(逐次处理)的。这是由于形状、方位、色彩、亮度之类的基本特征是由各自的特征分析器进行自动/并列处理的,而察觉这些特征之组合(特征整合)需要专注力,这种处理是逐次展开的。由此看来,人们为了发现对象、把握它是什么或者搜索某个对象,就得发现、抽取对象的属性,对其进行基于注意力的综合处理[11]。

注意的个别差异

有众多的阐述注意功能个别差异的理论提案。理解这些理论之所以困难的一个理由是,长期以来专业术语逐渐发生了变化。比如,"走神"(Mind Wondering)的概念从19世纪开始就存在于教育领域的研究之中,研究者称之为"心智游移"(1995)、"心不在焉"(1982)、"白日梦"(2009)、"漠视"(2023),等等。同这种专业术语无关,专注力中断的倾向是因人与年龄而异的。比如,高龄者比年轻人"走神"的情形要少些。研究表明,注意力散漫同"走神"相关,"消极性思维"会导致"走神"频率的增加。当今学术界在持续地讨论"走神"同注意力的个别差异相关。

阐述注意的个别差异的三种理论如下:1.工作记忆容量——在工作记忆中,人们的头脑中会有种种的思考(比如15用7来除),或想有选择地重新阅读。在"作业记忆理论"中,"注意资源"的量制约着保持与操作的信息量。"作业记忆理论"由于揭示了作业记忆的容量与学业成绩之间的相关关系,因而在教育领域中广为人知。2.处理速度——"处理速度理论"是从能以多快的速度进行信息处理的角度,来说明注意资源的。这种理论揭示,特别简单的作业能迅速地进行信息处理,比如,识别形、色、文字就是简单的作业。根据"处理速度理论",处理作业的速度左右着注意的资源。就是说,在必须进行信息处理的作业中,能越快地处理信息,就越能取得好的成绩。3.注意控制——"注意控制理论"阐述的是我们作出选择并加以注意的能力。根据这个理论,善于注意控制的人能有效地选择所要注意的事物。由于不是出于漫不经心,因而能持续地维持。不过,单靠"注意控制"不能说明"工作记忆"的个别差异,还需要探讨其他的因素。

在学校教育现场,没有注意力就不可能形成学习,而且各种因素是相互关联的。[12]

(四)从感知到认知

总的说来,人们捕捉对象,理解的过程,谓之"感知"。所谓客体的感知过程是客体属性(特征)的提取与核对的过程。客体感知是通过来自感觉的信息,既有借助半自动驱动的"自下而上的处理",也有借助知识与经验,因应状况来捕捉对象的"自上而下的处理"。在感知信息不充分、不确凿的场合,要求后者的处理方式。人们为了理解周边的世界就得知道"什么"在"哪里"。人脑的处理拥有这种机制,这是一方面。另一方面,人们周边的世界充满着客体与信息。从中选择自己需要的信息、提升客体认识处理之效率的功能,就是"注意"。此外,人们也拥有一时性地保存所见所闻的客体的信息。人们是基于感知信息与经验来捕捉客体的,时而也能作为表象描述出来,对这些表象进行心智操作,即可借助所感知的客体的信息展开心智操作。一言以蔽之,"信息是通过感知过滤获得的,而我们的感知又基于自身理解事物的框架和目标。这不仅适用于最低层次的知觉,也适用于更高层次的认知"[13]。

三、记忆:再建构的主观信息

(一)"记忆"是怎么回事

记忆的重要性——人们能记住并回忆学习的内容是因为有"记忆能力",认知信息处理过程的基础就是"记忆"。可以说,"记忆"是受既有经验影响的心理现象的基础。心理学中的记忆研究是从艾宾浩斯(H. Ebbinghaus, 1885)开始的。他以无意义音节为学习材料,研究随着时间推移而出现的遗忘过程。到20世纪60年代,伴随着信息处理论的发展与电子计算机的普及,围绕人脑的信息处理系统展开了一系列的知觉、记忆、思维等认知过程的研究。儿童(学生)的认知信息处理与记忆的能力比之成人,处于未发展的状态。不过,不是单纯的未成熟的存在,而是一种有别于成人的体现儿童文化的存在。况且随着儿童的发展变化,在认知信息处理与记忆能力上也存在个别差异。教师需要基于这种个别差异乃至有发展障碍的儿童的特征,才能展开有效的教学活动。

记忆的过程——在传统上所谓"记忆"是用"编码—存储—检索"三个术语来说明的[14],这就是:1.编码(识记)——记住信息谓之"识记"。在信息科学看来,从信息改变为记忆的形式这一意义上说,叫做"编码"。亦即,把输入的感觉信息变换为意义信息(视觉表象、音声、概念等)直至保存(存储)的一连串信息处理过程,谓之"编码"(符号化)。2.存储(保存)——信息得以保存的过程谓之"保存"或"存储"(从数秒到10年)。借助"编码"所变换的意义信息得以存储(保存),即便输入的信息是同样的,所存储的信息也是因人而异的。这是由于,意义信息被变换之际,所运用的既有知识是因人而异的;输入的信息在存储中会以某种形式(部分被舍去,或部分被增添)得到加工。尽管加工并不是有意的,不过,一旦加工过大,便会造成歪曲。3.检索(回忆)——把存储的信息提取(再生、再现、重构)出来,谓之"检索"或"回忆"。在检索中包括:"再生",即再现以往存进的信息;"再认",即确认以往存进的信息是否变样;"重建",即把以往存进的信息进行要素的重新组合加以再现。

记忆不是客观的信息——在认知心理学家研究"记忆"之前,"记忆"是以"图书馆"为例来说明的,以为记忆是被书写下来、经过整理加以保管的思维方式。然而,众多的研究表明,记忆的功能不同于图书馆的方式,人们并不是在事后以检索的形式留下记忆的。"记忆"是再建构的。记忆的再建构是同长时记忆相关的重要概念。每当人们从记忆中提取信息之际,记忆是在发生变化的。每当讲述同样的故事时,话语会变得更加凝练,或追加若干夸张的信息,或削除无聊的部分。不仅是故事,记忆本身也发生着变化。当你再次想起该故事的时候,其内容更贴近于最后讲述的故事内容。这就是说,记忆不是客观的信息。[15]重要的一点是,"记忆是再建构的主观信息,其构成绝不是单纯的。我们谓之'记忆'的丰富经验是由复杂的过程构成的"[16]。

(二)影响记忆的因素

记忆与情绪——所谓"情绪记忆"是指关于情绪性事件的记忆,比之不伴随情绪的事件更容易记忆。在情绪记忆中,情绪的效果、同情绪的强度相关的"觉醒度",比"情绪记忆"更重要。"觉醒度"高的刺激有助于促进记忆。这种促进效果显著地表现在包括所记忆的事件发生时的种种信息在内的详细信息的回忆。就是说,同强烈的情绪反应相连接的记忆,容易栩栩如生地再现出来。脑神经的研究表明,在"情绪记忆"的识记与回忆中,杏仁体与海马体的相互作用承担着重要角色。

记忆与境脉依存性——在编码与检索时的境脉(情境)会影响到回忆的现象。具体地说,在"记住"与"想出"的环境与状况相一致(类似)的时候,比不一致的时候更容易回想。

记忆的危险性——谁都有过忘记该记住的东西这一错误的经验。比如,忘记了钥匙、考试失败,记忆的不完全性,是谁都体验过的。不过,真正成为问题的"错误",是确信准确地记住了,而实际上并不是那么回事。人们对记忆的不完全性的认识,其实并不是那么精准的。比如,各国同样的研究表明,能正确地描述硬币的正反面的人是极其少的。像诸如硬币那样在人们的日常生活中每日碰到的东西,谁都不会去深究,唯有朦胧的记忆而已。这是着实令人吃惊的现象。[17]

虚假记忆——先看一个实验。"记住下面的单词。记住之后,盖住该页面,几分钟之后,在纸上默写记住的单词:darkness(漆黑)、terrorism(恐怖)、vile(恶劣)、cosmetics(化妆)、philanthropist(善人)、demons(鬼怪)、ugliness(丑陋)、villain(恶人)、tyrant(魔王)、terror(恐惧)。那么,回答是怎样的呢? 在写出的单词中应当不会有'devil(恶魔)'的,却写出了这个单词,这显然是记忆的错误。那么,为什么会有这种错误产生呢？明明是不存在的东西,回忆起来像是存在的东西,谓之'虚假记忆'。再看这张单词表,可以发现有某种相关关系。原来这张单词表是由'devil(恶魔)'联想出的单词构成的。尽管实际上并没有出现'恶魔'的单词,但是,一连串的单词过目、记住,在回忆的时候,觉得出现了'恶魔'的单词,于是错误地写出来了"。[18]在人们的头脑中积累了各式各样的知识。一般认为,知识越多越好。其实,知识也可能成为理解事物与记忆的绊脚石。人们往往只看到知识(记忆)的正面、"记忆的好处"的一面,却不能发觉知识的负面。洛夫斯(E. F. Loftus, 2013)等记忆研究者阐述"记忆"(主要是"宣言式记忆")的特征时说[19]：" 记忆就像黑板那样能自在地变化,任由你反复地写、无限制地写。因此,在人脑中可以永远地保存记忆,如同记录下来的刻度与硬盘或在书架上放着的文件夹。可以说,记忆是重构的,是事实与幻想相混杂的创造性产物。"就是说,"记忆并不是认知的事实(所见所闻)在脑内被保存下来,而是在回想的时候重构的"。因此,不能保证记忆的内容是事实,在极端的场合往往是一种"虚假记忆"。"虚假记忆"的研究发端于犯罪现场的目击证人的证词未必准确可靠,尽管证人确信自己当时看到的就是事实,但往往因为情景信息的混淆而导致对犯罪的错误指认或情景的错误描述,而形成了同事实完全相异的记忆。

（三）遗忘的原因与保持记忆的原理

遗忘的原因——"长时记忆"指的是保存大容量(容量无限)信息的存储系统。一般称之为"记忆"的东西主要指的就是"长时记忆"。一旦进入长时记忆的信息,基本上不再消失。不过,实际上人们往往会有回想不出(遗忘)所记忆内容(长时记忆)的经验。作为"长时记忆"遗忘的原因大体有四种说法："衰减说""干扰说""检索失败说""压抑说"。所谓"衰减说"是指,随着时间的逝去、记忆痕迹得不到强化而逐渐减弱、衰退乃至消失。所谓"干扰说"是指,由于某种记忆干扰了别的记忆,因而回想不出。比如,在准备第二天考试的场合,开始识记历史的内容,然后识记生物的内容,好不容易本该记住的历史知识点,却想不起来了。所谓"检索失败说"是指之所以想不起来,并

教学革新

非所记忆的信息本身消失,而是由于没有抓住检索的手段,不能从所记忆的信息中提取出来。作为"长时记忆"即便能够保存,但由于不能好好地检索而遗忘,便是一个适例。所谓"压抑说"主要指精神分析学的一种"防御机制"——由于威胁自我的不愉快在无意识之中受到压抑而产生的遗忘,有别于因时间久远而产生的"自然遗忘"[20]。

保持记忆的原理——哈蒂、耶茨(J. Hattie, G. Yates, 2014)阐述了"记忆保持的六个原理",揭示了"记忆"与"遗忘"是怎么回事、怎样学习容易记住、怎样学习会轻易遗忘[21]:

1. "知道"很简单,但提取信息却不简单——"知道"这一术语表示"了解"素材,这很简单,相当于多项选择式测验中的"打钩"而已。但提取记忆的信息,意味着形成、重构、矫正。在是非题的测验中能轻而易举对付局部的、不完全的知识,而在信息提取的能力测验中,对高难度的局部知识难以作出反应。因此,在所记忆的事实中提取信息能力的测验,比之是非题的测验,得分更低。事实上,一部分高质量的多项选择式测验已经考虑到了这一点,涵盖了一些难以轻易作答的、需要深度处理的项目。

2. 最先与最后给出的信息,易于回忆——作为学习者的个人必然会处理一连串的信息。人脑不是线性处理装置。一个人是怎样记住事件的呢?这是受到谓之"序列位置效应"的作用所左右的。显然,进入头脑的若干信息比别的信息史重要。在一连串的信息之中最先进入头脑的信息容易再现,谓之"首因效应"。反之,最后进入头脑中的信息有助于学习之际,会发生"近因效应"。归纳起来说,容易再现教师的讲解内容的,是最先与最后的部分,而讲解的中间部分内容容易忘却。研究表明,"近因效应"偏向于人们的第一印象,"首因效应"偏向于人们的最后印象。

3. 随着时间的推移,"遗忘"愈演愈烈——一个人倘若努力,即便无意义的素材也能学习,能记住滑稽的语词罗列与任意的数列。不过,这种死记硬背的保持水准是极其低下的,一天之后,能够再现的不过是20%左右。死记硬背在学习之后的几分钟内便会急速地遗忘。倘若把这些死记硬背的素材加以定期练习,应当可以找到明显的范式,这就是死记硬背与深度学习的差异。帮助记忆的种种装置或许可以发挥维系记忆的保持水准,促进深度思维的作业记忆,但不应把运用保持记忆的装置而获得的"再生",同"深度学习"混为一谈。遗忘的程度取决于原本的学习类型。比如,身体动作之类的习得可以维持一生。倘是健康的高龄者在儿童期已经习得了骑自行车技能,即便50年不碰也照样会骑。不过,知识技能(尤其是基于特定事实与数字的细微知识的技能)会随着时间的推移而日渐遗忘。令人遗憾的是,越是碎片化的"事实性知识",越是会从一瞬间的记忆中脱落。比如,即便是重要的电话号码和银行账本号码之类,也难以在记忆中保持。

4. "记忆"是高阶建构的过程——人们往往把记忆视为"回看录像",这是不折不扣的误解。所谓"记忆"是高阶建构的过程,即便是局部的线索与含糊的信息大脑也会给人们意义连贯的联想。在学习的时候,记忆受注意力所左右。不过,即便两个人经历同样的经验,两者的聚焦点也是不同的,人作为复杂事件的目击证人是不可完全信任的。时间的推测、声音的强调、特定的口头语、对因果关系的回忆,甚至对行为者与行为关联的记忆,在证言中会存在惊人的差异。实际上,人的解释各式各样,是基于事前的期待与方略而形成的。可以认为,人们的回忆行为是在混乱之中发现有意义范式的一种尝试。因此,"记忆"是受大量不同错误范式所左右的。比如,过度简单化、省略、图式化、曲解化、指令,等等。所谓"指令"原本不是学习经验的一部分,而是想起了在想象的境脉中意义生成的某些状况。人们没有察觉自己的记忆给自己设下了一个骗局。人的记忆同坚信自己的记忆完全真实可靠的信念相关。然而,目击证言的信赖度作为真实事件的预测变量是有缺陷的。事实上,这种证言不过是反映了作为证言者的人们各自能否建构一个意义连贯的故事。一连串世界性事件的真相调查(Innocence Project,借助DNA鉴定进行冤罪证明)项目,为法院接纳目击证言的解释而造成悲剧性的过失,提供了证言。现代DNA鉴定的方法使得以往280多件案件中被错误告发的人获得了释放。人们的记忆有时由于陋习、偏见、错误的期待等诸多因素而产生了偏差。当人们报告跟自己相关的事件之际,往往掺杂了诸多的歪曲之处。重要的是,人们的相互行为、特别是一瞬间发生的事情,几乎是不可能在头脑中作出周详的回忆的。诸多研究表明,人们存在着"虚假记忆效应"——其实并没有那么一回事。

5. 保存的原理:"遗忘"仍然起作用——或许你在20年前学过外语,而今记忆却很模糊。不过研究表明,其实不存在这回事。倘若我们学了什么,第二次再学时,即便最初学的东西想不起来了,却有宽裕的时间能"快捷地取出"。曾经学过外语的人即便20多年不使用了,当他去往该国的时候,这种效果是戏剧性的。他在到访的一周之内,便可"取出"该国的语言。这种效果是在无意识之中出现的,可以说明为什么某些技能能在转瞬之间获得。

6. 记忆受"干扰"的制约——"干扰"不管在经验之前还是之后,是同经验的自然记忆丧失相关的。先行所学的事物会干扰以后所学的事物,谓之"顺向干扰";以后所学的事物会干扰先行所学的事物,谓之"逆向干扰"。这是纯粹的记忆效果,不是由于疲劳或者超负荷所致。在学校教育中这些效果是可以巧妙地操作的。先行知识一般有助于学习,但有时也会成为"顺向干扰"的原因。这是因为先行知识是在错误的场合或错误思考的场合发生的,比如,学生要理解"科学"学科的术语——诸如,力、物质、矢量、比率、宇宙、生物,是有相当大的难度的,因为这些也是日常生活的用词,同科学术语所具有的意涵有极大差异。

四、潜在学习

(一)何谓"潜在学习"

人在学习知识与技术的时候,往往并不察觉在学习。所谓"潜在学习"(Implicit Learning)通常是在获得两个以上的现象与事件之间的关系的结构性特征之际,并不伴有获得知识的"意识察觉"(Conscious Awareness)[22]。因此,"潜在学习"的一个重要特征是不能用语词充分说明获得的知识。就是说,所谓"潜在学习"是同要学习的意图没有关系而发生的知识获得、不能明示所获知识的一种学习。这种知识称之为"潜在知识(Implicit Knowledge)"[23]。"潜在知识"是不能借助观察自身的意识经验的反省来提取的,是难以用语言表达的,由于所获知识难以运用于不同的领域,只能产生有限的"学习迁移"(Transfer of Learning)。"潜在知识"不限于技能的获得,在语言获得中也起重要作用。比如,儿童在习得语言的过程中随着语法的逐渐精致化,最后作为母语得以运用。不过,在对儿童显性地教授语法之前,口头语言的表达是没有规则的。"潜在学习"是一种有助于认知学习的一种学习样式。归纳起来说,"潜在学习"是这样一种学习样式:1.正式、非正式的教育环境中产生的学习;2.也牵涉到技能习得的学习,其作用远胜于其他的学习。3.在语言学习与终身学习中发挥着重要作用。"潜在学习"在诸多领域产生影响。比如,社会态度、性别与种族的固有概念、幼儿时期的发音练习、仪式等等,都存在潜在学习的影响。另外,来自媒体与科学技术的大部分学习也是潜在的,在人际关系方面的社会行为也有潜在学习的影响。

(二)"潜在学习"与"显性学习"的区别

根据认知心理学、神经心理学、认知神经科学的研究,运用脑损伤患者与健康人的行为科学数据与健康人的脑成像数据,比较同"潜在学习"相对的"显性学习"(Explicit Learning),揭示了"潜在学习"的特征。"显性学习"有别于不伴随"有意察觉"的"潜在学习",它是伴随"有意察觉"的学习,能明确地表达所获得的知识。以"潜在学习"与"显性学习"的差异为中心,基于行为科学的数据与神经科学的数据,可以把握"潜在学习"的特征。雷伯(A. S. Reber, 1993)主要基于行为科学的数据,揭示了"潜在学习"与"显性学习"的如下五个特征[24]:第一,稳健性。这个假设假定,"潜在学习"不太受诸如健忘症之类障碍的影响。比如,比较健忘症患者与控制组的"潜在学习"与"显性学习"的成绩显示,健忘症患者"显性学习"的成绩比控制组差,而"潜在学习"显示同控制组的成绩不变。大多实验结果支持"潜在学习"的稳健性的假设。另外,不仅是"潜在学习",而且"潜在认知过程"也比"显性认知过程"稳健。第二,难以受年龄的影响。这个假设假定,"潜在学习"难以受年龄与发展阶段的影响。从幼儿到高龄者的研究表明,"潜在学习"不受年龄的影响。比如,儿童从幼小时期学习的跟生活环境、文化环境、语言环境相关的诸多事物,并不是有意识的学习,是潜在地吸收的,并不是有关学习的有意识知识。另外,比较年轻人与高龄者的"潜在学习"与"显性学习"的成绩研究表明,"显性学习"的成绩年轻人比高龄者优异,但"潜在学习"的成绩,两者之间没有差异。这就说明,"显性学习"的成绩受年龄的影响,而"潜在学习"的成绩不受年龄影响。第三,低差异性。这个假设假定,潜在地习得知识的能力的个别差异极小,同"显性学习"形成鲜明的对照。以大学生为对象的研究显示,显性课题的成绩比潜在课题的成绩显示出 4 倍以上的分散,而潜在课题的成绩个别差异极小。第四,难以受智商的影响。这个假设假定,潜在课题比显性课题受智能的影响小。潜在课题与显性课题的成绩与智力测验的关系的研究表明,智力测验成绩好的人,显性课题的成绩也好,而智力测验的成绩与潜在课题没有关系。另有研究表明,在实施显性教学的场合,智力与潜在学习的成绩相关,但在实施潜在教学的场合,智力与潜在学习的成绩无关。第五,过程的共性。这个假设假定,不同于显性过程,任何人的潜在过程都存在着多种共同的过程。人同原始生物之间的差异就在于能把复杂的伴随性与统计学上微弱的预测性加以编码,基本的过程是类似的。

(三)"潜在学习"与"显性学习"的关系

"潜在学习"与"显性学习"的行为差异与功能差异尽管不同,但两者处于相辅相成的关系[25]。从学习的大局来看,借助"潜在学习"与"显性学习",人得以获得周遭世界的信息。比如,研究表明,以技能习得为例,起初是显性学习,接着是潜在学习。就是说,通过从有意识表象过渡到无意识表象而习得技能。但也有研究表明,"潜在学习"与"显性学习"的关系不是孰先孰后的问题,两者是并行发展的。问题在于,"潜在学习"中什么是"潜在"的呢?学习过程可以区分为如下三个子过程:1.知觉过程。即学习的构成要素与成分的编码化过程。2.知识的获得过程。即某种系统化的结构得以学习的过程。3.知识的检索过程。即利用表象抽取的过程。在"潜在学习"中知觉过程、知识的获得过程、知识的检索过程是否均被视为"潜在"的,不同的研究者持有不同的看法。不过,知觉过程是潜在的学习,作为"潜意识学习"(Subliminal Learning),可以同"潜在学习"区别开来。因此,大体说来,"潜在学习"的定义可以分为两种:一是知识的获得过程、检索过程的某一方面是潜在的,二是知识的获得过程与知识的检索过程两者均是潜在的。

(四)双重过程理论

近年来,在心理学的诸多理论与研究中越来越认识到人类心智的自动性、无意识性过程的重要性。不过,"潜意识知觉"的研究其实早在实验心理学的早期就已存在了。从20世纪50年代的"新式样"(New Look)心理学开始,"无意识"(包括"潜在学习")的研究几度成为热门话题。晚近20—30年间,"潜在认知"的研究成为社会认知学家与认知神经科学家的重要研究课题,从而促进了认知心理学与相邻学科的融合。众多理论家认识到,人的"心智"由两个过程组成:一是直觉性的、快速的、情境依存的、无灵活性的无意识过程;二是理性的、缓慢的、需要认知资源、灵活性高的意识过程。这种认识总称为"双重过程理论"(Dual Process Theory)[26],这是自精神分析学倡导的"无意识"概念以来的重大发展。对于人类而言,"心智"之谜的阐明或许是最后的难题。为了逼近这个难题的解答,除了积累这种理论化尝试之外,别无他途。

参考文献

[1][5][6][7][8][9][11][14][18][26] 服部雅史,等.认知心理学导论:人的认识的不可思议[M].东京:有斐阁,2015:46,50,51,51,53,57,59-60,83,14,143.

[2][3][4][10][12][15][16][17] Y.韦恩斯坦,等.认知心理学家推崇的最佳学习方法[M].冈崎善弘,译.东京:东京书籍株式会社,2022:79,80,82-83,111,108-111,123,126,124-125.

[13] 韦恩·霍姆斯,玛雅·比利亚克,查尔斯·菲德尔.教育中的人工智能:前景与启示[M].冯建超,等,译.上海:华东师范大学出版社,2021:30.

[19] 若林明雄.心理学教养讲座[M].东京:有斐阁,2022:101.

[20] 田爪宏二.教育心理学[M].京都:智慧女神书房,2018:78.

[21] 约翰·哈蒂,格雷戈里·C.R.耶茨.可视化学习与学习科学[M].原田信之,主译.京都:北大路书房,2020:179-183,26.

[22][23][24][25] 青山征彦,茂吕雄二.学习心理学[M].东京:科学社,2018:26,26,30-32,34-35.

第九讲 "概念"与"知识"的建构

概念(知识)是思想的载体,思想是借由这些概念(知识)来运行的。建构"概念"与"知识"的心理作用,构成了人类社会一切活动的基础。这里的"知识"不仅指百科事典的知识与意义知识,而且基于经验积累起来的信息也称为"知识"。在学校教育中教师需要把握儿童从既有知识与经验中获得的朴素概念(错误概念),注重在儿童(学生)的头脑中形成"图式"。

一、"概念"的形成

(一)"概念"的形成

概念与知识的定义——"概念"(Concept)与"知识"(Knowledge)这两个术语,在不同的研究者或辞书中有不同的处理方式。既有把它们视为具有不同意涵的表述,也有把它们视为大体相同意涵的表述。可以说,这是术语界定本身的模糊之处或困难所在。在这里,姑且作一个浅显易懂的界定——所谓"概念"是"关于事件与事物的有意义信息";所谓"知识"是"在头脑中巩固的有意义的信息"[1]。

定义特征理论——给出绘有各种鸟类的图,问这些是什么?显然,回答是"鸟"。尽管大小、颜色、形状,或者品种各不相同,但之所以能回答这些是"鸟",是因为人们拥有关于"鸟"的概念。就是说,通过无视(抽象化)大小与姿势等细微差别、发现其间的共同点,便可知道是"鸟"。而所谓"概念"或许可用"被范畴化的事物与事件"的说法,更易理解。就是说,当有人问起这些图是什么的时候,亦可回答:属于"鸟"的范畴。那么,"概念"是怎样形成的呢?

作为概念的结构及范畴化的经典理论,可举布鲁纳(J. Bruner, 1956)等人的"定义特征理论"[2]。根据这种理论,比如"鸟",有"翅膀"、会"飞"、有"喙"之类的定义特征。

合乎这些定义特征的事例便可视为"鸟"而加以范畴化。不过,也有难以据此理论作出说明的事例,比如"企鹅"。"企鹅"被归属于"鸟"的范畴,但并不拥有上述定义特征之一——会飞——的特征。就是说,"定义特征理论"的弱点是,象征性地作出"界定"的术语,无精准的边界。

原型理论——罗希(E. Rosch, C. B. Mervis, 1975)等人倡导能更自然地说明"范畴化"的"原型理论"[3]。所谓"原型"意味着范畴中的典型案例。根据这种理论,"原型"是某个范畴内最典型、最核心的成员,所有其他成员均可根据其同原型的"家族类似性"(相似度),来进行识别与分类。这里所谓的"家族类似性",正如定义特征那样,以"合乎"或"不合乎"之类的并不精准的字眼,意味着范畴内的同类事物大体拥有的相通性。就是说,在"鸟"这一范畴内存在种种的事例,尽管彼此拥有相通性,但每一个事例都各有其典型性。比如"像鸟""不像鸟"那样,有可能设定更自然的范畴来加以界定。

理论基础——热带鱼、玫瑰、高尔夫球、时钟,该归入什么范畴呢?例子五花八门,彼此之间没有类似性,难以归入哪一个范畴。不过,如果把这些例子归入"礼物"的范畴,在某种程度上是可接受的。无论"定义特征理论"还是"原型理论"均存在不能说明的范畴,人们借助经验而拥有的理论(知识)。综上,是基于能作为"礼物"这一理论而加以范畴化的,这种理论谓之"理论基础"[4]。这里的"理论基础"是指一种概念框架或知识体系,它能解释和预测现象,指导人们进行探索与实践。同这种"理论基础"比较近似的是"心理本质主义"。亦即,归入范畴的事例是借助共通的心理本质背后存在的"信念"(见解)来加以范畴化的。

(二)"知识"是怎样积累的

单词的意涵、长者的智囊式生活智慧、电饭煲的使用方法、游泳技能,等等,在人们的头脑中是通过曾经的经验、由无数的知识积累起来的。那么,这些知识是以怎样的方式在头脑中累积的呢?如前所述,"知识"也有各式各样的类别。在这里,仅限于作为一般知识所记忆的"意义记忆",梳理一下相关的理论及其研究。

在生物学(分类学)中有"层级"的术语。比如,人类被归入"动物界—脊索动物门—哺乳纲—灵长目—人科—人属—人种"。在生物学中任何阶段均可借助"层级"序列井然地作出分类。"知识"也类似于这种方式在头脑中积累起来。柯林斯、奎廉(A. M. Collins, M. R. Quillian, 1969)倡导的"层级网络模型"的特点就在于,每个概念是借助分层结构、形成网络而联系在一起的。这种"层级结构"意味着上位概念的各种属性也同样存在于下位概念。具体地说,"动物"这一上位概念的"有皮肤"这一属性,在其下位概念——"鸟",乃至更下位的概念——"金丝雀",同样拥有。换言之,拥有层级结构的认知优势就在于,不过分积累冗余的重复信息,谓之"认知经济性"[5]。

柯林斯、奎廉在"句子的真伪判断"课题的实验中,印证了"层级网络模型"的合理性。比如,判断"金丝雀是动物"这一句,比判断"金丝雀是鸟"这一句,进行真伪判断所花的时间要长。这是因为,"鸟"对"金丝雀"而言是最接近的上层概念。而"动物"的概念对"金丝雀"而言,必须经由"鸟"这一概念,参照隔一层的上位概念。不过,史密斯(E. E. Smith, 1974)进行同样的"句子的真伪判断"课题的实验,比如,"长毛犬是动物"比"长毛犬是哺乳动物"的真伪判断所花的时间短,表明"层级网络模型"也存在不能作出解释的情形。

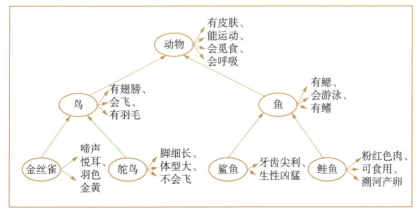

图 9-3 层级网络模型

资料出处:服部雅史,等.认知心理学基础:人的认识的不可思议[M].东京:有斐阁,2015:111.

柯林斯等(A. M. Collins, E. F. Loftus, 1975)等人的"激活扩散模型"有助于弥补"层级网络模型"的局限性,两者有着根本的差异。"激活扩散模型"是以意义关联性的方式来表现网络的。概念之间的意义关联性越强,配置的位置越近。而且,作为模型特征可以举出的另一个要点是,某个概念一旦处理,该概念的激活便可通过整个网络传递到别的概念。比如,"红"的概念一旦被激活,可连环式地传递到"消防车""火"等概念。该模型借助这种激活扩散的假设,来说明"有意义关联的率先得以提示、加速或准确地进行尔后的刺激处理"这样一种启动效应。

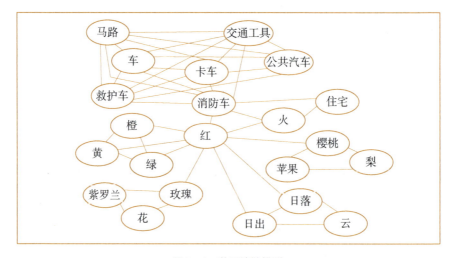

图9-4 激活扩散模型

资料出处:服部雅史,等.认知心理学基础:人的认识的不可思议[M].东京:有斐阁,2015:112.

索尔特豪斯(T. A. Salthouse, 2010)指出:"学习者终其一生所积累的知识是不断增长的产物,它出自两个过程:学习者从他们直接经验中学习到新信息的过程,以及基于推理和想象生成新信息的过程。"[6]推理能力是纵贯人一生学习的决定性因素。人们正是通过推理,特别是在他们追逐自我兴趣的境脉中的推理,来发展其终身学习的知识。

二、图式理论与元认知

(一)图式理论

作为知识总体的"图式"——试看图9-5,这是NASA(美国宇航局)拍摄到大量令人着迷的照片中最著名的一张(1976年7月31日拍下的,但直到2015年8月4日才公之于众)。这张被称为"火星脸"的照片,会使人联想起火星上有人的证据,至少会有许多人想到人的脸庞[7]。知识的总体谓之"图式"(Schema)。之所以会联想到这张照片上的"人脸",是因为人们通过经验获得了"脸庞图式",拥有关于人脸的知识,"图式"便承担着构建人们认知框架的作用。就是说,把以往的经验加以抽象化、概括化的方式,影响着人们的知觉、记忆、言语与推理等种种认知。比如,布鲁尔等(W. F. Brewer, J. C. Treyens, 1981)进行的让实验参与者接受未被预告的测验:先进入放有桌椅和打字机之类的、像是研究室的房间,然后走进别的房间,再让他们回忆最初去的房间里所看到的物件,结果出现了书籍、文件夹、装饰架之类实际上房间里并没有的东西。实验表明,被试是基于适合"研究室"的这一个图式而作出了若干错误的回忆。安德森等(R. C. Anderson, J. W. Pichert, 1978)进行的研究揭示,通过操作视点,即便阅读同一篇文章,思维方式也会发生变化。文章讲述了两个逃学少年之屋的面貌。实验参与者的半数先是从"小屋买主"的视点阅读,要求尽可能回忆文章的内容。然后,在两天后的测验中要求从"小偷"的视点回忆。结果显示,从"小偷"的视点所回忆的信息,第二次(转向"小偷"的视点)比第一次多("小屋买主"的视点)。视点的变化,在剩下的半数实验参与者身上也显示出同样的倾向。就是说,在第一次"小偷"、第二次"小屋买主"的条件下,"关于买主的信息"回忆得更多。

图9-5 火星上有"人脸"?

资料出处:服部雅史,等. 认知心理学基础:人的认识的不可思议[M]. 东京:有斐阁,2015:114.

换言之,由于视点的变化,因应的图式对回忆起到了促进的作用。

事件的图式(脚本)——大凡电影和戏剧都有"script"(剧本,脚本),演员是根据脚本进行"念台词、做表情"之类表演的。即便在日常生活中也存在脚本般的情境。比如,"在餐厅吃饭"的情境中,进入餐厅、等待入席、坐在被指定的座位上、递来菜单……大体存在着以同样的顺序进行的行为序列,这就好比"脚本"。沙克(R. C. Schank, R. P. Abelson)等人把这种"关于特定事件中的一连串行为里人人共同拥有的知识"称之为"脚本"[8]。换言之,"脚本"就是相关事件的图式。鲍尔(G. H. Bower)等人要求所有参与者按顺序写出"去餐厅、去上课、起床、去超市购物、去医院"等各种事件中的共同行为。结果表明,从几乎所有的参与者共同提及的若干行为来看,确实存在着"脚本"。

(二) 学习观—学习方略—元认知

日本学者濑尾美纪子(2008)等人[9]梳理了"认知主义学习观"与"非认知主义学习观"表现在学习策略上的差异。通过学校教学与家庭经验而形成了这些学习观,而这些反过来又制约着具体的学习行为。

表9-1　学习观的结构

认知主义学习观	项 目 举 例
讲究策略取向	在学习之前,思考该怎么学才有效
意义理解取向	不是一味死记硬背,而是理解之后再记忆
重视思维过程取向	在解决问题之际,不仅求得答案,而且注重合适的思维方式
活用失败取向	在学习中发生了错误,不以为耻,而是把错误当作尔后发挥作用的重要素材
非认知主义学习观	项 目 举 例
求练习量取向	日积月累大量练习最有效
重视暗记取向	大凡习得的知识,首要的是背诵
重视结果取向	知其然,而不知其所以然
重视环境取向	在好的班级里,成绩自然会好

资料来源:秋田喜代美,藤江康彦.授业研究与学习过程[M].东京:放送大学教育振兴会,2010:37.

不同的学习观,学习行为也不同。旨在提升学习效果而自觉地采取的行为,在心理学中谓之"学习策略"。"学习策略"大体可以分为三种:认知性策略——旨在对学习对象(某种信息)进行深度认知处理而使用的策略;元认知策略——以自己的理解过程为对象,旨在监督、评价、修正而使用的策略;资源控制策略——围绕时间、环境、他者等自己周边环境的资源而使用的策略。作为"认知性策略",包括反复记忆、练习的策略;借助既有知识赋予意义与表象而加以记忆的精致化策略;系统地梳理、链接而加以记忆的系统化策略。所谓"元认知"是对自己的认识、认知策略过程的认知。因此,"元认知策略"根据学习者自身对课题的理解而作出具体的阶段性计划,监控计划的实施,以及所采取的修正、调整的策略。"资源调控策略"是指,作出质疑与要求他人帮助的谓之"援助需求行为"的行为与时间的管理。可以说,这些策略的自觉运用是同优质的教学过程联系在一起的。

三、知识建构的原理与方略

(一)知识建构的原理

哈蒂和耶茨(J. Hattie, G. Yates, 2014)归纳了知识建构的七项原理[10]。

1. 学习需要时间、努力与动机——人们的学习大体是缓慢的,需要花费数小时、数天、数月乃至数年。学习需要的要素是时间、目标的设定、支援性反馈、成功体验的积累、频繁的复习。那些超高速学习、速读及其他魔法项目,终究是亵渎人类学习多样性的、经不起推敲的行为,学习并没有那么简单。倘是简单的行为、碎片化知识、并不复杂的事物,我们只需几分钟时间就能掌握。但是,冒牌的学习留下的表象是毫无根基的。素材倘是没有意义、毫无实际价值或不合时宜,便会很快忘却大部分,新的学习容易陷入混乱。新的领域要获得熟练需要有 50—100 小时的实践。要掌握纯粹的专业技能就得有 1 万小时—10 年持续的技能训练。众所周知,拥有一般智能的人在一小时内就能学会国际象棋的基本规则、展开对弈,但要成为国际象棋的名人则需要花费数十年的工夫。

2. 专注的时间短——大多数人在一定的时间限度内会产生"注意力涣散"的现象,"专注力"大体只能保持15—20分钟左右的时间。自发的学习者在其后能再度从事知性活动的课题,但其后也必须有短暂的休息时间,才不至于负担过重。倘若要把新的信息教给谁,就得限制在15分钟之内。否则,就会"丧失那份信息",注意力被轻而易举地切断。倘若想边听音乐边学习,专注力会受到阻碍,中断学习。这是同大众媒体渲染的"莫扎特效应"——听古典音乐会对人的情感、认知和学习产生积极影响——的见解针锋相对的。

3. 分散型练习的效果优于集中型练习——花一段时间一次性学习一个主题(从数日到数周)的效果,低于用同样时间分段学习的效果。分散型练习对掌握新型的技能特别有效。比如,练习驾车2小时连续学一次的效果,比不上间隔1周以上分6次各20分钟进行的练习。倘以人学习的最佳状态15分钟到30分钟作为一个模块来划分,则时效最高。"分散型练习"的效果称之为"分散效果"。

4. 先行知识的影响强固——奥苏贝尔(D. Ausubel, 1968)说:"如果我必须把教育心理学的原理归纳成一句话,那就是有效学习的最重要因素是学习者已经知道了什么,确认之后,据此对他施教。"掌握知识的主要决定性因素是,在他的头脑里明白了什么。形成贯通的系统化的既有知识,比从一开始就学习新的事物,更为简便。我们业已拥有的知识与理解成为新的学习的隐喻(时而正确,时而错误)。正因为如此,业已掌握的知识是重要的,同既有知识无关联的新的信息会很快剥落。在纯粹的学习能力中,"先行知识"对学习的影响作用比别的变量更强有力。"先行知识"的影响比IQ与所谓的"学习风格"拥有更显著的作用,IQ与学习风格对学习的影响作用甚微。倘若"先行知识"是在误解的基础上形成的,那就会形成学习的障碍与谓之"干扰"的抗力。有时我们必须丢弃业已掌握的知识才能开始新的学习,形成正确的、更强有力的学习。

5. 知性不可能同非结构的数据相联结——当人们记忆毫无规则的一览表或者处理无关联的对象的时候,会感到极其棘手。当人们学习什么的时候,发现秩序、结构与意义是非常必要的。而有意义与关联,直接源自"先行知识"。信息如何进行分类、如何模块化、如何系统化、如何图式化、如何归纳——唯有借助这些信息得以显示之后,人们才会获得恩惠。人们往往必须把知识置于高阶的系统概念("大衣架")中来展开教学。优秀的教师为人们提示了应当怎么教学的诀窍,这就是"先行组织者"(Advance Organizer)。激活"先行知识",据此人们就能有效地获得新的信息。如果这种"先行组织者"明示了学习终结所要体现的成功标准,则有助于提供"大衣架"。就是说,人们在这里会说"啊,终于明白了"。

6. 知性对多媒体的输入会作出敏感的反应——人们往往会套用"视觉型学习""听觉型学习""运动觉型学习"之类的理论。然而,与其关注这种学习类型论所谓的"差异",不如更多地关注"人有更多的相似之处"。我们有视觉型学习者,也有听觉型学习者,还有例外的人。实验室的研究显示,当人们经验的输入是多通道或是借助种种媒体传递的时候,能更好地学习。人脑作为统整来自多样的信息源(尤其以不同方式输入的信息)的装置是无与伦比的。断定"某个学生从语言学习,某个学生从表象学习"是不准确的,因为所有的学生都能同时通过语言及同语言相关的表象展开更好的学习。当借助"先行知识"使语言与表象得以建构意义之际,这些效果特别明显地表现出来。在教学中学生之间的差异并不是受学习风格的差异所制约,他们的学习强烈地受制于能够认识的范式。

7. 学习中必须激活知性——唯有当人们的知性通过创造出有意义的反应、对有意义经验作出反应之时,才能实现有效的学习。人们的知性接受刺激、在活跃地从事学习的时候,知性进入记忆的准备状态。人脑在学习的时候,绝非无所事事。它会集中注意、进行观察之类。显然,凡此种种可从众多"被动"的经验(亦即,未能引起明显的反应)中学到大量的东西。从诸多的课堂教学中可以发现,深度观察的学生,比只是埋头于解答问题的学生,能收集更多的信息。这种观察学习的效果,尤其在不包含身体与运动技能的场合,更为突出。不过,在学习处于被动的场合(诸如,不明白学习何以失败;注意力涣散;打瞌睡)会带来危险。这个原理是同"精致化"概念相关的。

(二) 认知心理学家推崇的学习方略

在学校教学中学习的"概念"表现为种种的形态——命题、定义、规则、法则、公式、一般解法,等等。经济合作与发展组织综合认知主义心理学研究,给出"学习"的定义:"所谓'学习'起因于学习者所经验的知识的长期而持续的变化。"这个定义由三个部分组成:第一,所谓"学习"是学习者的长期而持续的变化;第二,变化的是学习者的知识;第三,变化的原因在于学习者的经验。在这里,"知识"是学习的核心。认知科学家与教育科学家界定了诸多教育领域中臻于熟练所必需的"知识要素"如下[11]:

事实:关于事物特征与状态的明示。比如,"地球是太阳系的第三颗行星"。
概念:范畴、模型、图式、原理、原则。比如,"在23的数字中,'2'表示十位数"。
步骤:输入产出的过程。比如,"知道22×115的运算步骤"。
策略:基本方略。比如,"把问题分割成子课题"。
信念:个别学习时的认知方式。比如,"我不擅长统计"。

唯一最重要的个别差异的维度,恐怕是同学习者的"既有知识"相关。对低水准知识的学习者而言是有效的教学方法,对拥有高度知识的学习者而言则是无效甚至是有害的。

帕斯勒(H. Pashler, 2007)等人的研究证实,把认知心理学研究所揭示的认知过程的知识运用于学校现场,可以最大限度地提升学习的效率。具体地说,如下六种学习方略是行之有效的[12]:1. 检索练习——是从记忆中提取信息的方法,比之反复诵读教科书更有效。这是学生进行的一种自测,不是记忆,而是确认所记忆的知识的一种策略。2. 分散练习——不是考试前的灌输式学习,而是分散学习时间的一种策略。后面四种策略,可作为支撑"分散学习"与"检索练习"的方法来利用。3. 切换——不是持续地进行一种主题与同样种类的问题,而是切换主题与问题的种类来学习的策略(比如,数学与物理)。通过切换,得以充分理解各种知识与解决方法的差异。4. 精致化——所谓"精致化"意味着既有知识与新的知识的链接。"精致化"的定义多种多样，但共同的一点是，"在记忆的信息中追加特征"。具体地说，就是"精致化提问"，作出（或解答）"怎么样""为什么"之类的提问策略。5.具体举例——给学习过程带来种种好处。诸如，能简洁地传递信息；能提供具体的、易于记忆的信息；形象比语言更易于记忆，具象化有助于学生理解抽象性的主题。6.双重符号化——所谓"双重符号化"是指组合"语言"与"图像"的策略。

爱尔兰诗人、剧作家耶茨(W. B. Yeats)说，"所谓'学习'，不是往头脑里灌注知识，而是在心中燃起一盏明灯"[13]。这种点火的装置，是儿童、是教师、是亲密无间的伙伴、是他们之间不可替代的对话。

参考文献

【1】【2】【3】【4】【5】【7】【8】服部雅史,小岛治幸,北神慎司.认知心理学导论:人的认知的不可思议[M].东京:有斐阁,2015:108,108,109,110,110,113,114.

【6】科拉·巴格利·马雷特,等.人是如何学习的Ⅱ:学习者、境脉与文化[M].裴新宁,王美,郑太年,主译.上海:华东师范大学出版社,2021:95-96.

【9】秋田喜代美,藤江康彦.授业研究与学习过程[M].东京:日本放送大学教育振兴会,2010,37.

【10】约翰·哈蒂,格雷戈里·C.R.耶茨.可视化学习与学习科学[M].原田信之,主译.京都:北大路书房,2020:175-183.

【11】OECD教育革新中心.学习的本质:从研究的应用到实践[M].立田庆裕,平泽安政,主译.东京:明石书店,2013:216-217.

【12】Y. Weinstein,等.认知心理学家推荐的最佳学习方法[M].冈崎善弘,译.东京:东京书籍股份公司,2022:147.

【13】秋田喜代美.学习心理学:教学的设计[M].东京:左右社,2012:239.

第十讲 "认知风格"的分析

在学习中问题解决的速度、准确性以及如何把握课题的信息处理方式,存在着个别差异,这种差异就叫做"认知风格"。认知风格因人而异,没有优劣之分。一般认为,由于"认知风格"同智能与个性的个别差异并无关联,所以被视为独特的、有别于智能与个性的第三种个别差异的心理因素。

一、"认知风格"的研究

(一) 认知风格

"认知风格"(Cognitive Style)是瑟伦(H. Thelen, 1954)倡导的一个心理学概念,指的是"学习者在学习(感知、思维、判断的过程)时持续的、一贯的、带有个人倾向性(指向性)的信息处理方式"[1]。关于"认知风格"的研究有不同的分类,最具代表性的是如下的区分:1.整体与局部;2.直觉与逻辑;3.语言与非语言。这些不同的认知类型都是用来解释认知处理的个别差异的。实际上,所有这些认知方式有着共同的认知处理背景:其一,认知风格一般是作为个人擅长的思维方式与信息处理方式的一种表达,同个人的能力倾向相关。其二,大学的专业大体分为文科与理科,从不同的人有着不同的擅长这一点上说,存在个别差异。这也是同"认知风格"相关的。

(二) 认知风格研究的缘起

"认知风格"的研究始于第一次世界大战。美国在1917年爆发战争之际面临的一个急迫问题是征兵150万,这种大规模的征兵(从城镇街道蔓延到周边地区)是前所未有的,却缺乏军队编制的判断标准。这些被征男性必须在数个月之内从城市与乡村生活的普通民众,变身为实战部队的一员。但他们缺乏使用精良、高价的兵器等科技装备的知识,事态显得格外严峻。问题在于,在军事训练中如何做到适才适用。为解决新兵的配属问题,年轻的心理测量学家奥蒂斯(A. Otis)负责编制士兵智力测验方案。[2]他只用6周的时间便推出了多项选择式的陆军士兵智力测验量表,其优点是便于评分,尤其便于在地方的集会场所实施。在两年中作了大约200万新兵的测验,根据A—E的序列判定,决定兵员的配属。通过这种大规模测试的成功,从1920—1930年之间,团体智力测验简直是多如牛毛。"智商"的概念在这个时期受到整个社会的关注,"智力测验"先是被用于特殊教育中排序方法的开发,尔后在企业与职业的指导或教育机关中得到广泛运用。"人的能力是由先天的能力所决定的"这样一种观念大行其道。团体智力测验及其衍生品采用个人智商的测定,这种智商也被视为决定个人潜在能力的原因。在军队的人员配属、重要的人事决定、职业训练与就业、奖学金的审查上,也都运用了这种新颖的所谓"科学的尺度"。

美国心理学家威特金(H. A. Witkin, 1954)通过偶然发现的知觉处理上表现出来的个别差异,推进了"认知风格"概念的研究,其契机是威特金在第二次世界大战时的"垂直视知觉"研究。[3]"垂直视知觉"对飞行员而言是一种重要的知觉能力,这种能力倘若低下,在空中飞行时难以把握上下定向,操纵的飞机就会有坠落的危险。他在实验中发现,垂直视知觉能力存在个别差异,就是说,对信息处理的自然注意的倾向性是因人而异的。有的人易受外部线索的影响(换言之,能把整体纳入视野、出色地作出印象或是整体现象的反应),可以谓之"场依存型";有的人不受外部线索的影响(换言之,能注目于显著的侧面并作出明确的判断),可以谓之"场独立型"。飞行员驾驶飞机时的知觉过程必须是"场独立型"。一旦掌握了操纵杆,重要的与其说是智商,不如说是在紧急时刻区分水平与垂直的视知觉能力。"场依存型"与"场独立型"具有普遍性与稳定性,这种认知的个别差异是同种种的能力倾向与社会行为上的个别差异相关的。

(三)"学习风格"的风潮

第二次世界大战后,广泛流行的把握人的能力的侧面是:1.反映智商这一普遍能力的特性。2.反映数学之类特殊能力的特性。3.认知风格的不同属性。这种思维方式在围绕"能力"要因的问题上所关注的是,基于感觉或知觉的不同策略而对学习课题采取了不同的方式。正巧在此期间"VAK模型"被视为一大法宝,用于解释学校教育现场中不同学生的表现。根据这个模型,人天生就具有进行信息处理的受信感觉系统,可分为如下三种:"视觉型学习者"(V, Visual Learners)、"听觉型学习者"(A, Auditory Learners)、"运动觉型学习者"(K, Kinaesthetic Learners),简称为VAK[4]。"视觉型学习者"擅于视觉的要素与画像或空间的关系性,至少以肉眼看得见的方式提示信息;"听觉型学习者"擅于获得从耳朵进入的语言信息,并借助语言与词汇进行建构式学习;"运动觉型学习者"擅于运动的变化与动作(手的动作之类),往往是借助触觉来进行学习的。

上述这种思维方式在国际教育界可谓根深蒂固。关于VAK的种种话题此起彼伏,然而这种模型不过是近50年来教育界流行的20种"学习风格"的一种罢了。根据所设想的种种"学习风格",并没有得出明确的结论。[5]而且没有实验验证表明,理解学生的学习风格、作出分析、并加以施教者,比不了解学生的学习风格加以施教者,显得更加优越。尽管有一些关于"学习风格"影响人们行为的其他侧面的科学证据,但显示"学习风格"预测学习本身的科学证据,并不存在。有学者为验证三分类说(视觉型、听觉型、运动觉型),进行了如下阶段的实验:第一阶段,把被试分成"视觉型""听觉型""运动觉型"三种类型。第二阶段,让被试基于"学习风格"的类型接受不同的体验。比如,让一些被试听讲故事;让一些被试观察连环图;让一些被试(仅作出最低限度的说明之后)表演故事。要点是,既有体验适于自己学习风格的人,也有体验不适于自己学习风格的人。第三阶段,确认被试是否对故事有某种程度的理解,或者确认经过一定时间间隔之后,有多大程度的记忆。倘若"学习风格"与体验相符合,学习效果相应提升。然而,实验结果同预测的相反,表明学习风格并不影响学习。结论是,"学习风格"的理论是没有科学根据的。[6]

(四)个别差异的教学

学习过程的分析表明,"学习风格"原本作为学术研究的一个领域,是非生产性的领域。"学习风格"有别于当下正在发展中的某些学习策略。"学习风格"显示的是,人们偏好信息处理中的感性系统还是知性系统,而且这种属性是有个别差异的。

无论哪一种"学习风格"都主张每一个人拥有不同的特质,这是不言而喻的。这些理论进一步揭示了体现个别差异的若干要素。就是说,以视觉要素还是语言要素为例,既有视觉要素强的学生,也有语言要素强的学生,还有处于中间状态的学生。另外,显示不同类型学习者的分类框架也是众所周知的。比如,在某个框架中把学习者描述为行为主义者、批评家、理论家、合理主义者,基于这种划分的框架也提出了若干设想。其中之一就是,在设想的框架中提供了对学生进行分类的大体的分析装置。比如,在北美,邓恩(R. Dunn, 1984)等人推荐的颇具人气的模型,关注如下主要的项目[7]:1.怎样的学习环境是好的呢?2.怎样的动机作用是好的呢?3.喜欢"协同学习"还是喜欢"个人学习"?4.怎样以及何时进行学习?5.何时适合"综合性学习"、何时适合"分析性学习"?——借助这种广泛的分类,产生了20多个简便易行的询问项目。

二、因果认知:作为人的基本认知特征

上面阐述了"认知风格"的个别差异。在这种个别差异的背后是同"因果认知"这一人类共同拥有的认知处理倾向相关的。所谓"因果认知"是指一旦经验到某种现象、便会有从因果关系上理解该现象的倾向。亦即把原因与结果联系起来加以思考的倾向。比如,当一个人走在山路上,倘有一块石头从峭壁上滚落下来,就会朝着石头滚落的方向看去。这时他也许会想,为什么会从上方落下石头来呢?——这是旨在了解石头滚落的原因。倘若看到峭壁上面有若干松动的石块,那么,不稳定的石块就是石头偶然滚落的物理性因果,亦即把它视为由于受重力影响而产生的物体移动的现象。不过,或许还会想到,可能有人故意(或"不留神")使石块滚落——在这种场合,便可理解为不是单纯的物理性原因,而是人为原因造成的滚落。

(一)因果认知的产生

因果认知在大多的场合是自然而然产生的。[8]之所以产生因果认知,一般认为是

有利于适应。因果性地把握现象,具有能预测结果的优势。比如,天空阴暗下来,风吹起来,预料暴风雨即将来临。观察天气的变化便可事先躲避危险。因与果的链接在人类的生存(适应)中是极其重要的。在适应性上(亦即在进化过程中),人类与动物的脑形成了旨在适应环境而因果性地处理特定课题的神经细胞网络。

(二) **因果认知的发展**

因果认知基本上可分为"物理性因果认知"与"心理性因果认知",均在发展初期(婴儿期)就表现出来。[9]

"物理性因果认知"的发展——在"物理性因果认知"中涵盖了从低阶的知觉到高阶的物理性因果法则的理解,是人在经验外界的自然现象与物理现象之中发展(发现)起来的。从婴儿期开始就可以观察到作为低阶的"物理性因果认知"——对物理性(非生物)客体的运动及其性质的关注。比如,可以观察到婴儿期幼儿基本上能理解在桌子上滚动圆球的基本动作(转动、停止、改变转动的方向等)。通过从幼儿期到青年期的经验,高阶的物理性因果法则的理解得以发展起来。比如,通过玩球之类的活动,能理解球的轨迹或直觉地理解物体的两表面之间接触面的摩擦系数。主要是在同以他者的关系为中心(包括动物在内的生物体)的主体性行为的观察中发展起来的。

"心理性因果认知"的发展——"心理性因果认知"也涵盖了从低阶到高阶的发展。低阶的心理性因果认知包括:区分生物体与非生物;判断是否被他人看见;识别他人的基本情绪(喜怒哀乐);检出视线方向,学会共同注视和理解手势;对他人痛苦的体谅与基本的共情;对他人情感的适当反应;能推论他人的目标与意图。高阶的社会认知发展包括:能区分多种多样的心理状态(诸如,欺瞒、信念)并归因于自己或他人;能理解更复杂的情感(喜怒哀乐之外的嫉妒、困惑、羞耻)并作出适当的反应;能理解日常话语;不仅能理解他人的行为,还能揣摩他人的心思;能因应社会境脉,判断该作出怎样的言行,等等。"心理性因果认知"的核心功能是"社会因果性"的理解,是行为者背后的心理状态(意图、目的、需求、知识、情感)的理解。换言之,牵涉"心智理论"的能力,是因果认知的核心。

物理性认知与心理性认知的独立性——诸多研究表明,上述两种因果认知在功能上是独立的。由于某种原因,一些因果认知功能即便不能适当地发挥作用,另一些因果认知功能不受影响。同语言一样,脑内存在各自的功能发挥作用的基本神经回路。而两种因果认知作用的均衡发挥,构成了个人认知风格的基础。

(三) 共情化—系统化理论(Empathizing-Systemizing, E‑S 理论)

西蒙·巴伦-科恩(S. Baron-Cohen, 2002)提出了解释两种因果认知的概念框架,谓之"共情化—系统化"认知风格模型[10]。构成"心理性因果认知"之基础的认知倾向谓之"共情化",构成"物理性因果认知"之基础的认知倾向谓之"系统化"。而个人的"认知风格"就是在由两个维度组合而成的双维度平面上形成起来的。

"共情化"涵盖了"认知性共情"与"情感性共情"。前者的"认知性共情"是归因或推论他人的心理状态,亦即意味着理解他人的心理状态。在这种功能中"心智理论"起着核心的作用;后者的"情感性共情"是指因应他人的心理状态与行为而作出的适当的情绪反应。所谓"系统化"则是指具有分析并建构基于规则的某种系统。"共情化"与"系统化"是相互独立的,可分别用"共情化商数"和"系统化商数"加以量化评价。

三、认知功能与性别差异

(一) 性别发展与自我

人有两种性别,即"生物性别"(Sex)与"社会性别"(Gender)。"生物性别"基于生物学因素而分为男性与女性。不过,伴随着晚近性别研究的进展,不是单纯的两分法,而是作为一个连续的过程来看待性别的发展。而且,"社会性别"是社会文化所塑造的,尤其是社会期待的同各自的性别相应的行为与特性,谓之"性别角色"。比如,在诸多的社会形态里,女性是主持家务、和蔼、顺从的角色;男性则是经济力、强劲、富于行动力的角色。表 10‑1 是日本学者伊藤裕子(1978)、青野笃子(2022)根据 20 世纪 70 年代至 21 世纪初期的调查得出的性别角色类型特征[11]。

表 10-1　女性角色（女人腔调）与男性角色（男人腔调）

女性角色（女人腔调）		男性角色（男人腔调）	
可爱	和蔼	冒险	经济力
优雅	纤细	强劲	行动力
风韵	顺从	大胆	主见
谦让	沉静	魄力	刚毅
撒娇	爱打扮	信念	决断力

资料出处：古屋喜代美，等.理解儿童的教育心理学[M].京都：ナカニシヤ出版，2023：56.

"自己是男性（女性）的意识"，也是人格形成中的重要课题，不能视为能否适应传统的性别角色的问题，而是能否拥有符合自身角色觉悟的问题[12]。

（二）"性别差异"不等于"性别歧视"

上面阐述了个人"认知风格"的基础在于人类共通的认知功能——因果认知。不过，"因果认知"存在一定的性别差异。那么，何谓"性别差异"？自然科学中所谓的"性别差异"（Sex Differences）是指基于性染色体的生物学上的差异。比如，谁都知道，身体功能有性别差异。大半的体育运动之所以分性别进行，就是基于男女身体功能上的差异（性别差异）这一前提。不过，100 米跑作为社会因素的结果，平均速度女性未必比男性慢。心理功能受到超越身体功能的社会性影响。但另一方面，心理功能也是以脑神经系统这一身体（生物学）的因素为基础的。因此，一部分心理功能当然会表现出"性别差异"。尽管积累了各式各样认知功能的观察与报告，但关于它的原因、起源与背景，至今尚不清楚。这里所谓的"性别差异"终究是一种"平均值"的差异，并不是说所有的女性比所有的男性高或者低。比如身高，平均身高男性比女性高，但就像"一部分女性的身高高于男性的平均身高；一部分男性的身高比女性的平均身高更低"那样，在这里需要区分"平均值的差异"与"个别的差异"。所谓的"性别差异"指的是"平均值的差异"。

（三）认知功能的性别差异

认知功能的性别差异研究表明，男女的认知特征与行为特征，从早期开始就显示出高度的同环境因素无关的可能性。英国的一个 2 岁儿童的语汇量研究(2001,2002)揭示,男孩的词汇量约 200 词汇,而女孩的词汇量约 280 个词汇,女孩的词汇量比男孩高出 40%[13]。当然,由于存在个别差异,在语言发展方面也有男孩水平比女孩高的案例。不过一般说来,在语言的理解与运用方面,显示出女孩胜于男孩的发展优势倾向。这种性别差异在发展初期就已经显现出来(表 10-2)。

表 10-2 认知功能的性别差异

a. 运动能力	全身运动:男性＞女性 精细运动:女性＞男性
b. 空间认知	心理旋转:男性＞女性 地图判读:男性＞女性 基于具体线索的顺行性记忆:女性＞男性
c. 数学—逻辑处理	推理、几何:男性＞女性 计算:女性＞男性
d. 语言	流畅性:女性＞男性 语言记忆:女性＞男性
e. 情感知觉—认知	表情认知:女性＞男性

资料出处:若林明雄.心理学教养讲座[M].东京:有斐阁,2022:194.

认知功能的性别差异是比较一贯的、平均的。语言—社会性认知处理(心理性因果认知),女性占优势。空间—数学—逻辑性处理(物理性因果认知),男性占优势。认知风格的性别差异研究表明,平均女性的"共情化"倾向强,男性的"系统化"倾向强。认知功能的性别差异存在一定的倾向性是事实,在考虑认知功能的性别差异之际,重要的是区分集团间的平均值差异与个别差异。[14]

参考文献

【1】【8】【9】【10】【13】【14】若林明雄.心理学教养讲座[M].东京:有斐阁,2022:

181-182,185,186-191,189-191,194,195.

【2】【3】【4】【5】【7】约翰·哈蒂,格雷戈里·C.R.耶茨.可视化学习与学习科学[M].原田信之,主译.京都:北大路书房,2020:277,278,275-276,176,278-279.

【6】丹尼尔·T.威林厄姆.学习脑[M].锅仓僚介,译.东京:东洋经济新报社,2023:150-151.

【11】古屋喜代美,关口昌秀,荻野佳代子.理解儿童的教育心理学[M].京都:ナカニシヤ出版,2023:56.

【12】坂上裕子,山口智子,林创,中间玲子.从问题开始的发展心理学:终身发展心理学[M].东京:有斐阁,2014:154.

第十一讲　社会情感学习

一个人要获得人生的成功与作出社会贡献,就得有"认知能力"(Cognitive Skills)与"非认知能力"(Non‑cognitive Skills)的均衡发展。"经济合作与发展组织"倡导的"社会情感能力"(Social and Emotional Skills)就是这种能力界定的一个典型代表。而"促进社会情感能力学习合作组织"(Collaborative for Academic, Social and Emotional Learning, CASEL)倡导的"社会情感学习"(Social Emotional Learning, SEL)则是旨在发展这种能力的学习框架设计的一个典型代表。这种能力表现为一以贯之的认知—情感—行为的范式,可以借助正式的与非正式的学习体验发展起来,在人的一生之中对社会经济成果产生重大影响的个人能力。在教育心理学中"非认知能力"也作为儿童"学校适应"与"基础素养"的重要概念,成为研究的重大课题。

一、"社会情感学习"的定义

（一）何谓"有价值的学习"

谁都关心学生的学习。教师为保障学生的学习付出了诸多的时间和精力。在学校里教师应当教什么、学生必须学什么、能够学什么？——对这些问题的回答,几乎所有的教育工作者都会作出质朴的回答。学校必须教授主要的学科,让学生习得这些知识与技能。学校为了获得社会的评价,就得让学生全力以赴,获得应试的"成功"[1]。然而,这是一种无视"学习"真正价值的一种功利性的回答。"教育并不等于通过'学科教学(诸如语文、数学)、掌握一些特定技能那么狭窄,而在于会做什么——"学会有效地思考、有效地行动、建构有效的关系、获得有效的成果"[2]。应试教育的"成功"恰恰意味着学生理想的"幻灭"与学校教育的"失败"。

有良知的教育工作者认识到,应当把学生的职业能力与职场的技能视为"学校中有价值的学习"。比如,聚焦学校教育中不可或缺的"学会生存能力"的教育体制。美国加利福尼亚州引进"生涯学习",规定新的高中毕业的要件是三年间必须学习300课时的"职业"与"技术教育"的学程,在这些学程中学会同他者协作解决问题、设计新产品与编制解决方案、明了的沟通、诚实的决策等"非认知技能"。换言之,这些心态是支撑技术性技能的。进而更多的教育工作者认识到:在"有价值的学习"上面还必须加上SEL技能的习得,聚焦SEL系统的教学是同学科教学的提升联系在一起的。

(二) 围绕SEL的研究

围绕SEL的界定,大体聚焦学校与社区里有可能形成良好人际关系的、社会的、情感的、行为以及性格方面的技能。这些技能尽管影响学生的学业,但并未成为明确的学校教育目标。不过,旨在应对SEL需求的努力可以追溯到沃特斯(E. Waters, 1983)的一项研究。该研究把这种"能力"定义为"形成并调节因应需求的、具有灵活适应性反应的能力,以及在环境中抓住机会的运用能力"。这正是学校所期待的。就是说,学校教育应当竭尽全力让学生掌握这些能力。SEL的研究方法逐年在进化。埃利亚斯(M. J. Elias, 1997)的研究揭示,SEL由如下一连串的能力构成:1.情感的认识与管控。2.前瞻性目标的设定与达成。3.他者视点的理解。4.有效的人际关系的确立与维系。5.有责任的决策。6.人际关系问题的建设性处置。被誉为"情商之父"的戈尔曼(D. Goleman, 1994)等人组建的"促进社会情感能力学习合作组织"(CASEL, 2005)以促进学科教学与SEL的整合为目标,强调保障"所有的人形成健全的人际关系、适切地处置自身的情感、实现个人与具体的目标、建构并维护深度体察他人情感的相互支撑关系、获得并应用有责任心的决策的知识、技能与态度的过程"[3],界定了如下五种彼此相关的认知—情感—行为的能力:1.自我发现——反思自己的情感、价值观、行为的能力。2.社会认识——从别的视点眺望情境、尊重他者的社会文化规范的能力、包容多样性的能力。3.人际关系——构筑并维系同伙伴、教师、家族及其他集团的前瞻性纽带的能力。4.自我管控——动机作用、目标设定、计划实施、自制心、冲动控制,以及包括处置策略等在内的一连串技能。5.负责任的决策——考虑到自他幸福的选择性行为。

(三) 关于 SEL 的定义

关于 SEL 有各式各样的研究,因而有各式各样的定义。

OECD 的"社会情感能力"的研究(2015)作出的论断如下:1. 推进个人成功与社会进步的能力是多元的。2. 创造性与批判性思维之类的"21 世纪型技能"兼具认知要素与社会要素。"社会情感能力"作为"非认知能力""软技能""个性技能"是众所周知的,它也包含了忍耐力、自尊心、尊重他人等品质。3. 能力发展的最显著特征是"技能产生技能"。教师、家长与儿童之间有着紧密的纽带,通过运用实际的学习经验,儿童的"社会情感能力"是可以得到发展的。[4]

根据美国华莱士基金会(Wallace Foundation)的模型,SEL 被界定为三个领域:1. 认知调节(观察自身的思考与行为,作出适当的修正——自我控制注意力与专注力的"注意控制"、抑制不恰当反应的"抑制控制"、短时记忆与计划性,以及灵活思考的"认知弹性"。2. 情感功能——情感的认识与表达、情感与行为的调节、冲突的解决与亲社会行为(为他人与社会作出更新贡献的自发性行为)。3. 社会人际贡献技能——社会线索的理解、冲突的解决以及亲社会性行为(为他人与社会作出贡献的自发性行为)。[5]

弗雷(N. Frey, D. Fisher, D. Smith, 2019)等人相信,学校的课堂教学,任何时候都必须在认知侧面的基础上,加上非认知的侧面——SEL 侧面。近 20 年间,推出了关于 SEL 需求的种种框架,开发了有效地发展 SEL 技能的数百个研究项目。与此同时,在教师的工作中如何以最佳方式体现这种学习侧面的研究是需要我们回答的问题,重要的是如何让学习的效能得以最大化。根据研究,用于 SEL 的时间越多,就越容易促进学科教学。哈佛大学的琼斯(S. Jones, 2018)等学者的研究指出,"能有效地管控自己的思考与注意的学生取得好成绩、在标准测验中获得高分的可能性高"。简单说来,学生的"亲社会行为"与自我调整技能一旦发展,学习效果会显著提高。

按照韦弗、维尔丁(L. Weaver, M. Wilding, 2013)的界定,"SEL 是儿童涵养人生所必备的技能的过程,是养成人人必备的对自己、对他人、对工作有效且伦理地参与的技能"。促进 SEL 的发展,不仅有助于夯实每一个儿童学习的基础,而且也有助于夯实健全人格形成的优良环境。他们梳理了 SEL 的要素是:1. 自我认识——不仅包括自身的优势与劣势,还有情感与价值观。2. 有责任的决策——选择伦理的、有建设性的个人行动与社会行动。3. 人际关系能力——建构健全的人际关系,彼此协作,吸纳来自周边的意见。4. 社会认知——理解他人并表达共情。5. 自我管理——控制情感与行为,借以达成目标。[6]

二、统整的 SEL 的框架

如上所述,"社会情感能力"(非认知能力)的概念是形形色色的。重要的是,教师如何才能把 SEL 的基本要素统整在课堂教学中,这是我们必须回答的课题。弗雷(N. Frey, D. Fisher, D. Smith, 2019)用图 11-1 显示了 SEL 所涵盖的种种能力与技能的五大概念——"个性与主体性"、"情感调控"、"认知调整"、"社会技能"(人际关系能力)、"公共精神"。下面,就来介绍一下他们对此框架的进一步解读。

(一) **个性与主体性**

人们拥有对世界的独立思考。所谓"个性"就是"理解自己是谁",亦即认识自己的特性、在同他人的关系中增长的见解、自身的优缺点。这是人们在人世间对自身言说的"自己的故事"。"个性"与"主体性"受性别、人种、文化、社会经济、经验之类的不变因素与变化因素的影响。"个性"不是不变的,因为它是持续地塑造、终身自我更新的。学生的个性化表现是由包括校内外经验在内的无数因素塑造而成的,而体现他们对周边世界施加自身能力的自信的"主体性",本质上受自身的个性所支配。影响"个性"与"主体性"的因素如下。[7]

1. 自我潜能的认识——教师要支援积极的"个性"与"主体性"的发展,就得关注学生的潜能与学生展示成果的证据,而"反馈"就是为此而采取的一种方法。"反馈"大体可分四类:(1)修正性反馈——这是牵涉课题本身(学生对课题的反应与作出的答案

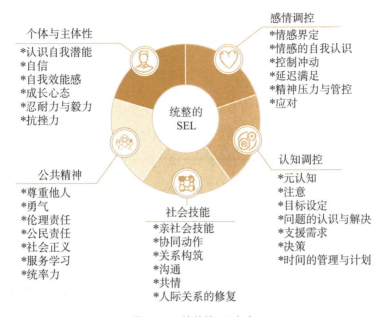

图 11-1　统整的 SEL 框架

资料出处:南希·弗雷,道格拉斯·费希尔,多米尼克·史密斯.学习,SEL 全覆盖:在学科教学中培育"社会情感能力"[M].山田洋平,吉田新一郎,译.东京:新评论,2023:31.

是否正确)的反馈。不过,对学生认识自身的优势并无多大的效果。(2)关于课题处理过程的反馈——这是聚焦学生的课题处置方法的反馈。这种反馈是有助于学生认识自身的努力、方法的选择、专注力、忍耐力、进步等优势的一种有效方法。(3)关于自我调控的反馈——聚焦特定情境中学生管控情感与行为的能力。这种反馈有助于学生认识自身的潜能。(4)关于个人品质的反馈——这是聚焦学生个人的性格与特性、作出"称赞"的反馈。不能说"称赞"是坏事,但"称赞"不能混同于"反馈"。诸如"你的头脑真灵"之类的漠然的称赞,几乎是无效的。

2. 挑战新事物的自信——"自信"是因人而异的,也因不同的学科领域(不同的课题)而有所差异。错误的称赞(超越达成水准的称赞)不可能带来提升学力的自信。有助于增强学生自信的教师行为是:(1)促进学生的课堂对话,不仅加深知识,并促进自我概念的形成。(2)设计让学生说明自己的思考、围绕主张的理由与根据而展开讨论的活动。(3)在所有的教学中,组织学生管控自身情感与行为的自主调整活动与元认知活动。(4)同学生展开对话性反馈。

3. 自我效能感与自信——"自我效能感"体现学生相信自己的能力(引起行为、处置课题、达成目标之类的能力)的程度。"自我效能感"在影响自信的同时,也受自身既有知识与技能的总体影响。研究者把"自我效能感"对学习带来的影响,比喻为"先有鸡还是先有蛋"的双向性关系,亦即"由自信而获得成功,还是由成功而获得自信"的问题。换言之,这并不是一个非此即彼的问题。

4. 受忍耐力与毅力支撑的成长心态——所谓"成长心态"基本上是人对某种课题的态度。根据斯坦福大学心理学教授德韦克(C. S. Dweck, 2006)的研究,持"固定心态"的人认为,包括知性与才能在内的基本素质是不变的、具有不可变化的特性。他们相信唯有凭借才能,方能获得成功,因而轻视旨在习得新的知识与技能的努力。对他们而言,只是用"是成功还是失败、是聪明还是傻瓜、是接受还是拒绝、是胜者还是败者"的逻辑来看待事物。这可以说是自我怀疑的标准,基于同他人的比较来作出的判断。持"成长心态"的人相信依靠专心致志、热心以及坚持不懈,可以发展基本的能力。他们相信,失败不是因为知性与才能使然,而是一时的、可以克服的。在这里,支撑他们的"成长心态"的是"忍耐力"和"毅力"。所谓"忍耐力"是指坚韧不拔、持续挑战的意欲;所谓"毅力"就是坚持不懈,不达目的决不罢休的持续性努力。德韦克说:"越是处于逆境,就越是激发热忱、作出最大限度的努力,这正是成长心态的特征。"[8] 当然,"成长心态"是基于学科、课题、经验、以往的成功以及环境因素的不同而变化的。

5. 从挫折中复原的抗挫力——所谓"抗挫力"是指克服困难的能力。在学校现场培育抗挫力的学习是同学科教学、班级经营统整在一起实施的。有的研究者把这种活动置于优先地位的学校,谓之"安心、安全的学校"。这种学校的教师以链接学生内在的因素与周边环境中的保护因素的方式,来展开抗挫力教育的实践。这些保护因素包括:(1)教师同可信赖者的关怀有某种关系。(2)有明确而一贯的课堂规则与礼仪的框架。(3)同拥有文化多样性的他者交流。(4)教师以身作则。(5)帮助他人、为他人服务的机会。

SEL的根本原则就在于,丰富和拓展有助于培育学生"个性"与"主体性"的学习情境。帮助学生认识自身的潜能、利用自身内在的与外在的资源、正确地把握现有的能力,是教师应做的事。倘能如此,学生便会减少妨碍学习的因素,提升促进学习的自信与自我效能感的水准。"忍耐力"和"毅力"会影响学生的"自信"与"自我效能感"的发展,并赋予学生直面困境时的"抗挫力"。在这些实践中,核心的人物是SEL所期许的关怀备至的教师与学校的领导班子。

(二) 情感(情绪)调控

教师必须关注课堂的情绪性氛围。这是因为,情感具有促进或抑制学习的力量。这是教育学领域的研究确证了的。它不仅有助于记忆的形成,而且影响学生的整个学习活动。当然,每一个人的性格会同发展因素与个人经验一起影响学生的情感调控。尽管如此,教师仍能向学生传授"界定、应对并管控自身情感状态"的方法,学生的情感调控能力进而也会影响到来自同学与成人对该生的评价。归根结底,会对课堂教学带来显著的影响。情感调控是从培育一系列的习惯(诸如反思、自我检查、有意识地延缓反应或是规避不当言行)开始的。[9]

1. 情感(情绪)的界定——人之所以为人,就在于从理解他人的情感开始、从而形成自身的活动。婴幼儿能看出表情、推测家长的情感。他们会审视他人的表情、在自己的身体语言与手势中进行模仿。幼儿难以把语言与情感结合起来是缺乏语汇力的一种表现。倘若成人能向幼儿提供表达情感的适当的语汇,就能促进他们掌握所需的语汇力。比如,语文教师在阅读教学中为故事中出场人物的情感贴上标记,就是帮助学生理解出场人物情感的一种方法。教师通过学生的阅读活动,让学生掌握普卢奇克(R. Plutchik, 1980)(借用一朵八瓣花的形状来表达)的"情感之轮",表明人的情感由八种核心情感组成,即"喜悦、信任、恐惧、惊讶、悲伤、厌恶、愤怒、期待",而不同的情感

交织的部分又会产生二次性情感,这就是:

* 喜悦+信任=爱　　　　* 悲伤+厌恶=后悔
* 信任+恐惧=服从　　　* 厌恶+愤怒=轻蔑
* 恐惧+惊讶=畏惧　　　* 愤怒+期待=攻击
* 惊讶+悲伤=拒绝　　　* 期待+喜悦=乐观

2. 情感的自我认识——SEL的研究者指出,学生必须在"协同学习"之前,认识自己的情感(情绪),学会调控并表达适当的情感。"情感"得以认识的状态并不只是对自身涌现出来的情感简单地贴上标签。学生必须学会正确地理解并使用对自己与他人贴上情感标签的方法,这是可以通过练习加以掌握的。"情感"并不是基于"好"与"坏"的外部判断,而是应当基于"觉醒"的水准来作出分类。单凭"好与坏"的判断,几乎不可能培育情感调控能力。善于调控情感的学生能正确地认识自己的情绪状态并预测其发展态势,懂得保持平衡的方法。一些研究者强调,在不同情境中测定自己的情感状态是如何变化的方法,是值得向其他学生推荐的。比如,如下的四个提问,有助于学习者的自我反思与对话:(1)上学时是怎样一种心境?(2)在课堂中,学习一整天是怎样一种心境?(3)在走廊里散步的时候、就餐的时候、休息的时候、走动的时候,你有什么不一样的心境?(4)在放学的时候,是怎样一种心境?对于教师而言,把握学生的情感状态也是更好地了解学生的一个契机。

3. 冲动的控制与延迟满足——倘若不理解"情感"的自我调控,调控便无从谈起。在这里存在两个课题,即"控制冲动的能力"与"延迟满足的能力",其受性格、经验及发展因素的影响。当然,这两种能力,高学段的学生均比低学段的学生强。冲动往往是受某种刺激而引发的反应。这种刺激在大多场合是出于愤怒、无聊、混乱、焦虑之类的情绪而产生的。因此,控制冲动的要点之一是,理解导致引发的契机,教会学生用别的方法(比如,从一数到十、做深呼吸、同可信赖的成人交谈,乃至为了摆脱激起愤怒的原因而逃离教室等)控制"激烈"情绪的冲动。控制冲动的要点之二是,专心听讲。出色的倾听者更能正确地理解他者言说的语气、意图。提起"延迟满足",一定会联想到"棉花糖实验"。那是斯坦福大学心理学教授米歇尔(W. Mischel)实施的"延迟满足"的独创性研究：找来2—6岁的幼儿，在各个房间的桌子上放着两颗棉花糖。研究人员告诉他们说："你们可以马上吃棉花糖，若等15分钟后再吃，就可再得两颗棉花糖。"然后让儿童各自进入小房间。研究人员离开之后，有的马上就吃掉了棉花糖；有的想再获两颗棉花糖而做出各式各样的小动作，或自言自语，或挡住双眼，或转动椅子，力图躲开棉花糖的诱惑。同预料的一样，"延迟满足"的能力随着儿童年龄的递增而提升。意料之外的是关于成人被试的追踪研究。不马上吃掉两颗棉花糖的人，标准测验的考分高于不能进行延迟满足的人。因此，对可能达成目标的班级设计奖励（报偿），能强化延迟满足的能力。

4. 精神压力与管控——"精神压力"是对环境的一种生理性反应。一旦处于有精神压力的环境，肾上腺素分泌旺盛、脉搏加快、呼吸加速。精神压力通常跟消极的情境相关。准确地说，"精神压力"可分"快意精神压力"与"不快精神压力"两种。"快意精神压力"是一种"良性精神压力"，给人整个身心带来积极的影响。而"不快精神压力"则是对上述心境带来负面影响的一种"恶性精神压力"。处于精神压力之中的学生除了成绩低劣、容易忘却之外，在校外也往往厌恶学习。对学生而言，必须学会认识并管控自己的精神压力。诸如，前瞻性思考、端正态度、增强自信、整顿环境等；对教师而言，变革课堂教学的方式有助于减少精神压力。诸如，在考试前一周实施模拟测验会减轻学生的精神压力。因为模拟测验是正式考试的压缩版，着重于考查主要的技能与概念，不计分，但采用有助于学生自我评估的评语。

5. 应对——如前所述，培育"抗挫力"是学校教育所不可或缺的，而"抗挫力"的一个重要特质是，它并不是单独存在的。在"抗挫力"中有情感的要素，这里面包含了"应对"，在具体的应对技能中包含了"精神压力"与"焦虑"的管控。旨在应对的认知调控方法，包含问题解决技能、支援需求、社会支撑等。在聚焦情感的应对技能中包含"社会支撑"与"回避—逃避需求"，换言之，应对的方法分周边可接受的理想的方法，与不被接受的非理想方法。非理想的应对技能就是责备自己、责备他人、否定、隐退等，而理想的应对技能是直面消极的人生中重要事件的重要技能,谓之"散心"的应对法就是旨在管控"精神压力"与"焦虑"的一种应对技能。比如,教师教会学生运用"健康散心资源",包括骑自行车、去公园散步、读读书、听听音乐,等等。

"情感"影响学习与行为。信息与经验调节大脑处理的速度。不过,一旦情绪过热,就会引发大脑与体力负担过重的状态。因此,学生必须学会控制自己的情感、学会正确地识别情感(贴上标签)的方法。"情感"对管控冲动与延迟满足的能力可以发挥作用,为此,需要对一些学生作出重点的支援。倘若对精神压力与焦虑置之不理,这两种能力就有可能衰弱,所以学生需要掌握应对的方法。不过,单纯地讨论情感调控是不可能充分发展学生的这些技能的。为了更好地支撑情感的自我调控,就得不断地反思课堂与学校的教育方法,持续地作出改进。

(三)认知调控

一般而言,所谓"自我调控学习"是学习者自身指向学习目标的达成,根据调控自己的学习方式而展开的"自主学习"。换言之,所谓"认知调控"意味着,学生自主地采取有助于学习的行为。学生对自身的学习负有更大的责任,而教师则是对学生的学习过程与所采取的方法加以必要的指点而已。齐默尔曼(B. J. Zimmerman)指出:"自我调控学习的方法是基于学习者的主体性、瞄准包括目的、手段等认知在内的信息与技能的习得而采取的行为与过程。这里面涵盖了信息的梳理、变换、凝练、信息的检索、交流与记忆辅助工具的使用等。"[10]

1. 元认知——所有的认知调控牵涉是否意识到自己思维的过程(亦即自身是怎样思考的),因此,元认知技能成为认知调控的出发点。研究揭示,最早在3岁就开始掌握元认知。"元认知"一般界定为"自己思考自己的思考",准确地说是如下三种技能:(1)认识自己与他人思考的能力。(2)探讨旨在完成课题所必需之行为的能力。(3)界定旨在实施这些行为所有必需的方法的能力。"元认知"是可以透过教学加以培育的,最普遍的方法就是"互教互学"。教师在教学中给学生提供尝试元认知的机会。比如,在教室的墙壁上贴上写有元认知行为的标语,包括:(1)自己界定已经掌握了的知识。(2)归纳自己学到的知识。(3)把自己学到的知识、技能告知别的同学。(4)设定目标、监控进步状况。(5)评价并修正自己的学习策略。

2. 注意——一旦提升了关于自己思考的能力,就能形成引领变革行为的思维方向。所谓"注意"就是这种思考的典型案例,在课堂教学中有极高的价值。学生在上课时,时而会有感到"枯燥"的状态,但必须维持长久的注意力。然而,儿童期学生的注意力通常只能维持5至10分钟。当然,持续时间的长短因课题而异。观察表明,基于内发性动机而埋头学习的学生会迸发出令人吃惊的学习热忱。实际上,人的注意力往往会由于失焦而中断。因此,维持注意力的技能并不是延长注意力的时间,而是在注意力失去之后返回课题的选择。为了减少学生的焦虑而改变环境,可以提升学生的注意力。比如,在安静的环境中易于展开测验、阅读、作文以及其他的学习活动。教师的"元认知"也会影响学生的注意力,有经验的教师能觉察到学生注意力丧失的征兆。注意力的丧失未必是学生的缺陷,可代之以教学基点与活动内容的改变、增加某些身体运动与对话活动。

3. 目标设定——倘若学生意气消沉,这里面肯定有若干理由。事实上在大多数场合,往往归结为兴趣缺失的状态。就是说,对活动本身处于无目标的状态。简而言之,诱因或是刺激的缺乏,主要取决于是否有个人目标。学生必须每天到校上课,由于诱因是随着目标而变化的,教师就得考虑到:学生是否有学习动机,如何设计学科教学的目标并使学生自主监控学习的过程。不过,从影响学习这一点而言,并非所有的学习目标都能对学生产生积极的影响。在这里需要区分"达成目标"(业绩目标)与"熟练目标"(习得目标)之间的差异。一般而言,前者是着眼于"证明自己的能力",后者是着眼于"提升自己的能力"。"达成目标"含有把自己的成绩同别人的成绩进行比较的要素,"达成目标"本质上并不坏,拥有"达成目标"的取向也不坏。实际上,它不过是反映了一个人想达成的、能获得认可的自然需求罢了。不过,倘若学生的目标是一味追求成绩,是不可能有"真实性学习"的。"熟练目标"不同于"达成目标",它是聚焦学习本身,同别人的学习成绩无关,以竭尽全力为目的。拥有"熟练目标"的学生往往在学习中表现出孜孜以求、坚韧不拔的精神，以及前瞻性的学习态度。他们把自己学习的成败归因于自身的努力与否，能有效地利用认知与元认知技能。两种目标的差异，犹如在英语教学中表现为"求得 A 的评价"与"能用英语会话"的差异。这并不是说，获得好的考分毫无价值，而是说在不全盘否定"达成目标"的同时，培育"熟练目标取向"更为重要。那么，教师需要建构怎样的学习环境才能强化学生的"熟练目标取向"呢？恐怕不是公布一味促进同他人竞争与"达成目标取向"的"成绩排行榜"，而是创造一个能提供"聚焦学生的学习过程与学习方法的形成性与终结性的反馈、同学习伙伴相互协作、彼此支撑的学习环境"。

4. 问题的认识与解决——认知调控中的一个重要因素是学生认识并解决问题的能力。问题解决是从发现问题开始，这种发现是同凭借经验而积累起来的知识与技能的量相关的，是通过反复的识别而学会预测的行为。这是"成长心态"研究中的重要前提。倘若提供反思失败的原因，就有可能预测未来的"失败"。学校的教师需要基于"问题解决的步骤"来制定学生的问题解决学习计划。

5. 求援需求——能有效地监控、修正并改进自身思维的学生，善于区分"能解决的问题"与"需求援的问题"。对于教师而言，明确地设定旨在发展学生的这种区分能力的教学目标尤为重要。就是说，每一个学生需要学会"四种求援"的方法（反馈）：(1)求援的方法；(2)向谁求援；(3)如何求援；(4)收到不当求援之际，如何有礼貌地回绝。

6. 决策——问题解决能力是同决策直接相关的。在问题解决中思考种种的可能性与解决策略，从中作出抉择并采取行动的能力是非常必要的。兼容两种不同的概念（思维方式或见解）展开相应思考的能力，谓之"认知弹性"。要培育"认知弹性"就得有学生进行决策的机会。

7. 时间管理与编制计划的技能——"要记住在学校中学到一切信息是不可能的"——当学生发现这一点的时候，意味着迎来了一个转折点：他们需要做备忘录、编制活动计划，还需掌握一些基本的概念。凡此种种，都需要有时间管理与编制计划性的技能。

(四) 社会技能(人际关系技能)

1. 社会技能的定义——人类旨在达成集体目标而拥有相互协作的社会性。实际上,人类之所以能突飞猛进地发展,就是由于拥有了协同、协作的能力。语言、工具及种种的活动方式超越了世代与社会形态,成为共享的财富。人类的一切文化无不体现了"亲社会技能"的发展。"亲社会技能"不仅是支援行为,也包含分享与协作。这些技能成为发展"主体性"、发展同他者的人际关系的基础。不过,"亲社会技能"并不等同于人际关系。就是说,即便掌握了良好的"亲社会技能"也未必能保持良好的人际关系。"亲社会技能"是建构并维系人际关系的前提条件。人与人之间的友情关系借助"亲社会技能"而得以发展,但并不充分。在人际关系中还必须有别样的技能,诸如,沟通、共情、修复被损害了的人际关系的方法。"共情"作为理解、分享他人的经验与情感的能力是人际关系的重要推进力。要作出考虑到他人利益的利他性决策,就得充分发展共情。人际关系的技能复杂,学生发展这种共情力需要更多来自成人的帮助。关键的是,从课堂变革开始,把课堂打造成为能展开"亲社会行为(分享与协作)的共同体"[11]。

2. 亲社会行为——"亲社会行为"影响他人的期待度,这就是所谓的"规范行为"。这意味着,它是约束正确行为或理想行为方式的"社会规范"的一种反映。集体的见解具有影响力。因此,形成不停留于一般校规的课堂规约是有效的。学校是基于亲社会性的三种规范(约束)来运营的,这就是:尊重自己;彼此尊重;尊重现场。"亲社会性行为"可以分为"分享""支援""协作"。关于"支援",已在认知调控中有所阐述。这里梳理一下作为利他主义前阶段的"分享"和包括"协同学习"在内的"协作"。其一,分享。幼儿园和小学低年级学生的分享行为是消极的。在大多场合以成人与年长的兄弟姐妹的方式,让其知道分享行为是正确的、公平的。这是作为社会规范来加以认识的。同样,小学教师还需要追加有关课堂规则的规范性信息,使之掌握超越分享规则的行为方式。对一部分小学生而言,主动地分享资源与材料是难以做到的,但作为构筑前瞻性人际关系的基本技能来进行练习是有价值的。其二,协作。同别人进行生产性协作的能力是人生存于社会所不可或缺的技能。这种"亲社会性技能"有多种说法,诸如"21世纪型技能""软技能"等。在许多活动(诸如,体育运动、音乐、戏剧、游戏)中需要协作,在学校教育中协作的重要性表现为,要完成课题就得由班级全员参与等。

3. 关系构筑——人际关系在学生的学习生活中极其重要,师生观会强烈地影响学生的学力。教师应当以身作则,在探讨建构学生之间的关系之前,率先在课堂中成为学生所期待的健全人际关系的模范。其一,师生关系。同年龄无关,一切的人际关系基于敬重与尊重。倘若教师自身对学生不予敬重与尊重,那么,是难以要求班级同学之间建构健全的关系的。学生在注视着教师的一举一动,教师需要对学生作出建构人际关系的指导。为了确立有助于学生健全成长的师生关系的基础,需要教师付诸如下的行动:(1)知道并能叫出学生的名字。(2)言传身教。关注不仅通过语言,而且通过包括声调在内的非语言性信息来传递的想法,关注学生是否接纳与体悟。(3)了解并尊重学生的兴趣,同时探索有助于进一步拓展这些兴趣的学习与阅读材料。(4)通过家庭访问、电话、电子信箱,建构同学生家长的建设性关系。(5)向学生提供有意义的优质的指导。其二,学生之间的关系。当学生体验到健全的师生关系的时候,他们也会模仿类似的言行举止,来对待班级同学。在他们彼此尊重的前提下,教师向学生提供解决问题的建设性方法。其三,同学校的关系。教师的目标应当是,让学生在行动之前作出思考、反思行动、掌握从"经验中学习"的习惯。学校是构筑学生之间良好关系的场域,因此需要着力于形成有助于学生体悟达成感的课堂文化与学校文化。

4. 沟通——通过有效的沟通,班级同学、教师与学校之间的关系才能得以建构、深化与修复。沟通是学习不可或缺的。要求学生掌握学习的每一个环节,读、写、听、说。如前所述,倾听的意欲是情感调控的一个指标,也是有效沟通与人际关系建构的必要技能。遗憾的是,许多学生在自己讲述之后并不倾听对方的言说,仅仅是自己思考尔后讲话的内容,等待对方讲完。"能动学习"有若干模型,这些模型存在如下的共同点:(1)倾听。(2)质疑,提出相关的提问或是深度提问。(3)要求说明。(4)用自己的话语转述并归纳要点,借以确认自己的理解。(5)倾注情感领会言说的内容。(6)认同或梳理讨论的要点。

5. 共情——理解他人的心境这一"共情"是人际关系发展的重要因素。关于"共情"能否直接地施教,并无确凿的证据。不过,倘能提供产生"共情"反应的机会,是可以培育学生的共情能力的。教师可以尝试如下的方法:(1)给情感贴上标签,借以正确地识别情感的种类。(2)鼓励学生说明自己的情感状态,包括教师的情感与文学作品中出场人物的情感。(3)称赞共情行为。当学生显示共情时,是应当受到注目与感谢的。(4)传授非语言的线索。(5)教师不宜用发怒的方式来掌控学生。用发怒来掌控学生,他们或许会服从,但不可能成为学习共情的机会。(6)向学生布置需要共情的作业。

6. 人际关系的修复——在学校中,要避免师生之间与同学之间的紧张关系,就得学习修复人际关系的方法。这种修复关系的手段,不仅会带来更丰富的学习环境,而且也有助于在校外生活中养成良好的习惯。在学校生活中"即兴会话"是值得推广的一种修复关系的方法。比如,下面一段即兴会话有助于消解师生之间的对立情绪。

教师:刚才上课时究竟怎么回事?我发现你趴在课桌上打瞌睡了。

学生:今天我心情不太好。

教师:嗯,这是个问题。今天我准备了几招,期待上一堂好课的,你却偏不好好听课。知道上课时该怎么做吗?你平日里可是认认真真的——

学生:老师讲解的内容,我有些跟不上。怎样才能跟上呢?

教师:实话实说,我很高兴。这节课,你确实是落下了。我不知道你别的课的状况,关于这个问题,不可能立马解决。能否在午餐时碰碰面?我们一道商量一下解决办法。

学生:好的,谢谢老师。

在几乎所有的场合,学生并不知道自己所采取的行为的理由,应当寻求更好的质问方法。比如,问"发生了什么事情?",学生不会说"不知道"。当学生寻觅发生了什么事情的时候,教师便能站在他们的立场上进行思考,接着"发生了什么事情"的问题、作出如下的质问:当时你是怎么想的?后来你又是怎么想的?你知道你所做的行为会伤及谁、会造成怎样的后果?想想看,为修复被你伤害的人际关系该做些什么呢?——从诸如此类的质问开始会话,学生就可以深刻地反思,作出修复关系的准备。当然,这不是通过一次简单的会话就能修复关系、万事大吉的,还需要有一连串的后续行动。当学生学会了社会技能、沟通技能与共情的时候,他们就能促进并维系同他人的关系,这些技能也是培育公共精神所必需的。

(五) 公共精神

"公共精神"指的是,对自己的共同体中健全心智的积极关注与个人贡献。在共同体中涵盖了家庭、学校、近邻、州与县、地区、国家与世界。所以,期待在 SEL 模型中包含"公共精神",强调个人面向集体、社区与社会的侧面,期待这些技能能够影响社会的每一个角落。[12]

1. 尊重他人——公共精神的核心是尊重他人。这是超越了对他人存在的"宽容"的境界。"尊重他人"不是同各自的差异无关,而是发现所有人的人生价值。进而尊重他人,意味着认识到集体的潜能,不仅从成员的相似点,而且从彼此的差异点,来发现每一个人的人生价值。

2. 勇气——所谓"勇气"是指人在直面威胁时表现出来的坚毅性,显示出超越天生的性格的行为举止,因而在不同的情境下表现出不同的形态。有勇气的行为牵涉到抗挫力、处置能力、积极的个性与主体性,以及多样的亲社会性行为。"勇气"尽管有个人冒险的成分,但谁都能在争取有意义的目标时发挥作用。这些冒险在大多的场合,不是生理现象,而是心理的或是社会的现象。

3. 伦理责任——"这不公平"——每每会听到来自学生的抱怨。关于"公平性",尤其对学生而言是棘手的问题。不管是谁,要考虑到别人的需求就得拓宽自己需求的视野,是不容易做到的。不过,学生要承担起伦理的责任,就得把自身的状况同团队的状况融合起来。不考虑到对团队影响的公平性,纯粹是一种利己主义。幼小的孩童主要处于科尔伯格(L. Kohlberg)所界定的道德发展的"前习俗水平"(包括第一阶段,即"服从与惩罚的道德取向阶段"与第二阶段,即"相对功利的道德取向阶段"),往往从自我中心的视点出发作出判断。到了学前和小学时处于"习俗水平",凡事围绕"公平性"展开议论。从道德推论的视点来看,一般而言,儿童能从当下所处的道德阶段进入上一阶段的活动,但不可能越级。因此,不能期待处于"习俗水平"(第三阶段,即"寻求认可的道德取向阶段")的儿童进行"后习俗水平"(第五阶段,即"社会契约的道德取向阶段")的活动,不过,处于"习俗水平"(第三阶段)的儿童可发展到"习俗水平"(第四阶段,即"维护权威或秩序的道德取向阶段")。

4. 公民责任与社会正义——社会成员拥有基于公正决定的规则而行动的伦理责任,同时拥有参与社区改善的责任。在学校教育中实施公民责任教育的一个简便方法是,从自己引以为豪的课堂环境美化开始,鼓励学生打扫教室、整顿环境之类的行为。拥有"公共精神"而行动意味着,基于社会正义感来推进。每一个人都拥有人权的事实,应当成为实施社会正义感教育的基础。"正义感"不是复仇,而是致力于周边人们生活质量的提升。

5. 服务学习与统率力——晚近把学科教学与"共同体"的健全心智融合起来的教育计划(服务学习),人气飙升。"服务学习"不同于社会公益活动。当然,也有社会公益的价值,但主要是组织学生参与"不是为他人而活动,而是同他人一道活动"的活动。它是学校、教师、社区组织及学生之间的一种协作性作业。教学目标的重点不是从特定学科引出的,而是把重点置于如何把课堂中学到的思维方式运用于社区的各种校外活动。所有的学生都拥有某种统率力,问题在于让他们能发现自身被忽略了的优势。因此,这里强调的"统率力"是指,教师需要为学生提供统率力得以发挥的机会,支援每一个学生实现自身业已发现或被忽略的潜能。

三、SEL 学校的创造

（一）教师研修

教师研修中至关重要的是教师需要具备 SEL 的能力，而掌握 SEL 能力最简捷的方法就是教师研修。哈佛大学的琼斯(S. Jones, 2018)提出了一个四步骤方案[13]。

1. 活用有助于决策的数据——其一，从学校的现状调查开始，诸如分析有关学生的各种数据。在揭示优势与劣势的同时，明确主攻领域。其二，重要的信息源就是教师自身。比如，从学校"公平性"的尺度，着重调查重视公平性的学校建设的五个侧面，即尊重多样性；情感与社会性交融的教学活动；学习的多样机会；教师的卓越指导；学习动机高涨的学习者。其三，再一个信息源是家长与家庭，特别是从新生家庭获得的视点，成为重要的信息源。调查收集到的信息，成为家庭与教师之间沟通的桥梁。归纳上述这些数据，即可把握学校 SEL 的现状。这种数据作为讨论 SEL 开端的手段，是全校教师必须分享的。

2. 学校全员的参与——SEL 所获得的成功，由于家庭、学生以及教职员工的参与而得以提升。学生的行为表现牵涉到 SEL 的技能与心态。了解当下全体学生的需求与潜能、了解阻碍或强化 SEL 的组织方针，意味着向关系者广泛征求信息与意见。另外，学生的反馈也是评价 SEL 的优质信息源。

3. 需求的把握与目标的设定——把握学校的具体需求、设定目标，借助"根本原因的分析"展开。所谓"根本原因的分析"是指，基于来自实证的数据与从关系者身上获得的信息来调查需求、学校课程妨碍学生成长的可能因素及别的因素、采取相应的问题解决策略的一种分析方法。这种根本原因的分析由如下五个要素构成：(1)学生因素。有关出席率与学校环境的数据（"学校的印象"之类）是人口统计之外的因素，有提供思考问题契机的可能性。(2)外部因素。校外的这些因素（财政支援、社区的犯罪率、图书馆等），可能会影响到校内发生的事件。(3)组织结构。所有学校拥有包括人员、角色与责任及内部的"结果责任"在内的结构。(4)组织文化。校内教职员工与学生之间的关系可能会阻碍或强化组织文化。(5)课堂教学。优质的课堂教学是显示学校发生了什么的主要指标。不过,也可能存在妨碍优质教学可能性的别的系统性问题。一旦揭示了妨碍学生成长的根本原因,那就无异于提示了监控与评价方向的目标设定的作业。广为人知的目标设定方法是"SMART"——具体性、可测性、可达成、重视结果、限期——的目标设定。这种目标实际上不是一个,而是一连串的目标,在评价进步状况与有效性时使用。

4. 基于目标的项目与程序的选择——SEL 的原则不仅限于学科,而且需要整合课堂内外、学校内外的所有学习场。同时强调家庭参与的最大化,家庭是学校拥有的最高资源。美国作家索维(S. R. Covey, 1996)说"积极向上的人绝不会随遇而安。这是因为,这种人的行为全是基于自身的自觉选择"[14]。

(二) 参与式教学

所谓"参与式教学",不是简单化地定型的过程,而是贯穿整个人生的"学习之旅"[15]。"参与式教学"可以比喻为"扎根于五根粗大的根系上成长起来的参天大树"。同时,这些根系也给予教师以能量,支撑着 21 世纪教育的整体图景。这些根系就是:1. SEL 与学科教学的统整。2. 注重人际关系与共同体的建构。3. 因应文化背景。4. 培育意义、目的与关联感。5. 顾及学生的发展阶段。[16] "参与式教学"包括如下五个要素:

1. 心胸豁达——温文尔雅、关怀备至的表现。培育师生关系与学生之间的密切关系。注重学习团队的建构,不让任何一个人掉队。

2. 发现自己——培育能理解、观察、反思自身的思维方式、信念、偏见、情感与行为的素质,以便更自觉地选择自己的行为。学生的自我观察包括自我研究的涵养。

3. 持之以恒——做脚踏实地的行动派,克服学习的一切障碍。坚持不懈地养成责任感、认识力、专注力、创造力。包括提升学生的学习准备,亦即兴致勃勃地热心于课题的探究。

4. 相互尊重——学习能力扎根于人际关系。在班级与学校共同体中,基于自尊、自我约束与相互尊重的温情脉脉的氛围。包括通过班级经营的先行研究,支援学生与学习环境。比如,制订"班规"(相互倾听;好友相处;心术端正;热心参与;尊重他人;从错误中学习)之类。

5. 提升情商——提升"情商",拓展师生的情感幅度,能适当地应对自己与他人的种种情感,包括支援学生表达并控制情感的能力。

参考文献

【1】【5】【7】【8】【9】【10】【11】【12】【13】南希·弗雷,道格拉斯·费希尔,多米尼克·史密斯.学习,SEL全覆盖:在学科教学中培育"社会情感能力"[M].山田洋平,吉田新一郎,译.东京:新评论,2023:3-4,9,37-78,62,81-127,129-169,171-223,225-276,280.

【2】查尔斯·M·赖格卢斯,等.教学设计的理论与模型:学习者中心的教学范式[M].铃木克明,主译.京都:北大路书房,2020:125-126.

【3】藤原さと.探究的设计[M].东京:平凡社,2023:246-248.

【4】经济合作与发展组织.社会情感能力:向学力[M].无藤隆,秋田喜代美,主译.东京:明石书店,2018:51-61.

【6】【15】【16】劳拉·韦弗,等.引导SEL走向成功的五个要素[M].高见佐知,译.东京:新评论,2023,44-45,20,21.

【14】A.哈珀姆.教师职业倦怠攻略[M].饭村宁次,吉田新一郎,译.东京:新评论,2022:95.

第三编

优化教学的境脉

教育学类似于医学,它是一门建立(或应当建立)在精确的科学知识基础之上的术。

瑞士儿童心理学家　皮亚杰(J. Piaget, 1896—1980)

"学习是一个动态的过程,需要调节个体内部的多个系统;学习发生于动态的系统之中,该系统包括伴随个体生命始终不断变化的境脉和人"(科拉·巴格利·马雷特,等. 人是如何学习的Ⅱ:学习者、境脉与文化[M].裴新宁,王美,郑太年.主译.上海:华东师范大学出版社,2021:28)。革新的教师认识到,"学习"的发生从根本上说,是受其所在的社会文化境脉影响的,所以学校与课堂应当以学习者与共同体为中心。"学习境脉"的创造可以定义为"维系学习者的学习的意义,在教师的主导之下维系学习的连续性与发展性,从而形成学习者能力的拓展与学习者之间的共创"。"学习境脉"要求在学校与社会之间、学校之间、学科之间、年级之间、学科之间、单元之间、课时的框架之中,形成彼此的衔接。新世纪的教师面临课堂转型的挑战:从"19世纪型课堂"转向"21世纪型课堂"。执迷于"19世纪型课堂"的教师只能毁灭儿童的未来与社会的未来。在21世纪型的学校中,"计划中心"的教学必然会转向"设计中心"的教学——注重创造性、探究与"协同学习"的价值甚于教学效率,展开以"设计—实践—反思"为周期的教学革新的创造。

第十二讲 "个别化学习"的原理

"个别化学习"大体可分两类:一是教学内容相同,教学方法各异;二是教学内容与教学方法均不同。这些形态是基于对"同步教学"的批判而产生的。着眼于每个学习者的个别差异,不必采取统一化的教学内容与方法而"因材施教",是理所当然的。本讲主要探讨"个别化学习"的基本原理及其方法论。

一、"个别化学习"的概念

(一)"个别化学习"的界定

"所谓'个别化',是指'旨在组织成功学习的系统过程'"。它是在学习者特性与学习环境特性之间求得平衡的一种挑战性、生产性尝试,也是在学习者现有能力与超越现有能力之间求得平衡的一种尝试。它是学校旨在系统地整顿学习环境,考虑到每一个学习者的特性及其相应的有效教学方法,而作出的系统性安排。它是洞察学习者自身的才能与愿望,设计旨在达成目标的路径,同他者协作,攻克挑战性课题,积累探究的记录,采用丰富的多媒体,基于标准进行真实性学习的过程。而所有这一切,学校都应当提供可信赖的向导支持。[1]在"个别化学习"设计的研究中,不能仅仅满足于让既有要素适应每一个学习者的教学系统的开发,而是应当聚焦每一个学习者、基于学习者自身的选择与目标的设定,来最大限度地满足他们的需求。"个别化学习"基于这样一个教育信念:"人类是以个人的方式来理解信息与经验的。无论是先天的 DNA 组合、还是后天的经验,都有着每一个人的独特性,因此,每一个人接受事物的方式、感受方式、思维方式是各不相同的。"[2]

从"产业中心"到"个人中心"的潮流是全球性的现象,带来了医疗、新闻媒体、音乐、电视节目、出版物、政治以及自我表达方式的革命。然而,学校教育依旧不变,保留

教学革新

着传统的学校文化——为所有学生提供一种课程,把同龄、同学年的学生集中在一起实施教学,借助一种测验来测量所学的知识。越是面临不确定的时代的难题,教育越是应当因应学生的需求作出调整与变革。在"个别化学习"模式中,在学生"学什么、如何学"的问题上,采取更灵活、更开放的方式。学生要实现人生的目标,重要的是必须找到既满足经济需求,同时也满足精神需求的工作。我们必须培养学生解决问题、创造性思考的素养。这就是说,学生应当是"学习的主体"。作为教师的职责就是,设计出因应学生实现自身理想的学习体验,寻求"个别化学习"。"个别化学习"是通过因应每一个学生需求的指导,促进学生学习的教学方法的总称。瓦格纳(T. Wagner)说,"教育的目的是提升学生的学习热忱与目标意识,掌握作为一个现代公民的生活所必需的重要技能,把他们培育成新世界的建设者"[3]。

(二)"个别化学习"的特征

那么,"个别化学习"的价值、特质与要素,究竟何在？在这里,我们需要分辨的是"个别化学习"不等于"单独学习"或"分层学习"。就是说,"个别化"(Personalized 或 Personalization)不等于"单独"(Individualization)或是"分层"(Differentiation)。尽管这些教学模式在某些方面有些类似,但尤其在课题的性质与控制学生自身学习的层面,有着根本的差异。首先,"个别化学习"不是"单独学习"。"单独学习"是随时随地都能接受指导的学习,在这种模式中往往是布置学习课题、运用适于电脑的模型与软件、教师编制的案例集来完成课题。其次,"个别化学习"也不是"分层学习"。在这种模式中教师从学生所处的学习水准出发,布置课题、让其自行选择,从而形成种种的学习体验是可能的,但在教师设计并管理学习经验这一点上,并没有改变。我国一些学校把实施"每人一张课表"等同于"个别化学习"的说法,也是不能成立的。"个别化学习"是追踪学生的意愿、探究问题、设计解决策略、激发好奇心、产出结果的学生主体的教学革新模式。"个别化"学习有四个特质,这就是:声音、共创造、同他人共同建构、自我发现[4]:

声音——在学习过程伊始,决定"学什么""怎么学"的阶段,牵涉学生自身的,就是学生的声音(意见、意志、意念)。学生不是单纯地搭乘成人计划好的课程这一"乘坐工具",而是学生自身设定课程的意图与目的、自主驾驶的重要参与者。学生通过"个别化学习",不仅能确认自身的观念与思考能力,而且能接触他人的观念,从而变更、优化自身观念的过程。

共创——在"个别化学习"中学生同教师协作挑战课题、产生观念。这就意味着,制订明确的学习目标、设想(评价)产品与成果、实现预期结果的行动计划。"个别化学习"通过必要的共创性的反复,学生的革新与创造力得以锻炼。

同他人共同建构——这就意味着,学生旨在探究共同的学习目标而形成假设、通过同他人的革新建构"知识"与"概念"。结集每一个人拥有的知识、观念、种种的行为元素,形成更宏大、更优异的经验,这对学生而言是崭新的、无与伦比的。

自我发现——学生作为一个学习者理解自身的过程,亦即"自我发现"。学生反思"观念、技能、成果"的发展不断描绘尔后会发生什么、探究什么、创造什么。学生在种种的情境中不是等待谁的指令,而是自主性地管控自身的自立型学习者。

二、"个别化学习"的实施

(一) 思维习惯:孜孜以求的学习心态

几乎所有的标准测验都是围绕学科知识的测验,重点置于报告测验的成绩。这固然重要,但面向未来的学生需要掌握的并非立竿见影的,而是着眼于问题解决的"习惯"[5]。就是说,提升达成目标所必需的能力、处理并解决难题的思维习惯。所谓"习惯"是未经意识而付诸行动的状态。倘若有了能灵活地思考、带着问题提出疑问的思维习惯,就能拥有自信地直面复杂的困难局面。在这里,"习惯"处于从自动化行为转向"成长心态"的关键地位。可以说,基于"思维习惯"的"个别化学习"是符合现代发展潮流的变革教学的切入口,同时也是引导师生展开因应现代课题与问题探究的基础。只要一线教师立足于革新性与想象力,就会有勇气为学生自身的热情与愿望提供机会。这正是学校教学走向成功的康庄大道。正如日本脑科学家林成之说的,"应试教育"与"素质教育"的区别就在于,前者注重"知识的积累"(记忆),后者注重"思维习惯"的养成。"个别化学习"是同素质教育联系在一起的,基于"思维习惯"的"个别化学习"将会促进高阶的学习方法。倘若教师要让学生锲而不舍地探究问题、思考解决策略、本着好奇心求得最终的结果,那么,就得为学生提供探究有意义的课题与问题的机会,让他们自身养成灵活地思考、共情式地倾听对方的话语、进行设疑与提问的"思维习惯"。换言之,"个别化学习"是要求学生作出体现"思维习惯"的系统框架。

卡里克和兹穆达(B. Kallick, A. Zmuda, 2017)界定的"16项思维习惯",是从抛弃传统的"能力中心"的理论、置换成"成长心态"的理论的现代知性观引申出来的[6]。这些"习惯"在大多的场合谓之"软能力"或"非认知能力"。

1. 锲而不舍——"加油!"持之以恒地集中精力、完成课题。

2. 控制冲动性言行——"不赶进度!"在行动之前好好思考,冷静而慎重地思考。

3. 理解并共情式地倾听——"理解他人!"对他人的思考与观点倾注心智的能源。要理解他人的观点与情感,就得暂搁自身的观念。

4. 灵活地思考——"换个角度想想看!"能转换视点、思考替代方案、探讨若干选项。

5. 围绕自身思考的思考(元认知)——"知道自己是如何思考的!"发现自身的思考、方法、情感、行为,以及所有这些可能对别人产生的影响。

6. 精益求精——"再确认一下!"寻求准确性、诚实性、专业水准。

7. 设疑与提问——"怎么办才能明确?"采取设疑的姿态,了解必要的数据是什么,思考获得这些数据的方法并提出质问。

8. 把既有知识运用于新的情境——"活学活用!"把学到的知识抽取出来,熟练地运用于新的情境。

9. 明晰地思考、准确地传递——"精准再精准!"不过分笼统地概括、不扭曲、不省略,寻求在文字与音声两个侧面准确地沟通。

10. 借助五感收集信息——"充分调动自身的感官!"驱使所有的感官——味觉、

嗅觉、触觉、运动觉、听觉、视觉,收集信息。

11. 创造、想象、革新——"用别的方法试试!"产生崭新的观念,追求新颖性与独创性。

12. 以惊异与不可思议的心态作出反应——"苦思冥想求答案!"为这个世界的精彩而惊异,对种种的现象及其美妙充满兴趣。

13. 危机管理——"探险!"敢于探险,挑战自己的能力局限。

14. 幽默——"敞开胸怀!"发现变化无常、不合时宜、料想之外的东西,意气风发、敞开胸怀。

15. 在彼此的协作中思考——"团结协作!"在互惠的情境中彼此协作、相互学习。

16. 持续学习——"从经验中学习!"认识到自己的无知,心怀谦逊与自豪感,不陷入自我满足。

可以说,上述这些就是作为优秀的"思考者"的习惯。所谓"思考者"是"能从过去的经验中学习、清晰地表达自己的观念、倾听他者的见解、站在他者角度思考的人"。学生分阶段地掌握关于思维的知识、练习不同的思维方式与思维习惯的运用,亦即经历如下的阶段——"自我管理阶段、自我监控阶段、自我修正阶段",不仅能够提升学习的创造性,而且可以实现"主体而自立的学习"。

(二)"个别化学习"的设计

在"个别化学习"的设计中应当聚焦每一个学习者,基于学习者自身的选择与目标的设定,来最大限度地满足他们的需求。这就是说,"个别化"的概念同"学习者中心"的概念是同义的。在以学生为主体的"个别化学习"中,教师编制有效的个别化课程,同时跟承担核心作用的学生成为伙伴。亦即,教师需要转变角色、承担起构建"学习共同体"的角色。如前所述,这种"学习共同体"应向学生提供"声音、共创、同他人共同建构、自我发现"的机会。如此,教师就得在教学的设计与实施中纳入如下七个要素[7]。

1. 目标——期待的成果是什么?不是单纯地教给学生什么,而是把"学生知道什么、理解什么、能做什么"作为前提条件来编制教学计划。在"个别化学习"的环境中考虑教学的课题、时间、学生的希望的基础上,师生协商,确认各门学科特有的目标与跨学科目标(比如,批判性思维、协作、创造性等)与思维习惯的目标(比如,控制冲动性言行、共情式地倾听等)。教师为了实施最佳的指导,还得把握学生在"教学内容的目标""学习过程目标""学习心态的目标"方面,处于怎样的水准与状态。

2. 探究/观念的产出——所谓"有探究价值"是怎么回事? 在这里需要从教师设计(或是教科书内容、编制的软件)等让学生体验学习的方式,转向学生自主地形成体验学习的方式。对于学生而言,学生自身负有探究课程的责任。在这里不仅是学生应当探讨怎样的问题、形成怎样的概念,而且同时也能说明这种探讨是怎样构成的。为此,就得进行提问,从多角度的评价展开灵动的思考、对自己的思考进行反思,亦即培养"元认知"的思维习惯。

3. 现实课题的探讨与学习成果的分享——借助明确现实性课题的探讨与成果的分享,体验创造与共同体是怎样形成的。为了实现"个别化学习",学校的教师,必须拓展分享学习的机会,亦即同现实世界中的他者(听众、读者)一起分享学习成果的机会。凝练课题与设定听众,在大多的场合是密切相关的。

4. 评价——在"个别化学习"中与其由教师判断学生的作品,不如更多地要求学生进行自我评价与相互评价。评价者根据规定的标准进行判断。为了在学生作品的审查中发挥更有意义的作用、发现优缺点,就得在评价中倾听学生内在的声音以及同他者共同建构的能力。由学生编制明确的评价标准,在评价别的学生的作品之际,就能实现共创。由于学生通过评价能发现自身成果的长处与准确的支撑说明,从而促进"自我发现"。

5. 积累的学习成果——学会展示所学到的知识的证据。在这里需要的是,必须从展示所积累的成绩的评分式过渡到档案袋式,让学生体悟到自身花费时日所获得的成长。

6. 教学计划——所谓"教学计划"的个别化,是指学习管理的转移:从教师的管理,改变为学生自身决定"何时""学什么""同谁一起学"。

7. 反馈——反馈促进成长。要把传统的教学模式改变为"个别化学习",就得从预设的检查要点、由教师提供反馈的状态,转向要求学生对学习进程中产生的疑难问题或凝练概念的场合、作出反馈的状态。

以上述七个要素为"个别化学习"特质,蕴含了四个重要的教学思想的转折点:

第一,学习受教师引导、由学生管控。教师通过编制学程,围绕每一个学生经验的目标与评价,扎实地展开双方合意的教学。这种学程编制的方针是,每一所学校都能设计、实施、验证与改进旨在通过评价学程影响学生的学习。所谓"个别化学习"是师生协同决定学程编制中的"分内事"——学生自身的学习课题、项目与评价。

第二,掌握学科知识与跨学科技能。在课程标准中应当在明确支撑学科领域的重要概念、知识与技能的前提下,聚焦"跨学科能力"的培育。这就是说,除了"读—写—算"的技能之外,还强调贯穿 6C——创造力(Creativity)、协作能力(Cooperation)、沟通能力(Communication)、批判性思维(Critical thinking)、适应性(Compatibility)、公民意识(Civic-mindedness)——的种种教学策略。

第三,在学习中掌握学科知识与形成思维习惯的必要性。传授专业知识与养成作为"心态"的思维习惯并不是对立的,而是相辅相成的。把思维习惯的养成纳入教学实践的要素,同传授教学内容同等重要,是不言而喻的。

第四,课程标准为学生提供创造的自由。作为一线教师必须活学活用基于课程标准的学校教育目标,同时尊重学校所在的共同体的特征。当学生凭借自身的力量开辟学习路径的时候,师生关系将随之变化,学校生活与学习经验也将焕然一新。

三、反馈:"个别化学习"的教育性要素

(一)"螺旋式反馈"的学习

古希腊哲学家(辩证法的先驱)赫拉克利特(Heraclitus)说:"人不可能两次踏进同一条河流。"这句话告诉我们一个哲理——"一切皆流,无物常驻。"就是说,学习者一旦

踏进"反馈"的河流,绝不可能处于同以往一样的状态。

"反馈"(Feedback)的概念是美国数学家维纳(N. Wiener)在其著作《控制论:动物学与机械中的控制论与通信》中首倡的。[8]系统输出的信息(给定信息)作用于被控制对象后产生的结果(真实信息)再输送回来,并对信息的再输出产生影响,谓之"反馈"。几乎一切控制都带有"反馈"。"反馈"又称"回输",有"正反馈"与"负反馈"之分。凡是反馈(回输)信息与原输入信息起相同作用,使总输出增大,即"正反馈";凡是反馈回输与原信息起相反作用,使总输出减少,即"负反馈"。反馈原理就是原因与结果不断地相互作用,以完成一个共同的目的。"反馈"也是学校教育活动的一种原理与方法。"反馈"有助于拓展学习,也表征持续学习的过程。借助不同阶段中反馈的循环往复,学习者得以求得更深度的理解,并为踏进下一个阶段作好准备。这里描述的模型揭示了反馈的七个阶段,以及学习者在各个阶段的学习行为。学习者从"明确目标"到"重定目标"的过程中几度停顿下来,是同能获得来自他者的反馈的种种机会联系在一起的(见图12-1)。[9]

1. 明确目标与目的——在项目学习的伊始,学生必须明确该项目的目的。要传递自己的想法,就得表明为什么选择这个题目与这种方式。比如,某个学生对医学与小儿科两个方面都感兴趣,因而选择了小儿科;另一个学生或许会从单纯的能做什么的兴趣出发,选择脚本的编撰与动画的制作。倾听学生的声音应当成为反馈的出发点。就是说,教师不是片面地表达自己的想法,而是倾听学生心目中的目标与目的。这是从"教师中心"转向"学生中心"极其重要的一个侧面。

2. 计划——计划项目是集思广益、收集学生反馈的阶段。学生在这个阶段里会倾向于围绕时间管理、优先顺序的设定、同专家的联络方法,作出种种提问。因此,在学生想要探讨的问题与挑战的课题上,教师应当有策略地提问,不宜过度表现出自身的理解与确信。比如,当学生说"对动画有兴趣"的时候,教师或许会滔滔不绝地向他们介绍相关的参考文献、信息和动画制作者。然而,正是在这个时候,教师需要控制住这种情绪、作出如下的提问,或许更好——"对动画的哪些方面有兴趣?""想用动画来

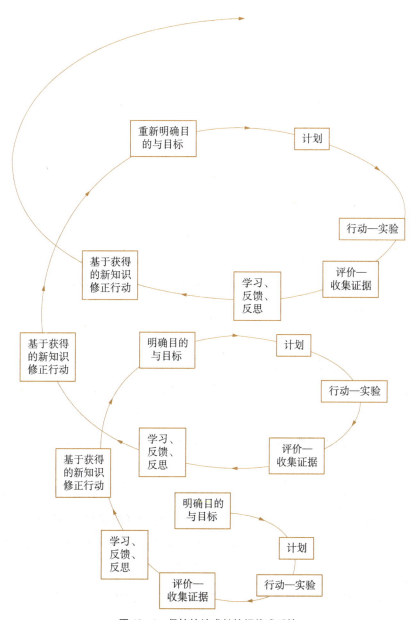

图 12-1 保持持续成长的螺旋式反馈

资料出处：贝纳·卡利克，艾莉森·兹穆达.学习的主体终究是学生："个别化学习"与"思维习惯"[M].中井悠加，等，译.东京：新评论，2023：223.

表达,那么,在考虑适于动画制作的脚本方面,有什么可利用的经验与体验?"就是说,教师的上策是,作出有助于明晰学生思考的提问。也可能会出现如下的场合——当学生在同样的课题上困惑不解之际,师生共同围绕既有知识用于新的情境,来讨论课题的解决。在这种情形下,教师亲身的参与能让学生分享自身的经验。

3. 行动—实验——不管怎样重要的讨论,在起始阶段是至关重要的。我是否选择了正确的路径?我们能实现目标吗?我的进度处于怎样的状态?——对于诸如此类的疑问需要一一作答。在这里重要的是,基于学生发现的问题给予反馈。因为,项目的目标在于学生自身获得新的发现。学生作出这样的提问是由于在自身的项目中感到焦虑与模糊。在皮亚杰看来,这是学习的初期状态。不是帮助在认知冲突中困惑的学生,而是形成"重要的伙伴"——能给班级全员提供建议的学习小组——的一个绝好的机会,也可以超越学校的墙壁,劝诱学生跟教师之外的专家取得联系。不管怎样,学生开始聚精会神地解决各自的课题,并且开始发现自身探讨的深层意义、认识同他者共同建构的价值。

4. 评价—收集证据——这是返回重新审视评价尺度、成就目标或是评价标准的绝好机会。其目的是,学生学会用客观的方法判断自身的探讨,借以求得更精准的自我评价。帮助学生得以理解求得必要反馈的方法也是重要的。重要的是以学生的自我评价为基础进行"形成性评价"。获得来自班级同学反馈也是同样,必须基于学生的自我评价来进行。

5. 学习—反思—评价——有时学生会对自身的作为过于自信,听不进来自外界的任何意见与批评。即便需要纠正,也难有进展。学会好的接纳反馈的方式,同学会作出反馈的方式,同样是困难的。从听取方而言,接纳建设性的批评需要时间,不能急于求成。

6. 基于获取的新知来修正行动——当学生基于反馈作出行动之际,对于他们而言是强有力的学习体验。不过,重新探讨并纠正自身的做法,需要时间。

7. 确认并界定目的与目标——当学生发现当初的目的并不适于项目的概念与目

的之际,就得重新确认并界定目的与目标。比如,有的学生开始是以学习动画作为项目的目的,当探索之后认识到,自己更喜欢用画册中描绘的插图。

(二)"一对一"的反馈

"一对一"的学习高度重视同学习伙伴协同学习的过程。因此,在怎样的环境中进行是一个重要的问题。教师在学年的初始阶段,应当从一对一的"结伴学习"开始,因为这是整个学年的高密度反馈的出发点。通过"学习者中心"的对话教学,无论是会话、写作还是线上学习,学生容易接纳源源不断的反馈。两位美国社会心理学家乔瑟夫-勒特和哈里-英厄姆(J. Luft,H. Ingham)倡导的"乔哈里视窗"(Johari Window),揭示了自我认知与他者认知之间的差异,强调有效沟通在增强人际关系与自我认知中的作用。[10]教师可以利用这个模型,在灵活而开放的氛围中采取如下的教学步骤,展开以学生为中心的对话教学。该模型由四个象限或区域(开放区、盲点区、隐秘区、未知区)组成。

图 12-2　乔哈里视窗

资料出处:贝纳·卡利克,艾莉森·兹穆达.学习的主体终究是学生[M].中井悠加,等,译.东京:新评论,2023:231.

1. 左上角的"开放区"(自己知道,别人也知道关于自己的信息)。反馈与提问方对被问方作出如下的提问:"请告诉我,你的处理方法有哪些特征?""这种方法有哪些好处,有什么需要改进的地方?""要成为一个代表作品,从你的标准看来,需要作出哪些改进?"一连串提问的目的在于,听取学生自己的作品究竟有哪些优缺点。不要忘记,教师的初衷是培养学生的自我评价能力。

2. 右上角的"盲点区"(自己没有察觉,但别人知道关于自己的信息)。为促进学生的反思,作出如下的反馈与提问:"仔细看了你的作品,大体赞同你的解释。不过,关于○○○,你是真的那样想的吗"?"关于你的○○○,究竟是怎么考虑的,我很感兴趣。""你的○○○,我非常佩服。不过,我想有几点还需要改进……"具体地说一些学生未必能看清自身的优势。最重要的是,教师的反馈以基于标准的、直率的、敬重的方式,作出明白易懂的解释。

3. 左下角的"隐蔽区"(自己知道,但别人不知道关于自己的信息)。为促进学生的反思,作出如下的反馈与提问:"迄今为止,有什么跟我不一样的课题与困惑吗?""当你的教学方式提升到一个新的台阶时,碰到了什么障碍吗?""为了进一步改进你的作品,在你继续教学的过程中,需要什么帮助吗? 为此,有什么可以分享的吗"? 这些提问,提供了一个旨在跨越障碍——不明白下一步该怎么做、想在安静的场所里思考、担心实力不足之类——的对话。

4. 右下角的"未知区"(自己和别人都不知道关于自己的信息)。为促进学生的反思,作出如下的反馈与提问:"交谈之前没发觉的部分,现在有什么明确的发现吗?""下一步做什么? 从我们的交谈中学到的东西,以怎样的方式加以利用呢? 关于当下的处置或下一步的处置,有什么想法吗?"教师的目标是聚焦学生的持续学习,把习得的知识用于新的情境。这种高质量的对话,是旨在让学生收集发现自身的方式、理解改进作品的举措的一种方法。

教师倘若能在学生之间创设有意义反馈的环境与条件,学习的面貌就会为之一变。这是因为,当每一个学生都提升了自己的时候,他们也就成了"学习共同体"——

第十二讲 "个别化学习"的原理

以相互协作的关系来展开思考——的成员。这种班级环境同旧有的基于竞争的班级环境形成了鲜明的对照。学生彼此之间是可以信赖的伙伴,可以互帮互学,达成目标。在这种环境中的学生各自发挥两种重要的作用:一是向伙伴提供反馈;二是学会接纳别人对自身作品反馈的方法。在这两种作用中,反馈的原则是不变的。所谓"反馈的原则"就是在反馈的活动中以学习者为中心。反馈必须是前瞻性的、建设性的、可实施的。学生要使得自己的作品精益求精,就需要反馈——获得来自别人的反馈、从而带来新的观念。这就意味着,学生能最大限度地学习,能持续地质疑与提问。

(三)反馈与反思

小组的反馈:聚焦协作——在结对、三人组甚至六人组中,学生之间彼此的反馈,也极其有效。[11]不过,需要设定如下的情境。首先,理想的是班级同学之间的反馈。可能的话,组织学习小组或是结对学习,解决不同课题的班级同学之间的反馈。这是因为,从中立的立场观摩各自的作品,可以提供更好的反馈。为保障协作过程顺利进行,可推荐采用规定的步骤:在介绍操作顺序时,说明参与的规则,同时注意反馈时使用的思维习惯。比如,必须做到:以理解与共情听取;求得正确与精准;在相互协作的关系之中进行思考;明晰地思考;正确地传递。其一,为了彼此进行有效的反馈,重要的是学会基本的规则,通过练习不断地修正并达到熟练的程度。其二,为了发挥有效的作用,接纳反馈的一方需要率先就自己作品的背景以及在怎样下情境下做出的,作出说明。比如,脚本的写作,该脚本是长篇电影还是戏剧,反馈会有所不同。因此,作品与解决过程的背景、情境尤为重要。其三,听取反馈的一方,倘若要求具体的反馈,诸如"在这一点上,我真是绞尽脑汁了""我下一步怎么做""在你看来,这个脚本有哪些优缺点",那么,整个交流将会富有成效。其四,根据步骤,教师也作出反馈,或者提供范例。

在小组里提供反馈时学生的作用——学生必须理解作为互帮互学的"学习共同体"的一员的角色。[12]学生是旨在产出高品质的学习成果而彼此反馈的。为了提升理解他者的视点的能力,以及为了使得自己的反馈具有建设性与可行性,就得聚焦问题的核心,展开提问。学生还必须知道班级同学要求怎样的反馈。有的学生是为了确认自己最初的观念是否有价值;有的学生是为了确认自己的解决过程是否具有一贯性;有的学生则想了解听众或读者是以怎样的方式接纳自己的说辞的。总之,所求的反馈是不同的。倘若理解了出于不同理由的反馈要求,就能明白反馈的步骤与方法的差异。倘若意识到这一点,学生就能不仅作为意见的发表者,而且能发挥作为彼此提供反馈的学习伙伴的作用。

在反馈中最重要的是"反思"——"反思"(Reflection)的第一要义是"反映""反射",也是"反省"。"反思"有助于确认、拓展与强化问题解决过程中的学习。"反思"是同"通过发现在某处映照出的自身的面貌,了解我是怎样的自己等一连串深度思考与反省"联系在一起的。[13]分享各自的反思,也是热衷于对话学习的一种表现。因此,教师需要为学生设计反思学习、分享学习的对话时间。"反思"有助于促进学生的自我发现。不过,学生往往把反思视为"不得不为之的课题",其实,"反思"原本是深度探究自身内隐的思考的机会。为了确立"反思"在日常教学中的地位,教师需要重视学生的"成长心态",让他们把"反思"视为自我发现的机会,放心地展开反思。同时认识到"失败是成功之母",形成持续学习的习惯。

四、把"灌输的课堂"转变为"探究共同体"

当今几乎所有的学校都专注于教育的刻板框架与程序、课时安排、资源利用与说明责任上,变革的故事难见踪影。即便倡导了新的学校方针与课程框架,学校现场仍然习惯于沿袭旧有的一套教学规程(包括教学的过程、视点、心态)。这是同"个别化学习"格格不入的。在李普曼(M. S. Lipman, 2003)看来,事实上"存在着两种截然不同的教育实践的理论框架:一是基于'同质化实践'的划一的教学范式;二是基于'反思性实践'的探究型教学范式"。[14]换言之,前者是"灌输的课堂",后者是"探究共同体"。为了培育"有智慧的儿童",就得把"灌输的课堂"转变为"探究共同体"。"在这种共同体中,学生彼此尊重、相互倾听、任意切磋。探究共同体不受学科边界的束缚,持续地拓展探究的场域。"[15]

提升"反馈力"——正如哈蒂(J. Hattie)在"可视化学习"研究之后得出的一个判断:"问题在于,反馈是一种容易变动的影响力。即便今日运用得好的反馈,倘若明日再用,也未必能奏效。大约三分之一的反馈可能产生负面影响,即便对课题赞赏的反馈,效果也可能减弱。不过,倘能有效地发挥反馈的效果是能产生绝大的影响力的。所以,需要花一番功夫去钻研提升反馈力的方法"[16],这是改变学校文化的一个不可或缺的要素。

提升"反思力"——李普曼说:"我们必须彻底地重新审视当下正在做的事情。对实践的反思正是产生更好的实践的前提,而得以改进的实践又会反过来推动进一步的反思。"[17]在学校现场,教师聚焦"具体的境脉是怎样一种状况",提出八个问题,进行回答[18]:

1. 我做了什么？　　　5. 对方做了什么？
2. 我思考了什么？　　6. 对方思考了什么？
3. 我是怎样感悟的？　7. 对方是怎样感悟的？
4. 我想做什么？　　　8. 对方想做什么？

这里可用"冰山模型"来解释这些问题所形成的层级结构:在海面上看得见的部分比喻为外在的现象,海面下看不见的部分比喻为内隐的现象。那么,最上层的"做了什么"是完全可视的,而后的"思考了什么—怎样感悟的—想做什么",渐次变得越来越不可视。

参考文献

【1】【2】查尔斯·M.赖格卢斯,等.教学设计的理论与模型:实现学习者中心的教育(第4卷)

[M].铃木克明,主译.京都:北大路书房,2020:91-92,11.

【3】【4】【5】【6】【7】【9】【10】【11】【12】 贝纳·卡利克,艾莉森·兹穆达.学习的主体终究是学生:"个别化学习"与"思维习惯"[M].中井悠加,等,译.东京:新评论,2023:11,13-14,25,28-29,41-48,222-229,231,236,238.

【8】 乾信之.脑是怎样学习的:来自教育神经科学的启示[M].京都:京都大学出版会,2023:132.

【13】【18】 终身学习教育家协会.反思入门[M].东京:学文化社,2019:2,47.

【14】【15】【17】 马修·李普曼.探究的共同体:为了思考的课堂[M].河野哲也,等,译.东京:玉川大学出版社,2014:17,22,30.

【16】 约翰·哈蒂.集体效能:培育自立的相互依存的学习者[M].原田信之,主译.京都:北大路书房,2023:72.

第十三讲 "集体效能"与协同学习

"协同学习"是通过班级同学之间的互助合作而展开的学习。"竞争"分胜负,是一方胜者、他方败者的关系;"协同"则是彼此协作、互教互学,旨在共同达成高标准目标的关系。本讲探讨"协同学习"的科学证据——"自我效能"论,根据哈蒂的"可视化学习"研究,梳理基于"集体效能"的"协同学习"的设计原理。

一、班杜拉(A.Bandura)的"自我效能"论

(一)"自我效能"与"集体效能"

"自我效能"(Self-Efficacy)是加拿大心理学家班杜拉(A. Bandura)倡导的一个概念,指"个体是否拥有产出某种特定成果所必需的践行能力的信念,其中一部分是对管控自身的动机作用、行动、社会环境的一种自信。这种'自我效能'受个人的经验、观察、理解与情感的影响"[1],亦即"自信与确信"。班杜拉区分了两种"效能"——"自我效能"与"集体效能"(Collective-Efficacy),如今同"自制力""坚毅力"一起,作为"非认知能力"的主要构成部分,得到广泛认同。在班杜拉看来,"自我效能感有时会被不适合地完全等同于个人主义。但是,高个人效能感对群体指向和对个体指向来说同样重要。在集体主义取向的制度中,人们协同工作生产出所需要的利益。群体追求同个人追求一样需要个人效能"[2]。

"集体效能"是"自我效能"的延伸。班杜拉基于"学习者对集团力量的确信同获得更大的成功相关"的考察,采用了"集体效能"的术语。[3] "集体效能"是指"学生对自己班级作为团队所能完成的特定学习课题的共同信念",亦可视为学生"作为团队一员对课题作出贡献、达成活动的能力、心性的确信"[4]。换言之"人对自己团队所寄托的安心感与信赖,会给团队的成绩带来影响。这不仅是对团队活动成果的确信,也是对能

获得更高的团队成果的确信,是构成集体效能的核心。大凡分享团结一心攻克课题、从而获得预期成果的信念的团队,更易发挥效能"[5]。日本教育学家广冈亮藏说,"协同学习是深化个别学习所需的学习过程"。这是因为,"集团情境中的诱发作用、促进作用、补充作用、合成作用,是有效的个别思维不可或缺的条件。没有集体中的反馈效果的融合,是难以形成真正的个别思维的"[6]。

"协同学习"的倡导者詹森(D. W. . Johnson, 2002/2010)归纳的"协同学习"的五个必要条件,暗示了培育"集体效能"的重要性:这就是:1. 在目标、报酬、资源、角色作用、课题等方面,成员之间存在积极的相互依存关系。2. 成员对个人自身与团队负有责任。3. 成员之间有促进性交互作用(比如,相互鼓励)。4. 成员利用适当的社会性技能(比如,正确且明晰地进行沟通)。5. 成员平等参与(围绕过去的协同行为作出决定今后的行动、改进小组活动的步骤)[7]。这五个"协同学习"的基本要素,归根结底在于培育"集体效能感"。而要培育"集体效能感",就得进一步界定"我"的技能与"我们"的技能,这是确保优质的学习所需要的。

(二)"我能"与"我们能"

"我能"——"我能"是为团队作出贡献的个人的"自我效能感"[8],有助于提升团队成果的确信,以及基于团队成员课题的信赖。"我能"包括:1. 对自身恰如其分的自信与对团队的贡献力。过分自信往往导致成绩下降。自负的学生不倾听他人的见解,相信自己的路径是唯一正确的。不那么自信的学生则怀疑自身所拥有的内在资源,在课题的探讨中又怀疑外在资源(比如教师的指导与教材)的有用性。2. 认识自己是一个学习者,最重要的是学习的积极性,不计较一时的考分高低。认识到失败也是一种学习的机会。3. 在团队活动中,设定课题目标、梳理课题要素、制订完成课题的方略、分享信息、接纳指示、彼此协作、承担各自角色的能力。4. 识别挑战性课题并消解认知冲突的能力。5. 语言沟通的能力(论论、协商)与非语言沟通的能力。成功产生自信,来自他人的援助产生自信,学习的快乐产生自信。——这种活动性的学习经验对于学生而言不是威胁,因而会受到欢迎,提升参与意识,并确认自身的价值。在培育学生沟通能力的指导中尤其需要关注如下视点,着力于"倾听力"的培育:1.激励——用点头、微笑之类的表情,旨在向对方传递自己感兴趣、期待持续对话的信息。2.再述与明确化——再述基本的思路、强调事实、明确重点,旨在表示自己在听取并理解;旨在确认自己对对方发言的理解。3.重述与变换说法——再次确认对方的基本看法,并针对对方的主要思考作出反应,旨在表示听取了对方的发言、理解对方的看法。4.归纳——重新表述主要的观念与情感,作出归纳。旨在梳理重要的概念与事实;奠定进一步讨论的基础;确认进步的状况。[9]

"我们能"——要发挥"自我效能"还必须界定"集体效能",主要包括两层含义[10]:一是个人对他者的"社会感受性"(Social Sensitivity)的能力。亦即,学生站在对方的立场上、从对方的视点看待问题。认识彼此之间的不同见解、解读他人的思考解决社会性问题,共情式倾听他人见解的能力。从这种"社会感受性"可以派生出若干"我们能"的技能。二是团队凝聚的"潜在力",指的是"团队成员的集体信念"。亦即在自己的团队中相信"我们能成功"的技能,这是决定团队效能的重要因素。团队成员之间的潜在力越高,团队的成果就越牢靠。在学校现场尤为关键的是有效的"共情力"的教育,需要遵循如下七个教学原则:1.持续性——共情力的教育不是一节课能完事的,需要持之以恒地操作。2.反复性——共情力不是外在附加的,而是内隐地编织在教学的内容与活动之中。3.有意义——指导是把"我"拓展至"我们"。4.内化——目标是把学生的共情力作为终身的习惯加以掌握。5.学生中心——不是机械地落实课程内容,而是把学生的需求激活的教学与经验。6.相互尊重的关系——"共情"亦即培育彼此尊重与关怀的文化。7.共情的领导力——"共情"构成了作为典范与众望所归的校长的远景、目标与风范的核心。[11]

一言以蔽之,要求教师从每一个学生的学习经验与成功体验出发,确认对他们而言什么是适当的挑战。然后,从发展学生的"我能"与"我们能"相关的课题、条件、评价等角度,展开学习活动的设计。

二、基于"集体效能"的"协同学习"活动设计

"学校是自我效能培养的主体"[12]。哈蒂(J. Hattie, 2021)等人在"学习可视化"研究的基础上倡导基于"集体效能"的"协同学习"活动设计,就是一个典型的案例[13]。

(一)"协同学习"设计的着眼点

提升学生"集体效能"的课题设计——要优化学生的学习就得着眼于学生在协同探讨课题时该具备哪些条件,才能获得最佳的结果。首先需要基于"目标""评价""责任"三个条件,区分不同种类的课题。诸如,通过团队展开活动的课题有:"累积型课题"(累计每个学习者的成绩作为团队成绩的课题);"完善型课题"(每一个成员协力完成的课题);"结合型课题"(全员倘若不能,便不能完成团队目标的课题);"选择型课题"(PBL 的课题)。此外,还包括"分离型课题"(即便是一个成员完成的,也算作整个团队达成目标的课题)。要提升学生的"集体效能",重要的是设计适当的课题:1. 具有适度的挑战性与动机,要求借助学习者的热忱与相互合作来思考与解决的课题。2. 探讨多元的解决方略,与其封闭式、不如开放式的课题。3. 提供相应的基础知识,以便完成课题。4. 涵盖了适当且明确的基础知识与基本技能的课题。5. 错误与失败也被视为学习的机会,并不羞耻、坦然面对,最终求得个体与团队成功的课题。

机会与动机作用的因素——课题不宜太难、太易、太枯燥。要深化学生的理解,重要的是倾听各自的见解,让每一个学习者有机会在对话活动中提出自己的见解。在这里有效的活动是基于实际的体验,因而"集体效能感"是最重要的源泉。与其说"有动机,才会有成功",不如说是"有成功,才会有动机"。一旦获得了成功,"集体效能感"便提升,进而能获得更大的成功。

开放性课题带来的"集体效能"——要获得课题的刺激性与达成感,就得有好的课题设计。有的课题有终极的目标,但实现目标的手段不明,或走向成功的路径多种多

第十三讲 "集体效能"与协同学习

样(比如,"在24平方厘米的面积里,可以描绘出几种形状");也有依据正当的理由来决定目标,不存在正解与非正解(比如,"何谓真正友人的素质""应当怎样使用1 000美元来改进经营")的课题。诸如此类的"开放型课题"优于"封闭型课题",因为这些问题能让全员参与其中、尊重各自的见解、完成课题、发挥互教互学的作用。

给学生带来攻克课题充分的知识、自信与积极性——"可视化学习模型"的研究揭示,从"表层学习"到"深度学习"大体经历如下的阶段:"表层习得—表层的梳理与统整—深度习得—深度的梳理与统整—学习迁移。"这种学习过程将会带来三个主要的学习特质,即"技能""意志"与"期待感",它们贯穿在从"表层习得"到"深度学习"的过程之中。这里面涵盖了两个主要的调节器。其一是,指导焦点是浅层——知道什么(例如,事实与观点)还是深度——理解方法(例如,思维方式与行为方式);是否发生了学习的迁移。其二是,学生的学习是习得表层的知识还是深度的知识,是否达到知识与技能的巩固阶段。

知识与技能的明确化:知道什么、知道该怎么做——必须明确学习目标,从囊括性的长期学习目标到课时的学习目标。比如,1776年7月4日《独立宣言》的发表是美国重要的历史事件,它标志着美国作为一个独立国家的诞生。新闻报道的写作教学目标是让学生学会写新闻事件(知识与知道什么)的报道(技能或知道如何写作),这就包括了如下两个不同的具体学习目标:其一是"我们学会写新闻报道稿",其二是"我们学习独立纪念日的事件"。

人际关系的隐喻——设计有助于调动学生学习动机的适当课题是理所当然的前提,它同是否确立相互尊重的安全感的文化相关。在学习中一旦出现错误便感到羞耻的文化,学生就会试图掩盖自己的错误想法,甚至胆战心惊。在这里,教师的作用是让学生懂得:每一个人都有不同的长处、性格与技能,应当取长补短、相互学习。相互依存关系是从学生对教师的信赖与学生之间的相互信赖开始的。"集体效能感"受课题相互关系的认识,在课题探究中被学生之间协作的强度所左右。课题的相互关系越大,集体效能感就越强,学习成绩也就相应提升。

(二)"学习意向"与"集体效能"的达成标准

学习意向——围绕学校教育中的"学习意向"(Learning Intentions)问题一直争论不休。实际上,"教育"这个词的语源是"引导",由此派生出"往哪里引导"的问题。更重要的一点是,"往哪里"指的是"哪里是有价值之处"。到了19世纪,作为这个目的地的探讨,几乎趋向于普适的、高阶的(记忆、理解、应用、分析、评价、创造)的目标。布鲁姆(B. Bloom, 1956)、加涅(R. M. Gagne, 1968)毕格斯与科利斯(J. B. Biggs, K. F. Collis, 1982.)、韦伯(N. L. Webb, 2022)等诸多学者聚焦这种"学习意向"展开了"教育目标分类学"的研究。一般读者最熟悉的,莫过于布鲁姆在1956年倡导的"教育目标分类学"。不过,安德森和布鲁姆(L. W. Anderson, B. Bloom, 2001)对此作了大幅度的改进,他们加上了同认知复杂性相关的新的维度,这是重大的修订。实际上,认知过程的维度所涵盖的知识类型如下:1."事实性知识"(关于词汇、术语的知识;具体的要素性知识);2."概念性知识"(关于分类与范畴的知识;关于原理与一般法则的知识;关于理论、模型、机制的知识)。3."步骤性知识"(牵涉主题的技能与算法的知识;牵涉主题的技术与方法的知识;关于决定何时利用适当步骤的标准的知识)。4."元认知知识"(关于方略的知识;关于包括受境脉与条件制约的适当的知识在内的认知课题的知识)。这种知识层级的划分,可用来开发学习意向与达成标准及其评价手段开发的指南。

"学习标准"与"学习目标"的差异——在课程文件中往往使用多样的术语,导致混乱。比如"学习标准"(教学标准)与"学习目标"(教学目标)就是一例,但两者是有所差异的。"学习标准"是从教师的视点来描述的,有助于统整课程与单元教学的整体成果,大体的框架多半以抽象的形式描述;而"学习目标"是从学习者的视点来描述的,由于教学单元的具体信息构成,多半以具体的方式描述。重要的在于,向学生传递"学习目标"的"内幕"[14]。迪克(M. Dueck, 2021)倡导制定教学计划的三个关键点:1.教学不可或缺的知识(事实、概念、定义)是什么?2.学生抓住重点展开思考的必要条件是什么?3.知识、技能、思考如何嵌入"学习的轨迹"(整体图像)之中?就知识的构成要素而言,可以把它分成"浅层—深度—运用"三个层次。"浅层知识"是学习的基础性要素;"深度知识"是链接多重概念的能力,而"知识的运用"层次,则要求学习者在不同的情境中运用所理解的知识。因此,教师的重要课题是,让学生求得"浅层知识"学习与"深度知识"学习的平衡,进而为他们提供运用所理解的知识来"解决现实问题"的机会。这就是说,"学习目标"可以分为如下四个领域来加以界定:知识目标(必须知道什么)、思考目标(理解知道的东西)、技能目标(能做什么)、成果目标(做出什么产品,借以证明业已学习)。[15]

"自我效能"的评价与"集体效能"的达成标准——在学习活动的设计中"形成性评价"受到高度关注。这是因为,它可以为改进教学活动提供实证性的信息源与重要的"解释",亦即意味着学习者能了解自己当下在哪里、必须去哪里、该如何到达目的地。同时也给教师提供相对应的教学策略。通过"自我评价"有助于促进学生的"自我效能感":1.说明你在学习上的强项。2.说明你应当改进之处。3.说明你的学习得到了怎样的支撑。4.简单说明你在班级中的学习习惯与参与状况。而设计如下的"工作单"可为学生报告"水面下不可视的学习"提供机会[16],收到出其不意的效果。在这份工作单中,学生能表达可视的要素,同时也留有空白,以便于学生报告不可视的学习(包括基本的素质与能力)。

作为理想的团队活动的评价标准可举如下四个要素:1.自己的角色作用(完成赋予自己的课题;在规定的时间里完成自己所在团队的课题;尽心尽责地做好自己作为团队一员的工作)。2.在团队中分享自己的思考(表明自己的见解;回应其他成员的思考)。3.致力于取得共识(对其他成员的思考、见解、观点持开放心态;同伙伴协作、乐观地进取;不是特立独行,而是同团队步调一致)。4.保持积极的姿态(豁达、关怀的建设性、批判性心态)。上述四个标准可用于团队活动的达成标准。这种达成标准是超越学科边界、可以通用的。"集体效能"不仅有助于团队的形成,而且也是同学习者个人自信的提升联系在一起的。

姓名

活动、项目或竞技活动的说明：

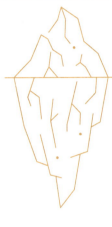

关于你的学习，
别人看得见的部分有哪些？

关于你的学习，
自己能做什么、自己只知道什么？
——成功、挫折
——转折点？
——发现？

通过本单元的学习，
增长（或使用）了如下的素养或终身受用的
能力中的哪些重要能力：
——沟通能力、协作能力
——批判性思维、创造性思维
——社会情感能力（SEL）

图 13-1 我的学习：水面上与水面下

资料出处：M. 迪克. 从倾听开始：激发学习动机的评价[M]. 山崎その，吉村岳彦，吉田新一郎，译. 东京：樱花社，2023：270.

（三）"集体效能"的测评

调查与反思——通过问卷，获得来自学生的直接回答与反思，来测评"集体效能"发挥的程度。比如，设计围绕"集体效能"问卷表，可作为评价的尺度。该问卷包括10个调查项目，可用于测评整所学校、整个班级、结对伙伴与小组学习的"集体效能"：1. 你的小组获得了怎样的成功？2. 你的小组是否帮助你获得成功？3. 你想成为这个小组的成员吗？4. 这个小组的成员能否获得成功？为什么？5. 你有理由认定大家都想"拧成一股绳"吗？或者没有足够的理由？7. 你为小组课题的完成作出了怎样的努力？8. 老师为小组的学习活动做了哪些布置或提醒？9. 由于小组的这次成功，是否对下一次的成功感到更有信心了？为什么？10. 作为一个团队，是怎样完成课题的？你认为尔后的课题能在多大程度上实现？你该做些什么，使小组成为优秀的团队？[17]

形成性评价与终结性评价——对小组与成员能运用的评价，可根据课题是"过程指向"或是"成果指向"而采用不同的方法。围绕"过程"的评价可考虑如下方法：学习记录、反思报告、档案袋、小组内相互评价、观察、个人自主评价与伙伴评价、360度反思（评价者不是领导或教师，而是来自伙伴、后辈的评价）、贡献度测评、观摩表演，等等。围绕"成果"的评价可考虑如下方法：进步测验、档案袋分析、自主评价与伙伴评价、随笔、报告、知识与理解度测验、面试、展示、演讲、录像、成果测验。所有这些方式均可利用"形成性评价"与"终结性评价"。从"形成性评价"的观点看，为应对时刻发生的状况与学习的需求，教师需要收集小组是否展开协作并有所进展的评价信息。教师需要临机应变作出适当的反馈。通过反馈，在强调成果的同时促进学习质量的提升。此外，应当创造更多的机会让学习者自身时刻围绕自身的活动与小组的成长，作出评价。特别是聚焦学习过程中学生的自信与作为团队成果的评价。从"终结性评价"的观点看，不管协同活动是否有效，倘若对小组的成员作出划一的成绩评价，学生就不会产生切磋技能的动机。而且在应当聚焦于自身课题的场合，即便是花费了互帮互学的时间，也不会产生任何的效益。不过，倘若每一个学生能够承担某种角色的作用，便可防止学习动机的丧失。归根结底着眼于两个方面——个人的成果与作为小组的有益的成员——作出评分，是最佳的方略[18]。

对个人与小组的贡献与成果的成绩评定及反馈——在大多的场合，评价的价值在于为师生获得尔后教学活动的反馈。就是说，为师生掌握前行方向与获得成功之舵的质性信息的反馈。在小组内，为提升每一个学生与小组的成绩，可利用诸多的反馈方式。比如，围绕"协作"的意义及赋予意义的过程展开讨论、向伙伴说明自己的想法、接纳他人的观点、发现矛盾并加以处置、通过协作消除冲突，等等。在这里首要的问题是，应当让每一个学生收到反馈，还是仅对小组作出反馈，或者对学生与小组两个方面作出反馈与评定成绩呢？妥善的方法是对每一个学生与小组均作出反馈与合作评定。小组的特质一旦明确，学生通过知性贡献、努力、发表，肯定会对小组的合作带来诸多有利的因素。因此,优先的事项是,尽可能从学习活动的最初阶段开始,让学生确凿地理解获得成功的尺度(量规)。麦克道尔(M. McDowell, 2019)倡导的测评"协作"的四个重要提问项目(表13-1),目的在于了解学生"通过学习的社会互动能力、共识、讨论、集体活动,提升互教互学的必要性与需求"的认识程度[19]。

表13-1 测评"协作"的四个重要提问项目

协作规准	关键性的重要提问项目
支撑	+ 小组成员是怎样支撑我的想法的? + 为深化自身的学习,可获取怎样的反馈? + 小组成员会怎样补充或挑战我的思考? + 我未能如愿地向伙伴说出自己的想法,该怎样提炼自己的思考?
引发	+ 为进一步引出小组成员的思考,该提供怎样的帮助? + 为促进伙伴的学习,该怎么做才好?
推进	+ 为推进小组新的思考与解决策略,我们该怎么做才好? + 为一起想出更好的解决策略,我们该怎样赏识或挑战每一个人的思考? + 为规避潜在的误解、探讨矛盾、理解作为模型之雏形(比如,比喻之类)的运用及其局限,我们该做些什么?
斟酌	+ 我们该如何做,才能把我们自身的思考暂且搁置、倾听他人的思考? + 为保留自己原本的见解、仔细思量如何帮助他人,我们该怎么做才好?

资料出处:约翰·哈蒂,等.集体效能:培育自立的相互依存的学习者[M].原田信之,译.京都:北大路书房,2023:228.

三、"协同学习"的要素与"思维深化"的机制

(一)制约"协同学习"的要素

在"协同学习"中儿童为同伙伴协作展开凭借自身能力的学习,需要怎样的能力呢?这里牵涉到制约伙伴之间"协同学习"质量的学力之外的种种要素[20]。

团队学习的参与度——首先是个人参与小组学习的参与度。韦伯(N. M. Webb,

2002)指出,消极性社会情绪行为——侮辱性的、控制性的、同学习课题无关的行为,对成绩会间接地产生负面影响。要提升"协同学习"的质量,就得要求小组全员关注彼此提出的提案,并以此为线索展开讨论的参与态度。

团队成员之间的学力差异——小组成员的学力差异也会影响协同学习的形成。权裕善、藤村宣之(2004)通过小学五年级儿童协作的问题解决,探讨有学力差异的伙伴学习的交互作用。在学力差异过大的结对学习中,大多以学力高的儿童向学力低的儿童单向地传递知识,学力低的儿童只是模仿学力高的儿童的步骤说明来展开学习,不能自主地解决类似的问题。这个事实表明,团队成员间学力差异过大的场合,交互作用容易流于表层,难以产生深层的交互作用——基于根据的解释、用自己的话语转述。此外,贝伦森(D. J. Bearison, 1986)等人揭示,在团队成员间见解隔阂(矛盾)少的场合,能管控彼此之间的指责、宽容错误。另一方面,在成员之间意见不一致(矛盾)过大的场合,纠缠于自己的思考、难以协同地展开新的洞察。可以说,优质的"协同学习"应当适当地考虑到学力差异与见解隔阂的程度。

地位特性——班级内的地位特性也会影响团队的活动。比如,班级地位高的学生特别是学业成绩与人气高的学生,对团队学习有积极的影响力;而地位低的学生焦虑感强烈,发言少。教师需要留意班级内学生的地位可能会带来学习参与的不公平。所谓"真正的援助"意味着在认清急需变革的现实的共同努力中,全员相互帮助、共同成长。援助者与被援助者唯有通力合作,并借助这种实践,"援助"这一行为,才能从援助者支配被援助者的扭曲中解放出来[21]。

对团队学习的认识——在班级中有喜欢"协同学习"的儿童,也有讨厌"协同学习"的儿童。在采用"协同学习"的场合,教师需要了解这些儿童对协同学习的认识并探究其原因。町岳(2009)通过问卷,调查分析了对团队学习持肯定态度或否定态度的儿童的特征,发现两者在对学习的姿态与对伙伴的姿态方面,具有明显的差异。持肯定态度者对"协同学习"抱有满足感、喜欢交友、技能高、统率性强;反之,持否定态度者对"协同学习"抱有不满感、讨厌人际交往、技能低、自我中心性。

(二) 在"协同学习"中思维深化的机制

对话：深度思维的机制——不是单纯地听谁发表见解，而在于指导学生怎样思考。"对话"的意义并不是单纯地传递知识，而是一种交流。让学生展开对话的八个理由是：1.为了思考的对话。2.为了学习的对话。3.为了熟练的对话。4.为了沟通的对话。5.为了理解的对话。6.为了文化适应的对话。7.为了民主的对话。8.为了教师教学的对话[22]。这样，当"协同学习"处于"集体性"（师生分享）、"支持性"（学生感到能自由地表达看法的）、"互惠性"（考虑替代性视点）、"熟虑性"（链接不同视点）、"目的性"（指向学习目标与达成标准而建构）的时候，"对话"便成为教学活动的核心。诸多研究表明，课堂教学情境中学生之间的交互作用，有助于促进学习。韦内曼（S. Veenman, 2005）的研究表明，在小学六年级的数学教学中，课堂讨论与成绩呈强相关。为什么通过同他者的对话会加深人的思维呢？借助他者的存在，人在自己的头脑中思考的语言就得向外输出，这就是人的思维的"外化"。借助语言的作业，自己原本模糊的思考得以用语言外壳的方式表达出来。不过，初始阶段未必能明确地加以语言化，在这里起重要作用的是来自他者的提问与见解的反馈，从而在彼此回应的流程（交互作用）中，逐渐地深化自身的思考。

思维深化的三种对话过程——基于同他者对话的思维深化的过程存在种种的类型。韦伯（N. M. Webb, 2009）从如下三个视点作出了解释[23]。

其一，皮亚杰（J. Piaget, 1932）的视点，借助"认知冲突"（Cognitive Conflict）来说明。自己的思考与他者的思考之间发生"认知冲突"，就得追加信息、矫正自身的思考与明晰对立的见解，从而引出新的思考。两个同学在讨论，发生"既有知识"的冲突："海豚＝哺乳类"与"住在海洋里＝鳃呼吸＝鱼"。要解决"没有鳃的海豚为什么住在海里?"就得追加知识。比如，在教学设计中通过设定引发这种认知冲突的对话情境，可以期待学生展开活跃的学习（表13-2,例1）。

表13-2 基于认知冲突与认知精致化视点作出解释的对话例

例1 水族馆里两个小学生的对话例	例2 小兄妹商量"母亲节"送礼物的对话
A:海豚是哺乳动物,知道吗? B:这不是常识么! A:怎么哺乳动物却住在海里呢? B:笨蛋,用鳃呼吸呀! A:鳃,像金鱼身上的鳃? B:没有鳃,在海里就不能呼吸了。 A:有鳃,不就是鱼吗? B:⋯⋯海豚是个例外。 A:不过,海豚好像没有鳃呢。 B:⋯⋯奇怪! A:唔,好奇怪! (续)	妹:还是买花吧。 兄:只有10元呢,没有别的什么吗? 妹:如果送妈妈一个敲背锤,一定会喜欢吧? 兄:敲背锤? 不成礼物! 妹:如果给妈妈敲背,如何? 兄:不! 对了,送贺卡吧。 妹:好的,这样就可以写上好多祝愿的话,还是送贺卡好。 (续)

资料出处:中谷素之,中山留美子,町岳.教育心理学:从日常事件到教学实践[M].东京:有斐阁,2022:143.

其二,"认知精致化"(Cognitive Elaboration)的视点。霍根(K. Hogan,2000)等人认为,认识彼此的提案,通过"明确、修正、补充、建构、链接",团队成员能协同建构起先前没有的知识与解决策略。比如,在小兄妹商量"母亲节"送礼物的对话(表13-2,例2)中,两人产生了先前并没有想到的主意(贺卡)。此外,向伙伴说明自己的想法,得到来自伙伴的说明与帮助,能使自身的说明变得清晰起来。

其三,维果茨基(L. S. Vygotsky, 1978)的视点。能力低者借助熟练者的支援(脚手架),能完成原本一个人不能完成的课题,获得新的知识与技能。从表13-3的例子可见,"我们社区的骄傲"的报告会结束,那些满足于社区调查的儿童在聆听完社区代表的点评,获得了自己未能考察、未能发现的"社区的骄傲"的视点,从而激发了儿童进一步作出各种调查,深化社区学习。

表13-3 基于维果茨基的视点作出解释的对话例

小学三年级"综合学习"课时《从"社会探险"中发现"我们社区的骄傲"》 学习课题：分小组进行社区调查，向社区嘉宾汇报"我们社区的骄傲"	
（各个小组汇报完毕之后） 教师：大家都作了认真的考察，我们来听一听各个小组的汇报和他们的感想。 学生1：我认为大家的汇报非常出色。 学生2：希望有更多社区的人士了解。 学生3：这是大伙一起努力的结果吧。 教师：好！下面，让我们来听听来自社区的嘉宾们听后的高见。 （从约好的在座嘉宾[G]开始）	G1 大家都作了很好的考察。听了之后，感到十分高兴。 G2 不过，提起"社区的骄傲"，不仅仅是图书馆、河流和茶之类的"东西"。 G3 ○○河之所以那么清澈无比，是因为有环境保护会的志愿者，他们每个礼拜都要进行一次清理活动。 G4 刚才小允说到的茶，不久前还获得△△市评比赛的第一名呢。 G5 图书馆的每周读书会，受到了社会各界的高度评价。 G6 大家都了解到，有这么一批活跃在社区的积极分子。 学生：（群情振奋）

资料出处：中谷素之，中山留美子，町岳.教育心理学：从日常事件到教学实践[M].东京：有斐阁，2022：142—145.

佐藤学的"学习的对话实践的三位一体论"，有助于我们重新思考"协同学习"的意涵。在佐藤学看来，"学习"应当重新界定为三种"对话实践"——同客观世界的相遇与对话；同他者的相遇与对话；同自己的相遇与对话。同客观世界的相遇与对话是"认知性—文化性的对话性实践；同他者的相遇与对话是社会性—政治性的对话实践；同自己的相遇与对话是存在性—伦理性的对话实践。"学习"就是这三种对话实践——建构世界、建构伙伴、建构自己的对话性实践。所谓"优质的学习"就是所有这一切的高满足度。教师在课堂教学中对学生的行为与发言作出的应答，不仅是认知性—文化性维度的"建构世界"，也涵盖"建构伙伴""建构自己"在内的三相复合体的形成。[24]

参考文献

【1】【4】【5】【7】【8】【9】【10】【11】【13】【17】【18】【19】【21】【22】 约翰·哈蒂，等.集体效能：培育自立的相互依存的学习者[M].原田信之，译.京都：北大路书房，2023：56，15，26，35，36-43，89，126，120，134-156，216，217-222，227-228，106，98-99.

【2】【3】【12】阿尔伯特·班杜拉.自我效能[M].缪小春,等,译.上海:华东师范大学出版社,
2022:35,515,187.

【6】奈须正裕,伏木久始.指向"个别最优学习"与"协同学习"的整体充实[M].京都:北大路书房,2023:99.

【14】【15】【16】M.迪克.从倾听开始:激发学习动机的评价[M].山崎その,吉村岳彦,吉田新一郎,译.东京:樱花社,2023:44-45,60-61,270.

【20】【23】中谷素之,中山留美子,町岳.教育心理学:从日常事件到教学实践[M].东京:有斐阁,
2022:148-150,142-144.

【24】秋田喜代美.授业研究与对话分析[M].东京:放送大学教育振兴会,2006:187-189.

第十四讲　班级集体与伙伴关系

"班级"的概念源于夸美纽斯（J. A. Comenius，1632）的《大教学论》中倡导的"把一切事物教给一切人的技法"。"班级"是根据"学习集体"组织起来的同质性的学生展开学习与生活的基本单位来设计的。教师需要兼顾班级目标的多样性与复杂性，促进学生之间良好的伙伴关系与师生关系的构建，使每一个学生的"学业侧面与社会侧面""个人侧面与集体侧面"处于相互支撑的关系，才能有效地把教育的愿景与目标转化为学生自身的愿景与目标。

一、班级集体

（一）班级集体的特质

正式集体与非正式集体——"班级"是旨在达成教育目标、基于公共教育制度、把处于同样发展阶段的儿童集中起来的集合体，可以说是有意识地形塑组织的"正式集体"（Formal group）[1]。通过参与属于这种正式集体的系统化的种种活动，为儿童成长为成熟社会的一员作好准备。另一方面，随着各种持续的活动，儿童之间的相互关系得以活跃。基于伙伴集体的方式而形成心理纽带，便会形成下位集体。自然发生的、带有极强情感色彩的集体，谓之"非正式集体"（Informal Group）。这种"非正式集体"对儿童的学习行为与身心的发展等同于甚至会超越"正式集体"，即"班级"具有双重的结构——制度上组织化的"正式集体"与自然发生的"非正式集体"。

集体的特质——集体的特质是在成员密切的相互交流之中产生的。塔克曼（B. W. Tuckman，1965）推出了团队是怎样形成的"团队发展五阶段模型"[2]：形成期、激荡期、规范期、执行期、休整期。所有这些阶段都是必不可少的、不可逾越的。这个团队发展模型可以帮助我们认识班级集体的发展阶段。在该模型中，成员人人之间交互作用、经验到集体的规则与集体目标的形成、角色的分化、凝聚力的提升,从而作为一个集体成长起来。在形成一个集体的场合,在其成员之间存在着持续的相互关系与共同的规范与目标、角色作用等特征。这些特征对各种形式的集体内的成员的行为产生着影响。

集体的影响——集体的影响体现在如下三个侧面[3]。其一,集体规范。集体不仅必须达成目标,而且需要维护集体的统一。因此,集体成员的归属意识十分重要。维护"集体规范"(集体内规则)也是同拥有归属意识联系在一起的。在集体规范中不仅有校规之类的显性文化,也有伙伴团队内默会的理解。其二,同步。在集体内同其他成员的反复交互作用中,采取从众的行为、发表从众的见解,谓之"同步"。其三,看客效果。他者的存在影响个人的课题解决,谓之"看客效果"。比如,学生在课题解决中由于难度高而遭受失败、预料会出现来自周边的非难的场合,作业的速度与正确率恶化,这种现象谓之"社会抑制"。相反,当课题容易、有把握解决的场合,作业的速度与正确性会提升,这种现象谓之"社会助长"。

(二) 班级集体的功能

满足儿童需求——人的社会需求包括"归属需求"(寻求归属的场所)、"亲和需求"(寻求人际沟通)、"认可需求"(寻求作为伙伴的一员)等等。儿童通过接纳伙伴与自身被接纳的体验,可以满足这些需求。另一方面,当这些需求得不到满足之际,为免于陷入不适应的状态,就会习得对需求不满的耐性。通过学业活动与体育运动也会激励儿童发挥自身的潜能,实现"自我实现需求"。

促进课堂教学——可以期待课堂教学的种种效果。比如,通过"协同学习",在同他人协作、解决课题的过程中,提升动机作用、拓展知识面,获得个人学习得不到的教育效果。这种通过他者的存在而得以提升成绩的现象,谓之"社会性促进"。相反,由于他者的存在而使得作业完成效率低下的现象,谓之"社会性抑制"。一般而言,在进行熟悉的课题时,借助他者的存在容易产生"社会性促进";在面对困难的课题与学习不充分的场合,容易产生"社会性抑制"。

促进社会化——"班级"除了作为学科(跨学科)教学的场所发挥作用之外,也具有塑造"社会化"过程的场所的重要作用。儿童通过同教师与同学之间的交互作用,体悟自己所属的社会价值标准。费斯汀格(L. Festinger)认为[4],人拥有评价自己思考与行为的适切性的需求。不过,当人缺乏进行评价的客观标准的时候,是通过同他人作比较来得出判断的。比如,同班级同学之间的比较。当制定了班级规则与目标的时候,是把自己的见解与同学的见解进行比较,来判断自己思考的适切性。通过这种比较过程,儿童不仅确认了自己的态度与行为的适切性,而且也认识了他人的思考与行为,最终内化为处世的标准与规则。

尼娃等人(V. F. Nieva, E. A. Fleishman, A. Rieck)的研究指出,作为团队的班级可以发挥如下功能:1.引导团队的功能——如何生成旨在达成团队课题所必需的信息。2.组织团队的功能——团队该如何展开探究课题的协作活动。3.适应团队的功能——团队成员如何同心协力完成课题。4.激励团队的功能——如何设定团队得以充满干劲与活力地完成课题的目标。[5]

二、伙伴关系

(一)伙伴关系的重要性

伙伴关系——伴随着儿童的成长,伙伴关系在儿童期与人际关系中的比重增加,人际关系的框架也变得多样化,逐渐能多方面把握自己、客观地把握他人的有能性。随着伙伴关系的形成,微妙的竞争意识得以产生。"他为什么那么聪明""我比他好多了"之类的意识也开始萌发,这种现象谓之"社会比较"。婴儿期的儿童,由于作为行动的主人公是以自我为中心的,所以,肯定地看待自己的倾向性强,自我评价与自尊感高。不过,从10岁左右开始,"他人是如何看待自己的"这一视点的意识发展起来。通过同他人的比较,自我评价与自尊感也低落下来。特别是到了青年期,理想与现实之间的落差加剧,不能满足现实的自己,容易陷入否定性的侧面。无论是知性、诚实性、身体的魅力、社交性的领域,随着学年的递升、到了高中阶段前后,自我评价低落下来。[6]

"视点采择能力"与人际关系技能的发展——要形成并维持良好的伙伴关系,就得理解对方的思考与心境,秉持共情、关爱与尊重的态度。这种理解他人的思考与情感的能力谓之"视点采择能力"(Perspective taking)。塞尔曼(R. L. Selman, 2003)基于儿童"观点采择能力"的人际关系变化,分为五个水准[7]。水准0——第一人称(自我中心)观点采择。就学前3—5岁的幼儿不能区分自他的视点,只有自我中心的视点。水准1——第一人称-主观性观点采择。小学低年级(6—7岁)儿童理解"人是拥有主观性的存在",自他视点分化,能理解有别于自己的视点的他者(你)的视点。水准2——第二人称-互惠视点采择。小学中高年级(8—11岁)学生能从他人的视点出发来理解自己的主观性视点。水准3——第三人称-相互视点采择。初中生(12—14岁)阶段学生能从他(她)的第三者的视点出发来理解我们自身的视点。就是说,从两者关系过渡到三者关系。水准4——第三人称——一般的他者的视点采择。高中生(15—18岁)能超越自身的经验,在多样视点的境脉中理解自身的视点。众所周知,作为青年期的特征存在"第二反抗期"。这个心理学术语指的是青年意志的发展,或许称之为"自我主张期"更为贴切。另外,塞尔曼主张从"亲密性"与"自律性"两种能力的交互作用来把握人际关系的技能。"亲密性"是同他人分享经验、分享彼此的思考与心境的能力;而"自律性"是指相互沟通、调适彼此主张的见解与相互矛盾、对立的视点的能力。这种人际关系的技能也同"视点采择能力"相应,能从未分化的自我中心阶段,过渡到基于更多样的立场与境脉出发来理解彼此分化的视点,亦即发展为基于高阶的视点,求得相互依存的"自律性"与"亲密性"均衡的阶段。

班级中的伙伴关系——在儿童时代适当地经历并形成伙伴关系,对于每个人成长为"成人"是极其重要的。这是因为,唯有在伙伴关系中经历包括失败与痛苦等在内的种种经验,儿童才能作为一个自立的个体、形成同他者之间的丰富的关系,培育社会交际能力。儿童到了青春期逐渐离开家长而自立,同伙伴的相处多于家长,伙伴逐渐地成为同内在的理由相关的存在。通过伙伴彼此之间的尊重,可以支撑自身在学校和班级里的适应感。不过晚近的研究显示,儿童的伙伴关系的地位与模式有所变化。具体地说,在被视为构筑深度伙伴关系的青年期,却出现自身与友人之间的浅而广的关系模式,而同家长的亲密关系依然持续。儿童在伙伴关系中未必提升了同伙伴相处的密切度,这种面貌是时代变化的一个写照。儿童大多时间是在班级中生活的,因此班级中的伙伴关系也成为重点的关注对象。把握班级集体中伙伴关系的一个代表性的方法,就是"社会测量"。它是从具体地探寻每一个儿童对伙伴的好恶情感的结果,来揭示其在集体中的关系与每一个儿童的人缘程度(有缘者、讨嫌鬼、鄙弃者)[8]。比如,来自周边的儿童对其作出负面评价的"讨嫌鬼""鄙弃者"或许会采取攻击性行为之类的某种"想摆脱周边的行为"。在这种场合,通过让其掌握适当的自我表达方法的指导,可以改善该儿童的地位与整个集体的关系。研究表明,不管是"有缘者"还是"讨嫌鬼",是随着不同的年龄与社会境脉(国家与文化)的不同而不同的。社会测量法由于伦理问题难以在学校现场采用,对教师而言,重要的是把握班级内的伙伴关系,作出适当的应对与支援。仔细观察日常儿童的面貌,倾听每一个儿童的心声,通过问卷,来测定每一个儿童的认识,也是把握伙伴关系与班级集体状态不可或缺的方法。

(二)伙伴关系与适应

学校与班级适应性因素的差异——班级中的"伙伴关系"被视为能否适应学校生活重要的教育课题。事实上诸多实证研究显示,儿童的伙伴关系能预测其"学校适应"。旨在评价学校适应性而得以普及的测量尺度中也涵盖了人际关系的项目。研究揭示,活动对儿童在学校(班级)中的适应感是否重要,取决于儿童怎样看待学校中的生活。不过,尽管有个别差异与学校(班级)的落差,伙伴关系对众多儿童的适应拥有不小的影响。即便由于班级减少、同学之间的强制性交流机会较少的高中生,也显示出伙伴关系对适应的影响。另外,伙伴关系问题随着儿童的发展,容易在成人看不见的场所发生。因此重要的是,教师在关注难以直接地支援学生的问题解决的同时,关注儿童的伙伴关系。

作为间接的适应性因素的伙伴关系——倘若抱有个人的烦恼与问题,同伙伴谈心或求得帮助,往往可以改善状况。伙伴关系也拥有间接性支援适应的作用。来自他者的支援谓之"社交支援","社交支援"分为"情感支援"与"工具支援"两种。所谓"情感支援"是对某种状况所感到的心境的一种共情,表示给予支持与鼓励之类积极的心境层面的支撑;而"工具支援"是提供用于解决困境的具体手段。在"工具支援"中包括在工作上助一把力;提供有助于课题解决的物质支援与信息支援。在从儿童期到青年期的发展过程中会碰上各式各样的烦恼(发展课题),诸如学业与伙伴关系、异性关系与亲子关系、自身的个性特征等直接影响适应的问题。抱有同样发展课题的伙伴的"社会支援"可以成为超越这些困境的巨大力量。不过也有研究表明,伙伴的社会支援,由于受性别、年龄、提供支援者等因素的影响,未必会带来积极的效果。另有研究表明,表现消极情绪的伙伴往往会遭到冷眼旁观。对儿童而言,在伙伴之间提供支援是一件极其困难的事。安东努奇、杰克逊(T. S. Antonucci, J. S. Jackson, 1990)揭示[9],理想的社会支援是给予的量与接受的量相一致,在不一致的场合容易发生"负债感"与"困惑感"。要在伙伴之间确立起彼此提供支援的关系,就得有接纳伙伴的消极情绪的能力,也必须有真心实意地陈述自己的烦恼并求助他人的能力。在学校教育中相互帮助的关系往往会作为班级目标提出来。不过,要使得伙伴关系成为支援性的关系,还需要有教师围绕"如何接纳自己与伙伴的烦恼、如何应对",为学生提供后盾的有力支援。

(三) 作为学习场中的伙伴关系

作为"社会性学习"的伙伴关系——伙伴关系之所以重要的一个理由,即伙伴关系是"社会性学习"的场所。儿童在多样的伙伴关系之中掌握共同的规则并维护这种规则;学会同他人发生纠葛(吵架、欺凌)的时候该如何对待。通过调控自身的行为,掌握同他人相处的能力(自我调控能力)。"社会性"的发展变化同儿童的脑功能的发展——儿童自身的认知能力(社会判断能力)的发展与执行功能(控制旨在完成复杂客体的思维与行为的控制功能)之类的脑功能的发展——息息相关。另一方面。儿童自身期待同伙伴之间形成稳定的亲密的关系,也拥有根据来自亲密的他者的评价、修正行为的意识(动机作用),同样具有重要的影响力。儿童社会性的获得是同主体性学习的过程——在自己心仪的伙伴集体中学会维系集体的行为规范、共同掌握必要的具体行为——密不可分的。从人际关系中学习行为的一种方法就是"观察学习"。所谓"观察学习"是通过观察某人、接受来自他人的评价的场景、产生代理性学习过程,从而学习并无直接经验的事物[10]。不过,这里所说的"学习"并不意味着全是社会期许的理想行为的学习。有研究表明,那些失足加入不良团体的人会显示出"反社会性行为"的倾向。在这种团体中通过伙伴关系往往会把团体共享的思想与行为加以正当化。同团体步调一致被视为正确性的根据,因而选择有悖于包括学校(班级)、法律在内的一般规则的脱轨行为。从伙伴集体中学习思考并支撑行为是儿童适应社会,积极发挥作用的自立的过程,对此应当作出支援。不过,同样的机制,倘若从伙伴集体中学习反社会的不当的观点并肆意作出反社会的行为,则是应当警惕的。

作为知性学习的"脚手架"的伙伴——在学科教学中亦可成为支援性的存在。研究显示,观察"同龄模型"(伙伴模型)可提升学习与动机效果。班级拥有各式各样的儿童,他们同教学目标(达成目标、学习目标)的落差,存在多样性。可以说,教师的重要工作之一就是为处于不同达成目标的学习者提供"脚手架"。学习者的不同达成程度,在学习者之间也可以形成"脚手架"。离目标越近者,越可以为那些需要支援的伙伴提供帮助。因此,同学之间的对话是催生"脚手架"的重要机会。在课堂对话中儿童因应不同程度的达成目标的说明,彼此作出解释与提出疑问,可以作出最有说服力的解释,在这里完全有别于"师生"这一社会身份的沟通。正因为是平等的关系,所以容易切磋彼此的见解,实现共识。不仅如此,好的伙伴之间的对话对于新的学习内容的理解(概念形成)而言,可能比教师的讲解更加有效。

三、教师的领导力与师生关系

(一) 教师的领导力

何谓"教师的领导力"——教师拥有在身心上、知识上胜于儿童的强烈的影响力,处于统率整个班级的地位。因此,师生关系的态势左右着班级的模式。就是说,教师的教学指导与教师的个性,直接间接地影响着儿童的行为与班级生活。所谓"领导力"是指,旨在达成集体目标、维系并强化集体,通过成员行使影响力的过程。德国心理学家勒温(K. Lewin, 1939)的领导力研究,假设教师对10岁儿童的集体存在三种领导风格(专制型、民主型、放任型),分别观察所属集体的氛围与作业的质量。结果表明,民主型领导下集体氛围及作业完成效率高;专制型领导下集体作业完成效率好,但集体氛围差;放任型领导下集体氛围与作业完成效率均差。[11]发挥班级集体功能的要素可举:"集体目标""集体规范""教师领导""集体凝聚力"。日本学者三隅二不二(1984)倡导的PM理论,将领导力的功能分为两种:其一是"课题完成功能"(P);其二是"集体凝聚功能"(M)[12],进而将两种功能(拥有高功能的场合用大字母表达)从低到高排列,分为如下四种类型:

"理想型"(PM型)——"课题完成功能"与"集体凝聚功能"均强的类型。
"单干型"(Pm型)——"课题完成功能"强,但"集体凝聚功能"弱的类型。
"人情型"(pM型)——有"集体凝聚功能",但"课题完成功能"弱的类型。
"放任型"(pm型)——"课题完成功能"与"集体凝聚功能"均弱的类型。

引领集体活动成功的"领导力"——其一,"交流型领导力"。要有效地发挥骨干的行为,重要的是兼顾集体所处的情境。费德勒(F. E. Fiedler, 1976, 1978)的"情境应对理论"就是说明这种因应情境的领导力的理论。他强调,要有效地发挥骨干的领导力,

图 14-1　基于 PM 理论的四种领导风格

资料出处：今井芳昭.团队与领导力的心理学[M].东京：应庆义塾大学出版会株式会社,2023:52.

重要的是课题与成员状况相符合,这种领导力的方式谓之"交流型领导力"。其二,"变革型领导力"。巴斯、阿沃利奥(B. M. Bass, B. J. Avolio, 1994)倡导的变革集体的领导力,强调变革型骨干拥有魅力、激发成员的士气、拓展成员的思维方式与视野之类的知性刺激,对每一个成员工作的支持与帮助。[13]

(二)师生关系的建构

皮格马利翁效应——教师的信念能提升儿童的智力？教师在课堂中会接触抱有种种愿望与目标的儿童。这样,教师对儿童抱有的信念(对儿童特质的某种程度的稳定见解)可能对儿童的学习产生影响。揭示这种教师拥有的信念的著名研究,就是"皮格马利翁效应"[14]。罗森塔尔、雅各布森(R. Rosenthal, L. Jacobson)为探讨教师信念对儿童的影响作用,在美国西海岸的奥克小学做了一个实验。结果发现,教师对儿童能力的"期待"这一思维方式(信念)会在实际上影响儿童学力的形成。研究伊始,对1—6年级儿童实施所谓的"心理学家开发的能预测未来智力发展的测验"。测验后宣布,在各个班级中有5名学生的"智力今后会得到发展",其实这不过是托词,事实上实施的是一般的智力测验,那5名学生不过是随机抽取的。8个月之后,在学年末实施智力测验的结果是,被预测智力发展的儿童,IQ 的得分实际上提升了。低年级学生的发展尤为显著,一二年级学生的实验组 79% 的儿童 IQ 提升了 10 分以上。尽管被说明"智力发展的可能性高"的儿童是随机抽取的,但事实上比之别的儿童有显著的提升。产生了看起来是不可思议的现象,这是怎么回事呢？可以说,在这里,教师拥有的对儿童能力的期待,对儿童自身的学习态度与思维方式的过程产生了影响。

自我成就预言——"自我成就预言"是社会学家墨顿(R. Merton,1968)倡导的概念。比如,应试生在考试当天过度紧张,限制了自己实力的发挥,导致不及格。这意味着预设的信念成为现实。人的行为是在思考之中进行的,经由行为而导致了结果。皮格马利翁也牵涉到这种自我成就预言。[15] 在罗森塔尔、雅各布森的研究中,学期伊始,宣布儿童能力发展的相关信息,据此,教师关于儿童的能力便形成了"这个孩子的智力会发展"的一定的信念。那么,教师对该儿童的影响与指导也可能有所不同。在他们的研究中,关于"为什么会产生这种现象"的机制的实证根据是不足的,也出现了否定其结果的追踪实验。尽管有这些批判,但罗森塔尔与相关研究者对此作出了反驳,主张"皮格马利翁效应"是不容置疑的。教师对儿童能力与属性所拥有的一定的信念会影响儿童学力的发展。——这种冲击性的结果,不仅对心理学,而且对教育学、社会学、统率力研究,都产生了巨大的反响。

教师期待效应研究——教师的期待如何影响学业成绩的呢？布卢罗菲、戈德(J. E. Brophy, L. Good, 1974)收集庞大的课堂观察数据与学习指标,基于质与量的数据,多角度地展开实证性研究,借以弥补"皮格马利翁效应"研究的不足。[16] 他们在这种分析中不仅发现了教师信念的单向影响,而且揭示了实际上产生的教师对儿童形成的期待、通过课堂的种种交互作用得以传递、影响儿童的学习与成绩这一复杂的过程。他们把这种教师期待的影响作用谓之"教师期待效应"。产生"教师期待效应"的机制如下：

1. 教师形成对儿童的"期待"——在课堂观察与课堂评价中,教师理解并评价儿童的学习状况,也触及过去达成度的信息与测验成绩的信息。不仅在学习方面,而且

在人品与人格方面形成一定的期待。

2. "期待"影响教师的指导与作用——基于形成的期待,教师对儿童作出指导与影响作用。我们可从教师的期待不同,发现教师行为的差异:对期待高的学生呈现更多的表扬、暗示与给出线索的倾向;对期待低的儿童,呈现更多的批评与不当反馈的倾向。

3. 儿童接纳教师指导与影响作用的意涵——儿童对教师的行为特别敏感,包括把握教师行为对自身的期待与评价性信息。

4. 教师"期待"的认知影响儿童的动机作用与学业成绩——儿童作出因应教师期待的态度与行为。被视为"不抱期待"的儿童,即便热心学习,也不过是"无用功"。

5. 教师因应儿童的达成状况而更新信念——儿童的学习态度与成绩信息,对教师而言成为更新儿童信念的依据。在有的场合可能造成"期待"塑造"教师行为",而"教师行为"又反过来确证"期待"这样一种循环。

在课堂中师生之间长时间的接触,展开学习与生活方面的观察与评价。理解儿童、形成印象是教育活动不可或缺的。可以说,深度思考儿童的个性与学习的熟练度,自然会产生某种预设和期待,教师总是带着某种预想与愿望展开课堂教学的。不过,这种预想并不是一成不变的。倘若形成消极的信念,同儿童的关系与班级的创造是不可能如愿以偿的。重要的是,教师敢于反思自身对儿童的认识,不固执己见,灵活地修正对儿童的认识。

四、班级氛围与学校文化

(一)教师"势力资源"与班级氛围

教师"势力资源"——教师通过课堂教学与生活辅导、直接或间接地建构课堂环境,对儿童产生莫大的影响。试考察一下教师的"势力资源"。在课堂教学中儿童倾听教师的教诲,教师也接纳儿童的心声——这种师生关系是不可或缺的。不过,晚近有许多的教师面临"学生不听从教师教导"的烦恼。对学生而言,或许会想:"为什么在学校里要听从教师的教导?"在社会心理学中有"势力资源"的术语。这里所谓的"势力"是指,某人对他人作出的影响,构成其理由与原因者,即"势力资源"。教师拥有特定"势力"的影响,基于学生倾听教师的指导、积极地组织班级活动的缘由,谓之教师的"势力资源"。日本学者狩野素朗(1990)等人梳理了教师的"势力资源"研究的七个维度,这就是:1.亲近——基于亲近感与被接纳感的势力资源。2.外貌——基于欣赏教师的外在形象的势力资源。3.合理——基于教师合理行为的势力资源。4.开朗——基于教师开朗性格的势力资源。5.惩罚——基于对教师畏惧感的势力资源。6.熟练——基于教师所拥有的专业熟练度的势力资源。7.标杆——基于仿效自己所喜爱人物的势力资源。[17]从这些势力资源与学生的学习动机的关联来看,以小学生为对象分析的结果是:在势力资源中"亲近"的得分最高,学习动机、学习环境评价、团队活动、小组作业、考试应对,以及目标达成能力也高涨;而动辄"惩罚"的场合,上述这些指标的得分均呈低下。教师"势力资源"的认知会影响到学生的学习动机乃至学校生活的适应等种种侧面。教师了解自身拥有的势力资源,对于发挥有效的教学策略与领导力是十分重要的。

班级氛围——"班级"是基于师生双方的影响而形成的社会场域,拥有每一个班级特有的氛围。由于不同的成员以及教师的个性、师生之间的交互作用,班级的特征是各不相同的。这种班级气氛谓之"班级氛围"(Classroom Climate)。特里凯特、莫斯(E. J. Trickett, R. H. Moss, 1973)测定,"班级氛围"是一种多维结构的概念,由九种要素构成:1.参与,2.亲和,3.支持,4.课题取向,5.竞争,6.秩序与组织,7.明确的规则,8.教师的控制,9.革新性。[18]日本学者伊藤亚矢子、松井仁(2001)开发了用于评价"班级氛围"的共计57项、8个类型的下位概念组成的量规,由参与班级活动、学生之间的亲密性、学习的取向及课堂纪律等反映"班级氛围"的重要侧面与内容组成。

(二)教师专业性的提升与学校文化

作为"反思性实践家"的教师——社会期待于教师的"专业性"是什么?那就是,教师必须具备种种的专业素养,诸如洞察儿童、教学能手、能适切地回应家长的需求,等等。围绕何谓教师的"专业性"问题,是难以简单地作答的。不过,美国教育家、哲学家舍恩(D. Schon, 1983)倡导的一个重要视点是,"反思性教学实践家"这样一个专业性概念,引起了国际教育界的高度评价。[19]在舍恩看来,专家有两种类型:一是基于技术合理性的专家(诸如工程学、医学方面的专家),运用基于专业技术、系统的知识与发展来解决课题的职务。二是福利、护理、教育等专门职业,依存于其实践、同情境的对话来完成任务的专门职业。适切地把握时刻变化的情境、施加影响作用,进而观察其反应与结果,反思自身的行为。舍恩把它称之为"行为中的反思",并把它置于"反思性实践家"这一概念的核心。即便是同一年级、同一单元,儿童的反应是各式各样的:有对提问立刻作出反应的,也有默不作声的。前后排坐着的儿童之间的切磋、班级的氛围,在不同时刻是大相径庭、不断变化的。这就要求教师拥有在各个独特的对象与情境中践行实践的同时作出反思、激活下一步实践活动的能力。

为了自律性的背景氛围与学校文化——不仅从"班级"层面,也可从"学校"层面来进行思考。在学校中有各式各样的风土与特质,学校成员共享的行为方式与生活方式的总体,称之为"学校文化"。不管学校教育的哪一个阶段,每一所学校都有其各自的历史与特质,拥有其孕育的学校文化。学校文化对教职员工、学生及其之间的关系影响极大。在当今时代,培育学生的主体性是建构学校文化与班级氛围所要求的。那么,儿童作为学习的主人公的自律性的班级氛围与学习文化的创造,需要什么条件呢?这就是,不仅需要每一个教师的拼搏,而且需要教育的相关利益者的参与,发挥各自的作用。儿童成长的所在社区与家长理解学校并适当地参与,也是重要的。

参考文献

【1】【4】樱井茂男.最新教育心理学[M].东京:图书文化,2017:178,178-180.
【2】【13】辻川典文,等.简明社会心理学[M].东京:科学社,2020:130,159-161.

【3】【11】田爪宏二.教育心理学[M].京都:智慧女神书房,2018:116,113-114.

【5】约翰·哈蒂,等.集体效能:培育自立的相互依存的学习者[M].原田信之,译.京都:北大路书房,2023:200.

【6】坂上裕子,山口智子,林创,中间玲子.从问题开始的发展心理学:终身发展心理学[M].东京:有斐阁,2014:105-106.

【7】中谷素之,平石贤二,高井次郎.学习—养育—扶持心理学[M].名古屋:名古屋大学出版会,2024:83-86.

【8】【9】【10】【14】【15】【16】【18】中谷素之,中山留美子,町岳.教育心理学:从日常事件到教学实践[M].东京:有斐阁,2022:162,163,179,180,181,188.

【12】今井芳昭.团队与领导力的心理学[M].东京:应庆义塾大学出版会,2023:50.

【17】神田贵昭,桥本宪尚.教育心理学[M].京都:智慧女神书房,2019:205-206.

【19】钟启泉.解码教育[M].上海:华东师范大学出版社,2020:218.

教学革新

第十五讲 人格成长:"积极心理学"的视点

金钱买不到幸福。幸福感与金钱有相关关系,但金钱不是幸福的决定性因素。那么,幸福感的决定性因素究竟是什么呢?——这就是"积极心理学"(Positive Psychology)研究的课题。"积极心理学"是20世纪末出现的、以积极心态来解读各种心理现象的一个新兴的心理学分支,旨在研究人类个体的发展潜力与美德等积极品性,倡导通过培育积极的情感体验、积极的个人品性、积极的团队(环境),促进每一个人的成长与成功。本讲梳理"积极心理学"围绕"人格成长"的若干视点。

一、塞利格曼(M.Seligman)的"幸福公式"

"积极心理学"是宾夕法尼亚大学心理学教授塞利格曼(M. Seligman, 1998)倡导的一个崭新的心理学研究领域。1998年,塞利格曼以历代最高得票数当选美国心理学会会长,众望所归(注1)。他在就任演说中倡导未来心理学的两个研究方向:一是关注"民族纷争"(共同体的瓦解、难民潮)带来的精神疾患的诊疗;二是推进"积极心理学"。在他看来,战后的心理学主要集中在如何从精神疾患中恢复过来。其实在50年前至少有14种精神疾患无法治愈,如今有了适当的治疗方法。精神疾患的治疗无疑具有莫大意义,但并非心理学研究的全部,心理学需要"为卓越人生指引方向"。塞利格曼由此界定了"积极心理学"研究的主题——"真实的幸福",而判断幸福的标准是"人生满足度"。因此,塞利格曼主张心理学的目标是"拓展人生满足度",并倡导著名的理论——"幸福公式"[1]。

・幸福公式:$H=S+C+V$

公式极其简洁。H表示"幸福"(Happiness,"持续幸福"的水准),S表示"先天的遗传基因"(Set Range,"人天生具有的幸福的范围"),C表示"后天的生活环境"(Circumstances,"人所处的生活环境",包括家庭、友人、同僚、社区共同体),V表示"基于意志的活动"(Voluntary Activities,"可自主控制的因素"或"心理力量")。因此,或可用如下公式作出更明晰的表达:

- **幸福公式:幸福＝基因＋环境＋心力**

在幸福公式中构成"幸福"的各个要素的大体比例是:S＝50%,C＝10%,V＝40%,合计100%。据此,亦可表达为如下的公式:

- **幸福公式:幸福＝S(50%)＋C(10%)＋V(40%)**

不过,试冷静地思考一下,能断定构成"幸福"的要素就是SCV吗？即便假定"幸福"可以分解为三个要素,各个要素的比例(50%、10%、40%)也是存疑的。S是遗传基因的规定值,是先天决定的。50%的是从同卵双生子与异卵双生子的研究中得出的结论。围绕10%的生活环境的决定因素也有过讨论,有人主张这个数值应当更高一些,比如占25%。另外,"幸福的"测定是否靠"S—C—V"这三种截然不同要素的相加便可成立,亦是一个疑问。姑且撇开这些问题不说,有一点是毫无疑问的:谁都不想步入不幸福的人生。既然"基因"是不可改变的,"环境"也是难以改变的,那么,为了求得卓越的人生,相当于V的"基于意志的活动"(40%)是不可或缺的。尽管有"遗传"与"环境"的制约条件,聚焦"基于意志的活动"、指向"卓越人生的建构",便成为"积极心理学"的基本立场。

"积极心理学"以"幸福"作为课题、以"人生满足度"作为评价标准,"拓展人生满足度"便是"积极心理学"的目的。然而,所谓"人生满足度"往往易受刹那间的氛围所左右。因此,塞利格曼(M,Seligman,2011)提出了由若干相互关联的要素构成的"幸福模型"(PERMA):P——Postive Emotion,积极的情感,E——Engagement,全身心投入,R——Relationship,正向人际关系,M——Meaning,有意义的生存方式,A——Accomplishment,成就感(成功感)[2]。"积极心理学的目的"并不在于"快乐的人生＝寻求快乐的人生"的实现,而是指向"最大限度地发挥人的潜能＝有意义的人生"。"积极心理学"中的"积极"意味着"向前看""乐观性""建设性"的心态,而"积极的情感"可以理解为"向前看""乐观性""建设性"的心态中持有的情感。这种情感包括:喜悦、感恩、安乐、兴趣、希望、自豪、愉快、鼓舞、敬畏、友爱、欢乐、感动,等等。求得"真实的幸

福"的最大关键在于"积极的思维方式与行为范式"。

积极心理学主张,"求得有意义的人生是人类的本质诉求"[3]。那么,"有意义的人生"究竟意味着什么呢[4]?

其一,"有意义的人生"同人们自身的心理特质息息相关。诸多研究表明,人生意义的高度同人们的幸福感、喜悦、活力、能量、乐观性、满足感、生活品质及其满足度相关。所有这些,甚至是可预测的。

其二,"有意义的人生"同人际关系与自我肯定感息息相关。另一些主要研究领域则聚焦自尊心、自我成长、自我感觉在人生的意义中所发挥的作用。人生意义水准高的人,拥有自信,有助于活跃更好的、充满爱意的人际关系。

其三,"有意义的人生"同面对逆境善于搏斗息息相关。人生意义水准高的人,永不疲倦、能有效地应对艰难困苦。在战胜逆境之后,感悟到自我成长的倾向特别高。

其四,"有意义人生"同良好的健康状态息息相关。人生意义水准高的人,不仅感受到身体的健康,而且显示出种种的健康指标。诸如,适当的营养与饮食、持之以恒的体育活动、药物摄入的控制、保健护理的意识,等等。

其五,"有意义的人生"同漫长的人生息息相关。诸多研究表明,基于收入、抑郁、生理缺陷、慢性疾病等是同缩短寿命的相关因素,同时也发现,人生意义水准高的人显示出长寿的倾向。

二、人格成长的关键词:积极心态

(一) 发现优势

认识自身的优势——若问"你的优势是什么"? "对你而言,什么是最重要的"? ——一般人或许难以立刻作答,或许会吞吞吐吐,什么也回答不了。然而,正如亚里士多德(Aristotle)所说:"认识自己是一切英知的开端。"牢牢地把握你自身、理解自身的优势与价值观,对你的健康与人生的成功是极其重要的。不认识自身的优势就难以发展自己：或者裹足不前；或者逞强施威；或者优柔寡断。研究表明，唯有发现自身的优势才能出色地作出自我理解、行动与决断。问题在于，怎样才能把握这一点。这就需要回答如下三个问题：发现自己的性格；界定自己的核心价值观；认识怎样利用自身的优势与价值观才能获得自身的发展。

性格优势与能力优势——人们常会提起"发挥你的优势"的口头禅。比如，当你专注于自己的性格优势（善良、希望、勇气）之际；当你专注于极具代表性的积极特质，诸如能力优势、才能（绝对音感、空间推理之类的天赋才能）之际，就能发挥自己的优势。"性格优势"与"能力优势"这两个方面都是重要的，这里聚焦"性格优势"作一些讨论。"性格优势"是反映人的"思维、心境、希望"的特质。一个人发挥自身的优势就能使自己得到成长与发展，带来远远优于传统的一味克服弱点的成果。彼德森、塞利格曼（C. Peterson, M. E. P. Seligman, 2004）在大约 20 年前开发了 VIA（Values in Action）——24 种性格优势与 6 种美德。[5] 亦即道德哲学家与宗教思想家所界定的赋予价值的"核心德性"：睿智、勇气、人道、正义、节制、卓越。这些价值观是世界共通的普适的文化，是同人们的成就息息相关的性格优势。比如"勇气"或许是借助勇敢、毅力、诚实、热情的组合达成的。只要组合了六种美德中的一两个优势，就会形成优异的性格。表 15-1 列举了这些美德的优势。

表 15-1　美德与性格优势

睿智	勇气	人道	正义	节制	卓越
好奇心	勇敢	善良	公正	宽容	审美
向学心	毅力	爱	公平	谨慎	感恩
开放性思维	诚实	社交力	领导力	谦逊	希望
洞察力	热忱			自律	幽默
创造性					信仰

资料出处：克里斯蒂安·纽沃堡，等.积极心理学入门：把握自我成长的关键[M].西垣悦代，保井俊之，扎野顺，主译.京都：智慧女神书房，2023：23.

发挥自身的优势——当人们认识了美德与性格的索引,就能发现自己的个人优势、中等优势和可控优势了。[6]所谓"个人优势"是指,构成一个人的核心的、在最佳状态时自然流露出来的品质。一般而言,"个人优势"会在人生的所有侧面发挥出来。在这一点上,有别于在特定情境与领域中发挥出来的"中等优势"。所谓"中等优势"是指,比如学习的时候在人际关系中发挥出来的、但不是经常发挥的品质。"中等优势"往往同"个人优势"相结合而得以激活。比如,"向学心"是你的个人优势,那么,"好奇心"就可以说是"中等优势"。"好奇心"是在你想要学习新的知识,在提出质疑、探讨新的答案之际发挥作用的。所谓"可控优势"是处于优势索引下位的五种品质。这些品质并非弱小,而是在别的优势之下并未自然地获得激活。要发挥"可控优势"就得付出格外的能量与努力。不过,同"中等优势"一样,"可控优势"是可以通过有意识地锻炼来获得的。比如,在馈送物品、帮助他人之际,运用自己"个人优势"的"善良",就可以提升作为"可控优势"的"感恩";或者倘若你的"可控优势"是"毅力",那么,在寻求某种有意义的目标之际就能有意识地运用它,当陷入困境时持续运用"毅力"就是一种解决方法。

(二) 怀抱希望

希望:学术依据——"希望"往往被人误解为"虚无缥缈"抑或是"盲目的乐观主义",但这是错误的。可以断言的一点是,"希望"绝非像坐在看台上观看球赛那样轻松自如。诸多研究表明,"希望"事实上更多的是伴随着脚踏实地的行动。"希望"是同想要达成的具体目标息息相关的,并非单纯地憧憬未来而已。这种泛化的想法是"乐观主义"的一种反映,而"希望"是决然有别于这个概念的。不错,无论"乐观主义"还是"希望"两者都包含了对美好未来的期待。不过,"乐观主义"未必反映了人们拥有创造未来的能力。因此,"乐观主义"被视为同作为个人几乎不能控制的领域相关。比之"乐观主义","希望"则是聚焦于自身能做什么、为实现目标必须率先行动起来。当今提供的学术依据是,拥有了"希望"才能产生驱动力、积极地进取。关于"希望理论",在多个领域存在各式各样的不同的概念。在以往40年间,斯纳德、哈里斯(C. R. Snyder,

C. Harris,1991)倡导的"希望理论"得到普遍认同。[7]"希望理论"是在"人们面向目标的实现而付诸行动"这一认识的基础上建构起来的。在"希望"的概念中突出了在其实施阶段作出尽善尽美的努力的思维方式。因此,所谓"希望"是从相信自己有能力去实现所期望的目标,发展为拓展(提升)动机的状态,常伴随着行动规划。

希望的公式——换言之,可以归纳为如下的公式:希望=意志力+规划力[8]。"希望"持有的意志力,借助向目标的进击、即便在困难情境中也顽强拼搏这一个感受而得以增强。"希望"高涨的人不仅不惧艰难困苦,而且越发砥砺前行,意志力反而得到提升。不过,光有意志力是不够的,还得有旨在实现目标的"规划力"——思考明确的战略与种种的方法,提供多视角地思考如何发挥创造力;如何充分利用实现目标的必要资源。这是在朝向目标的征途中克服重重障碍的关键。通过"意志力"加上"规划力",就能积蓄朝向目标的能量,作出及时而灵活的决策。学生的应对能力增强了,促进变化与成长也就有了可能。"希望"可以带来积极的效果,因此可以把"希望"的价值作为一种资源来看待。根据"资源保护理论"(COR, Conservation of Resources Theory),适当的个人资源,诸如拥有技能与社会网络、自由支配的时间,等等,可以提升其自身的意志力。"希望"本身是一种心理资源,有助于促进其他资源的获得(注2)。

三、人格成长的关键词:坚毅性格

(一) 专心致志

认准目标——人们该怎样做才能实现所期望的目标呢?在这个问题中包含了两个要素:选择与梦想。就"选择"而言,谁都拥有选择对自己真正有意义的东西的权利;就"梦想"而言,有一句谚语说得好,"无目标的梦想不过是一厢情愿,无计划的目标只能是一个梦想"。单纯地希望什么是远远不够的。一个人可从"过去—现在—未来"的时间轴来思考自身。人们思考自己在现在与未来寻求什么、期待什么,制订实现梦想的计划,行动起来。一个人拥有了目标、才能直面选择自己人生的方向、掌控走向未来之路。进而有助于理解自己的思考、情感与行为。这里梳理一下有关目标设定、目标达成的理论研究。包括：分析种种类型的目标；理解支撑目标达成的要素；探讨有关目标设定与目标达成的不同视点；学会掌握设定目标、提升动机的策略。

千里之行始于足下——通常"目标"被定义为目的或者称心的结果。不过，研究者们用不同的方法来界定目标，围绕个人的项目展开了包括从"一直像礼拜二那样轻松"到"终身追求的雄心壮志"的种种行为的研究。埃蒙斯（R. A. Emmons，1992）把"广泛、抽象、拓展的方法"设定目标者称之为"高阶奋斗者"，而用"具体、特定、浅层次的话语"确立目标者称之为"低阶奋斗者"[9]。这就是说，并不是所有目标都是相等的。一部分研究者把"目标"分成三大范畴，即行动、成果、学习。"成果目标"与其说是达成结果的必要的行动，不如说重点被置于结果与成果。比如，取得化学考试最高分是"成果目标"，因而排除来自外界的干扰，专心致志上好课就是"行动目标"。这些目标的范畴为什么重要呢？其理由是，因为"目标"是你（对结果、行动、学习）专注的焦点，这种专注也会进一步影响到你的感悟方式与动机水准。"目标"是我们日常生活的一部分，我们大多基于三个范畴设定目标：1. 具体的水准。从非常具体的行为（比如，每天吃五盘蔬菜与水果）到比较一般的行为（比如，践行健康的生活方式）。2. 时机。从短期（比如，每天跑步30分钟）到中长期（比如，明年参加马拉松赛）。在此例中短期目标支撑长期目标，两者均重要。3. 或趋或避（趋健康、避疾病）。衡量"目标"大体能实现的一个重大判断标准是，持续努力。根据"意图变化理论"的解释是，"我们一旦界定了理想的远景与目的，就能转换为学习的课题"。

从宏愿到现实——一旦设定了理想的远景，就得讲究持续的努力。接着的一个问题是，还有别的什么有助于实现目标的因素？基于数十年的研究与调查，根据"目标设定理论"，一个人实现有适当难度的具体目标的可能性，比实现简单的漠然的目标更大。这是因为，为了实现有难度的目标就得付出更多的能量与努力。其他的重要因素是：受目标的规约；拥有实现目标的能力；获得有关进展情况的反馈。当一个人受目标的规约、拥有实现目标所必需的能力、只要没有彼此冲突的目标，那么，目标难易度与课题达成度之间就会呈正相关关系。对自身能力的"信念"是重要的范畴。正如谚语"不管行不行,你总是对的"所表明的,信念引领行动、影响结果。根据"自我效能理论",越是自信能做什么,就越是能采取实现目标的行动。其结果是,减轻目标实现的难度。你的目标能否实现,大多取决于拥有怎样的心态。事实上,我们每一个人都拥有德韦克(C. S. Dweck, 2017)所界定的两种心态——"固定心态"与"成长心态",它们在整个人生旅程中是发展和变化着的。[10]

迈出"一小步"的力量与持续的能量——提升"自我效能感"的方法之一是,在指向目标的旅途中收获胜利。倘若目标超大、超复杂,为实现达成目标的可能性就得把它分割成若干子课题。就是说,当你想攀登高峰时可设定种种的下位目标。关于"行动"的研究表明,通过聚焦更细微的行动是同长期的巨大变化相关的。微小的行动是你的伙伴。别忘了,在日常生活中提升自信与主观幸福感。那么,什么是驱动你采取行动的需求呢?答案就在你自己身上。根据"自我决定论"的研究,驱动个体自主性三种基本的心理需求是:自律性、素养、关系。与此同时,也有支撑人们主观幸福感的心理需求。这里所谓的"自律性"是认识到自己有选择的自由;所谓"素养"是相信自己能出色地完成课题;"关系"是感受到同他人的关联。"自我决定论"关注的是选择怎样(无论是内在需求还是外在需求)的目标。"外在动机"同地位、金钱、奖励之类的外在奖励相关;而"内在动机"同更高阶的主观幸福感乃至自律性以及成果相关。研究表明,伴有显著的外在目标(财富、形象、名声)的追求,比之伴有显著的内在目标的追求,同精神健康的恶化呈强烈的相关关系。一个人在设定种种类型的所有目标中,恐怕两种动机都会发生作用。在这种情形下,重要的是别忘记,激发内在动机是把握充实人生的一个关键。[11]

自我调节——再来看看受人的内在动机支配的目标。根据研究,选择"自我调节"(Self-Concordant)目标(亦即自己的兴趣爱好、价值观与全局性的目标)的人,更容易达成目标,也更容易体验"主观幸福感"的提升。谢尔顿、埃利奥特(K. M. Sheldon, A. J. Elliot, 1999)[12]的三个追踪研究显示,人在面向自我调节的目标时会进步更快,自我调节目标的实现是同主观幸福感的提升息息相关的。这是因为,为实现自我调节的目标,需要付出更持久的努力。另外,目标一旦实现,就会感受到主观幸福感的提升所不可或缺的自律性、素养与关系的经验。这种观点——同当事者重要的需求相互一致的目标设定是最有效的,也受到"意图变化理论"的支撑。这个理论进一步阐明,通过同理想的自我的链接,从而开始有意识的变化的时候,其变化的过程需要基于内在动机、个人的热情与共情,以及对可能性的信念。持续的变化受远景的推动,带来的专注精神、人的生理与心理的能量,从而促进变化的。

把握主导权——自己的目标、宏图一旦同自己的价值观合拍,就能产生愉悦的心情。不过,或许有时会有左右为难的时刻。这种情绪会剥夺力量,使得自己追求目标的动机低落。在心理学中有谓之"控制点"概念的研究,被界定为人们对控制的概括化的认知。"自我效能感"是同能获得成功的信念相关的,"控制点"是指人们对特定状况中所感到的能控制的程度,亦即指个体认识到控制其行为结果的力量源泉。倘若这种力量源泉来自学习者外部,称为"外部控制点";倘若来自学习者内部,称为"内部控制点"。具有外部控制特征的学习者认为,自己的行为结果是受机会、运气、命运、权威人士等外部力量的控制,自己是无能为力的,缺乏自我信念;具有内部控制特征的学习者则有强烈的自我信念,认为自己所从事的活动及其结果是自身内部因素决定的,自己的能量和自己所做的努力能控制事态的发展。在全体人群中极端的外部控制者与极端的内部控制者只是少数,大多介于两者之间。

(二)随机应变

同"逆境"对应的心理学概念——"随机应变"这一成语出自后晋刘昫等撰《旧唐书·郭孝格传》,意思是"随着情况的变化,灵活机动地应对"。对大多数人而言,人生是美好的山峰与困难的低谷并存的,其间有着愉悦的阶段,也会直面各式各样的困境。之所以有"处变不惊"的说法,是因为"逆境"并不是预先有所准备的。在许多场合,这就是逆境的本质。因而要有面对逆境的准备。不过,当你陷入困境时,或许周边有诸多可能帮助你的资源;或许你会认识到,在严酷的逆境体验之后可能会产生积极的变化。围绕如何准备好直面逆境的问题,有各式各样的视点。可以说,起码有两个心理学概念是针对此问题的,这就是"心理弹性"(Resilience)与"创伤后成长"(Post-Traumatic Growth: PTG)[13]。在心理学中"心理弹性"被定义为"同积极的适应相链接的逆境的前、中、后的动态过程"。就是说,"心理弹性"在某种时候是直面逆境、处变不惊的能力;是能比较快地从轻微障碍中摆脱策略的复原力;而在大多数场合则是以某种形态强化的方式、能随机应变的能力。人们每每会直面从根本上纠正人生与人生观的现实状态,这样的事态往往会粉碎人们关于自身与世界的惯性思维、因而不免受到心理上的创伤。然而即便是这种严酷的体验,有时也会带来变革人生观的成长。这种现象谓之"创伤后成长",多从其过程与结果两个方面加以把握。PTG 被定义为"人生中极其艰难状况下不懈奋斗的产物——积极的心理变化的体验"。一般可从行为取向与身心(亦即从人的思维方式与行为乃至身心状态)两个侧面来把握这些变化。众所周知,德国哲学家尼采(F. W. Nietzsche)有句名言:"但凡不能杀死你的,终将使你更强大。"或许你听说过"平静的大海无法造就卓越的水手";或许还听说过励志的诗句——"梅花香自苦寒来",等等。当你面对逆境的时候,倘若难以接受诸如此类的谚语,或许就会受到心理创伤。

"地震"与"树木"的隐喻——在结合"心理弹性"来界定"逆境"的场合,研究者之间至今并无明确一致的见解,从日常小小的挫折到重大的有害现象,充斥在日常生活中。不过,大体获得普遍认同的一个见解是,我们对"逆境"的主观链接,就是这种定义的本质要素。换言之,对本人而言是强烈的重压,对别人而言或许是少许的不悦而已。关键在于你对状况的评价:在这里发生了什么? 如何面对这种状况? 有面对这种状况的资源吗? 过去的经验也是重要的。当课题伊始就失败的时候;就业之初就被解聘的时候,大凡起初的所有经验都是不曾经历过的、冲击性的。因此,倘若夸大评价这种事情的严重性、感到解决此类问题的资源不足,或许会高估这种影响的广度。PTG 中的逆境与心理创伤是极其重大的挑战性的、改变人生的事件。这种事件给予个人的世界观与机能会产生地震般的影响。"地震"的隐喻就是用来说明心理创伤是撼动其人的世界观基础的要素,包括客观侧面与主观侧面。[14]定义"心理弹性"有种种方法,"树木"的隐喻就是一例[15]。一是,一些树木随着风飘荡、扭曲,立马回归原位。这种类型的弹性往往被称为"复原力"。二是,也有在暴风中巍然屹立的树木。这种类型的弹性谓之"抗压弹性"。三是,还有在暴风中弯曲、适应的树木,不再回归原位,而是顺势生长。这种弹性被定义为类似于带来"恢复与积极成长"的PTG的定义。有时,针锋相对也是一种选择,有助于度过困难的时刻。不过,倘若长期持续会导致筋疲力尽。所以在诸多场合,需要审时度势、随机应变,这才是明智的方法。

PTG:希望之光——"创伤后成长"这一术语,是泰德斯基、卡尔霍恩(R. G. Tedeschi, L. G. Calhoun, 1995)在《创伤与转变:在痛苦的余波中成长》中倡导的,系指个体在与重大危机进行抗争之后表现出来的积极的心理变化,发展出更高的适应水平与心理功能。这种积极的变化,发现了以往自己的适应水准与心理机能,超越了人生的认识。对个人而言,是名副其实的变革,意味着自身的成长。而今,在经历了重大危机之后经验到的变化,可以视为认知的、行为的、情感的,乃至生物学的积极的变化,这也是在人际关系中人们如何看待自己的人生哲学的见证。重要的一点是,这并不是从危机本身产生的。确切地说,PTG是在同心理创伤的后遗症抗争的过程中发展起来的。面对丧失、接受现实、产生新的洞察,需要花费多年的努力。PTG并不是危机出现之后立即作出的反应与变化。渐进的变化是长期展开的旅程的一部分,在培育成长的过程中要求"思考—感悟—行动"的新的方略。这是因为,这种人一般是不容许"走回头路"的。从某种意义上说,报告PTG的意味着超越此前的功能水准。成长体验表明,他们大体是以以下的课题展开的:感恩人生;顽强搏斗;建构同他人的关系、新的可能性;心灵的感悟;对身体的新发现,等等。尽管如此,危机之后实现的成长,同其自身一样,是独一无二的。约瑟夫(S. Joseph, 2012)[16]用"花瓶"的隐喻来说明危机后的成长:"我们的人生就像宝贵的花瓶被打翻时的样子。"花瓶可能受激烈冲击而粉碎,也可能完全得以修复。恐怕会看出若干裂缝,但花瓶是不变的。经过修复或许会更加强固,不过,倘若受强烈冲击也可能粉身碎骨,这样就不可能恢复到原先的形态了。然而假以时日,或可利用这些残骸,制作出像莫扎特名画那样独一无二的画作。

上面梳理了若干积极心理学的若干研究成果。"积极心理学"旨在研究人类个体的发展潜力与美德等积极品性,倡导通过培育积极的情感体验,促进每一个人的成长与成功。那么,怎样才能把"积极心理学"的知识应用于自己的现实生活与教学实践之中呢?那就是"付诸行动"。

远景——研究显示,远景有助于提升动机,是目标实现必经路程。远景一旦形成,就可以考虑长期目标(一年以上)、短期与中期目标(此后12个月之内)。

目标——制定目标的基本原则是SMART[17]。就是说,制定"具体的"(Specific)、"可测量"(Measurable)、"可实施"(Achievable)、"相关的"(Relevant)、"有时限"(Time-Bound)的目标。

行为变化与习惯——根据斯坦福行为设计研究所(Stanford Behavior Design Lab, 2020)的研究,发生行为变化同时需要三个要素,可写成公式:B=MAP[18]。在这里,B是"行为"(Behaviour),M是"动机"(Motivation),A是"能力"(Ability),P是"契机"(Prompt)。就是说,行为必须有作出行为的"动机"与"能力",以及付诸行为的"契机"才能发生,而求得行为变化的最佳方法,就是从培育"点滴的习惯"做起,持之以恒。

斯坦福大学马洛夫教授(M. Maloof, 2023)说,坎贝尔(J. Campbell)的"英雄之旅"(Heros Journey)是我们每一个人敢于直面人生、敢于冒险,从而战胜苦难、磨砺智慧,最终发现人生意义的一种比喻。[19]只要我们明确了目标,向着目标的实现迈出一步,就是冒险的开始。因此,需要作出一连串的提问[20]:你希望什么?你想何时实现?为什么有这种梦想?倘若实现了梦想,你将成为怎样一种人?实现梦想的成本有多大?未实现梦想的成本有多大?倘若实现了梦想,作何感想(试描述一下)?倘若未实现梦想,作何感想(试描述一下)?真正的目标是什么?它不是社会强加的目标,也不是基于他人所设想的自己、性别与职业的、来自他人期待所强加的目标。倘若排除他人的束缚,你到底想做些什么?——"积极心理学"的最高使命是"自我实现",亦即最大限度地挖掘每一个人自身的潜能。"当一个人发挥自身的优势、借助有价值的活动、为社会作出贡献的时候,就会感悟到自己的人生是幸福的人生。"[21]

注释

注1

"幸福"与"有意义人生"——这是古希腊罗马时代哲学家的主要论题,苏格拉底(Socrates)就是一个代表人物。苏格拉底认为,人皆有做善事的欲望、当善人的行为。不过,每个人所想象的善事未必同人世间的需求相一致。倘能达成一致,人便可从中发现幸福。这就必须优化自身的灵魂。谓之"德性"的品格,尤其是"德性"中的"智慧""节制""勇气""公正",受到重视。柏拉图(Plato)以苏格拉底为师,对思考世界之根本原理的传统哲学抱有疑问。人之所以思考世界的根本原理是因为,唯有人才能过幸福的人生,亦即至善地生存。这就是作为人的最大需求。人怎样才能至善地生存呢?柏拉图的回答是寻求"真善美"这一事物的最重要本质——这正是柏拉图的"理念论"的基础。柏拉图的弟子亚里士多德(Aristotle)即便同老师的主张根本对立,但也认为幸福的实现是人所不可或缺的。亚里士多德主张,人要幸福地生存,重要的是忠实于"内在的自我"。基于"内在的自我"的生存不是官能性的,而是理性地生存,从而最终获得幸福。亚里士多德用"善魂"的字眼来表征这种幸福,这是同今日"积极心理学"的追求相一致的。

另外,从西方心理学的历史发展来看,在"积极心理学"之前也存在指向"幸福"与"有意义人生"之实现的谱系,这就是人性心理学。人性心理学在20世纪50年代是不满于传统心理学的心理学家发起的心理学新潮流。而发挥其核心作用的,就是人性心理学的创始者马斯洛(A. Maslow)。在第二次世界大战前的心理学有两大潮流:一是行为主义心理学,二是弗洛伊德(S. Freud)的精神分析学。行为主义心理学是美国霍普金斯大学心理学家华生(J. B. Watson)倡导的,旨在客观而科学地研究人的心理。为此,从可以客观地观察的"刺激与反应"入手来分析人类的行为,而马斯洛曾一度是行为主义心理学的狂热信奉者。然而,马斯洛不久对主张人类的一切行为均用"条件作用"来解释的行为主义,持有疑问。最终得出的结论是,行为主义心理学能适用的范围太窄,作为普遍原理有其局限性。再者,马斯洛对弗洛伊德创始的"弗洛伊德精神分析学"也保持着一段距离。他对弗洛伊德聚焦"无意识"的概念满怀敬意。不过,不赞成弗洛伊德把"无意识"视为"邪恶的存在""从无意识产生的需求有悖于文明的价值"的立场。在马斯洛看来,"无意识"未必是邪恶,尽管存在着不健康的"无意识",但也存在着健康的"无意识"。马斯洛倡导的"需求层级"说(通称"马斯洛五阶段需求")的背景就是"健康的无意识"的思维方式。这种"需求层级"包括"生理需求""安全需求""社交需求""尊重需求""自我实现需求",这些需求是人类共同拥有的基本需求,是人在无意识之中产生的,以"无意识"为原动力的这些需求形成层级结构。人类存在从低层次需求获得满足之后再转向更高层次的需求,正是表明了人的成长。因此,从"无意识"是促进人的成长的原动力的意义上说,是极其健康的存在。马斯洛通过自身倡导的"需求层级"说,反映了他对"成长的人""完善的人"抱有巨大的兴趣。这种以"自我实现的人"的研究,得以开花结果,在这一点上也同弗洛伊德的心理学形成了尖锐的对立。弗洛伊德心理学研究的对象是精神患者,亦即"不健康的人"。但并不是所有的人都是不健康的。从这个意义上说,弗洛伊德精神分析学面对的终究不过是一部分人,"健康心理学"应是研究剩下的大部分人的研究领域。据此,以健康的人,特别是优秀的健康的人为代表的"自我实现者"作为研究对象,就是其一大特征。马斯洛说:"如果想了解人类的心智成长、价值成长、道德成长的可能性,那么,去学习最有道德的圣人就可以了……'最健康的人'(或者说,最富于创造性的人、坚毅的人、最聪慧的人、德高望重的圣人)是生物学的试金石。换言之,进步的人作为感受性高的认知者,将使我们这些拥有普通神经的人懂得,什么是最有价值的东西"(中野明. 积极心理学:寻求幸福人生的武器[M]. 东京:アルテ股份公司,2016:33—34)。塞利格曼也倡导同样的主张。实际上,"积极心理学"的用词与马斯洛的用词是如出一辙的,两者之间并没有根本差异。所不同的仅仅是,"积极心理学"强调"旨在最大限度地发挥人类的功能"而展开"科学的研究"。

注 2

希望与自我实现——积极心理学围绕"希望"展开了一系列课题研究,诸如,通过解读"希望"的科学证据,强化拥有"希望"的经验,进而提示培育旨在促进人生成长、繁荣"希望"的战略。"希望"是达成人生目标的支撑;认识"希望"所带来的未开发能源,借以增强动机、毅力、主观幸福感;发现有助于建构创造性、发散性思维的战略;利用"希望"拥有的能量,设计迈向重要目标的路程。"设计'希望'的故事地图"的研究表明,我们每一个人都可以掌握拥抱希望的、建构意志力与规划力的方法。所谓"希望"是牵涉动机作用的动力系统,是借助意志力与规划力的交互作用而产生的。通过描述实现重要目标的路径地图,借以最大限度地释放怀抱希望的能量。这种方法是基于有效地提升旨在培育希望的叙事研究而设计的。这就是借鉴两种手法——洛佩兹(S. J. Lopez, 1575)的"希望地图"与坎贝尔(J. Campbell, 1949)的神话故事原型——"英雄之旅"(Heros Journey),就能像地图那样有效地把变化的过程描绘出来。在威廉姆斯(C. Williams, 2019)设计的演练中,就是要求学习者沿着《迈向希望的指南针》中提示的过程(故事模式),围绕各自要素之间的关联与希望拥有的能源,作出描述。这种地图的描绘并没有唯一的正解,只是在描述之后对提出的问题作答罢了(C. Nieuwerburgh, P. Williiams. 把握自我成长的关键:积极心理学入门[M]. 西垣悦代,等,主译. 京都:智慧女神书房,2023:46—49)。任何一个精彩的故事都无非是为尔后的大探险播下种子。在人生中"孕育希望"的投资,是构筑每一个人成长发展的资源系统的机遇。美国著名神话学家坎贝尔(J. Campbell)通过世界神话的研究,发现了"英雄之旅"的理论模型。所谓"英雄之旅"就是每一个人经受一连串艰难困苦考验的"自我实现的旅程",每一个生命都是一段潜能无限的英雄之旅。我们每一个人都可以修炼自己,成为一个更深层的有再造力的自我,走过人生的"英雄之旅"。

参考文献

【1】【2】【21】中野明.积极心理学:寻求幸福人生的武器[M].东京:アルテ股份公司,2016:23-24,28,81.

【3】【4】【5】【6】【7】【8】【9】【12】【13】【14】【15】【16】【17】【18】克里斯蒂安·纽沃堡,等.把握自我成长的关键:积极心理学入门[M].西垣悦代,等,主译.京都:智慧女神书房,2023:154,156-157,23,24,37,38,52,57,122,124,125,128,61,169.

【10】钟启泉.解码教育[M].上海:华东师范大学出版社,2020:96-98.

【11】樱井茂男.最新教育心理学[M].东京:图书文化社,2017:50-52.

【19】【20】马克·马洛夫.寻求脑与身体的最佳化[M].矢岛麻里子,译.东京:钻石社,2024:400,401-402.

教学革新

结　语

我们需要怎样的教学

基于"核心素养"的教学意味着教学范式的根本转型。象征这种历史性转折的，就是从"教师中心"的同步范式转向"学习者中心"的协同与探究的范式。前者是随着近代国家的形成发展起来的，已有大约150年的历史。不过，自20世纪90年代以来，支撑"同步教学"的根基业已崩溃，世界的学校正在转向适应于后产业社会的"21世纪型的教学"。那么，我国的学校教育要实现这种转型，面临着哪些挑战呢？

一、基于"学生中心"的教学

从"教师中心"的教学转向"学生中心"的教学是时代进步的反映与需求，也是教学认识论演进的必然趋势。这里，梳理一下"教学模型"的历史发展线索[1]，可以印证这一判断。

黏土—制作模型——这种模型把儿童视为"黏土"，儿童是可以借助成人的手随心所欲地塑造的存在。柏拉图（Plato）的《理想国》中关于"教育就是染色"的表述，应当说是率先表达了这种思维方式。著名的行为主义心理学家华生（J. B. Watson, 1919）说："给我一打健康活泼的婴儿，我就可以随意地把他们培育成我想要培育的人——医生、律师、艺术家、大实业家，或者乞丐、小偷，不用管这些孩子父母的才能、嗜好、素养、能力与职业如何。"儿童就像黏土那样具有可塑性。"儿童是可以任意地进行塑造的存在"——即便在现代，这种观点在早期教育中也是屡见不鲜的。

植物—栽培模型——儿童并不是单纯地接受外来影响作用的存在。卢梭（J.

结 语

Rousseau, 1762)在《爱弥儿》一书中借助"植物模型"描述了儿童与儿童的教育。儿童是活生生的,就像植物的种子那样,会发芽生长,不可肆意妄为。他把"教育"比喻为农夫栽培作物。卢梭描述的儿童形象,体现了把儿童视为自然成长的存在的"儿童观",给当时的人们以巨大的冲击,被誉为"儿童的发现"。不过,这种儿童的发现称不上是作为真正的"人"的发现。卢梭主张,人性本善。凭借儿童自身的力量,让其自然地成长就行了。然而实际上,卢梭的爱弥儿是在卢梭慎重的监督指导之下,把他培育成为心目中的理想的市民,即所谓的"自然人"。虽说把儿童视为"活生生的存在"的见解前进了一步,然而,训育儿童的一套做法,依旧未变。

材料—生产模型——"材料—生产模型"以"植物模型"或"黏土模型"的方式出现。在这种模型中浮现出工厂接收材料,加以种种处理的过程。从这种工厂里把儿童加工成制品的儿童观出发,学校与教育体制被视为制造国家建设人才的工厂。在这里,可以看到正在形成的近代国家所期待的学校的作用。学校是偌大的印刷厂,国家作为投资者向每一个国民灌输知识与技术,而学校则发挥着无与伦比的作用,即在儿童这样一张白纸上进行印刷,塑造优秀的产品——国民。

动物—饲养模型——从"材料—生产模型"出发进而产生出更科学地把握"人是怎样一种存在"的需求,这就是"动物—饲养模型"。这种模型基于儿童是自身成长的一种存在,从如何有效地培育儿童出发,关注的是精准刻画儿童成长的具体过程。越是精准地理解儿童的成长过程,就越是能精准地对儿童施教。这个模型出现的时代是19世纪前半叶,近代国家设计义务教育制度、寻求有效地实施学校教育的时期。这也是一个产业革命之后,围绕自然、人类、所有的现象,展开种种科学研究的时期。在这个时期里产生的儿童观就是探讨儿童身心的功能与成长过程的"动物—饲养模型"。动物不同于植物的特征就在于动物自身有感知、有意识、有需求。"动物—饲养模型"不仅关注自发性,而且洞察其需求与知性、经验与学习的多样作用。

人类—援助模型——基于上述历史上发生的儿童观与教育观,以皮亚杰、维果茨基为代表的一大批心理学家倡导旨在儿童真正自立地成长与发展的"人类—援助模型"。这是一种新的"儿童形象"——"儿童自身拥有着怎样的目的,向'善'成长并不取决于家长、教师或什么社会权威人士,而是取决于其自身及力量,是在探索中前行决定的"[2]。这个模型同当今国际教育界的主流思潮——"学生中心"教学是同声相应、同气相求的。"学生中心"教学的核心在于这样一个信念——"人类是以个人的方法来理解信息与经验的。无论是先天的(DNA 的组合)还是后天的(经验),都有着每一个人的独特性,因此每一个人接受事物的方式、感受方式、思维方式是不同的",其特征是"支援所有学习者发挥各自的潜能,使他们的学习得以最大化的唯一方法"[3]。"学生中心"教学同"教师中心"教学形成了鲜明的对照:它不是标准化而是个性化;不是内容配给中心而是学习中心;不是教师主导而是学习者主导(或师生共同主导),因此,不是被动学习,而是能动学习。"学生中心"模型可以归结为两个基本特征:聚焦每一个学习者及其特征,同时也聚焦学与教的最有效的知识。

事实上,杜威(J. Dewey, 1909)早就告诫我们说,"现在我们的教育中正在发生的变革是重心的转移。这是一种变革,一场革命,一场和哥白尼把天体的中心从地球转到太阳那样的革命。在这种情况下,儿童变成了太阳,教育的各种措施围绕着这个中心旋转。儿童是中心,教育的各种措施围绕着他们而旋转起来"[4]。踏踏实实地践行"儿童中心"的教育思想,更多地关注学习科学,特别是教育神经科学关于人类心智的研究成果,在教育大变局之下十分必要。在这方面,赖格卢斯(C. M. Reigeluth, 2017)倡导的"学习者中心"模型的五项基本原理,受到国际教育界的高度评价。

第一,达成度基础型设计。真正意义上的"学习者中心"的教学不是教学进度,而是素质型教育。就是说,气质(态度、价值、道德、伦理)与情感发展的素养尤为重要。因此,这种"达成度基础型设计"必须具备三个要素,即"基于达成度的学习进步""学习者评价""学习者的记录"。

第二,课题中心型设计。为激发学习者的内发性动机,就得以学习者拥有兴趣的、适于其发展阶段的真正适当的协作课题为中心,采用调节、启发与指导三种脚手架。

第三,为使学习最大化,教学的设计就得因材施教。具体地说,旨在实现学习目标而使用的课题的性质、课题实施中提供的脚手架的性质、对学习与课题实施的学习评价的性质、对学习与课题实施的反思的性质,应当因人而异。

第四,师生角色作用的变化。在这里,教师是学习者课题的共同设计者(或共同选择者),是脚手架的提供者,以及可信赖者;学习者的角色必须从"被动地接受指导"转向"能动地自我主导";技术的作用也应从主要是教师的"教的工具"转向学习者的"学的工具"。

第五,学校课程的变革。要实现真正意义上的"学习者中心"就不仅要关注认知的、身体的发展,而且要关注包括情感的、社会的、人格的发展在内的每一个学习者发展的所有重要侧面。普伦斯基(M. Prensky, 2014)倡导从根本上变革现行的学校课程,建构跨学科的课程。以语文、数学、理科、社会为四根支柱的结构,应当变革为"有效思维、有效行动、有效的关系建构、有效达成"的结构。现行学校课程的诸多要素在变革之后亦可教学,但必须重建。比如,在有效思维中除了数学思维、科学思维之外,还得加上批判性思维、问题解决、设计思维、系统思维,以及包括认识自身的能力倾向、优势与劣势在内的自我认知。[5]

二、基于"科学证据"的教学

法国教育神经科学家迪昂(S. Dehaene, 2020)说:"就像医学是以生物学为基础一样,教育领域必须以系统和严格的研究生态为基础,将教师、家长和研究者聚集在一起,不断寻求更有效的、以证据为基础的学习策略"[6]。何谓"科学证据"?在科学世界存在着两个超越人们一般"常识"的常识:一是"科学证据"有强弱之分;二是科学的世界并不是我们想象的那样非黑即白。

构成"科学证据"之本的研究大体分为五类。如果用"科学证据的金字塔"来表达,那么,越处于金字塔上端,"科学证据"的水准越高:1.综合已有研究成果的"多重证据法"。2.随机研究(随机化比较实验)。3.前后比较、准实验(有对照组)、观察研究。4.事例与案例研究。5.处于最底层是"个人经验谈,动物实验与试管研究的见解",其实算不上"科学证据"。作为"科学证据的金字塔"的另一种简约式表达则归结为如下三个层次:一是"观察研究";二是比"观察研究"更可信赖的"随机化比较试验";三是综合已有研究成果的"多重证据法"。处于金字塔最底层是"个人经验谈,不是基于专家的科学证据的见解",其实算不上"科学证据"。其上层是"观察研究",最上层是"随机化比较试验",即"多重证据法"。越是处于金字塔的上端,"科学证据"越强。[7]总之,所谓"科学证据"是表达研究结果的一种术语,其要点是[8]:第一,"科学证据"是借助日常研究积淀而成的,因而有高低强弱之分,亦即存在不同的水准。第二,一般而言,不同的境脉得出的研究成果谓之"科学证据"。所谓"科学证据"指的是运用更严密的方法来加以评价的信息,因而有更高的可靠性。第三,专家或有识者的个人随想、专家会议通报、动物实验与试管试验的数据,作为"科学证据"的质量不高。

基于何种"证据"展开教学,对此问题的回答是随着人们不同的价值观、背景、目标而不同的。显然,我们通过认知心理学的研究,可以明晰"教与学"的因果关系与相关关系、揭示"教与学"的一系列问题,为学校的教育教学工作提供"科学证据"。

关于教学方法的经验性证据——关于教学方法的经验性证据,从刺激老鼠的脑细胞的神经科学研究到师生围绕证言、态度、情感的访谈,各式各样。前者是定量研究,后者是定性研究(以话语为数据收集起来进行大量发现的方法,谓之"混合研究法")。并不是说定量数据比定性数据重要,要理解教育的积极作用,两者都是重要的。比如,要理解课堂中最有效的战略就得进行访谈与问卷调查,并非只有严格控制的实验研究才能给予教学以有效影响的原因。

因果关系与相关关系——理解学习的研究方法多种多样,各有优势。不过,为了揭示因果关系就得进行实验性操作,或者进行随机化比较试验。认知心理学家为了确定教学效果的原因往往会运采用随机化比较试验,不过相关研究不可能得出因果关系。即便有相关关系，也不可能推导出因果关系，别的变量也可能影响到结果。比如，以学生作为对象进行的睡眠与成绩关系的研究表明，睡眠的质量与考试的成绩是相关的，或许可以作出睡眠质量低导致成绩低的结论。但是别的解释也是可能的。比如，因果关系的方向也可能同我们预料的相反。即成绩好了心情放松，所以睡眠好；而成绩坏了引起焦虑，睡眠变坏。或许还有第三个变量，即引起睡眠障碍与学业成绩低下的遗传性因素，其可能性是无限的，相关关系并不是显示睡眠与学业成绩因果关系的结果。相关关系的另一个问题是全然无关的变量之间的偶然相关，谓之"疑似相关"（Spurious Correlations）。

脑、心智、行为——认知心理学聚焦于解释心理作用，神经科学则聚焦于解释脑中发生的现象。认知心理学家在解释"记忆"的时候是借助编码、储存、检索之类的抽象性认知过程，来说明为什么"忘却"或者"记住"的；神经科学家着力于依据脑内的物理性活动、更细致地解释认知过程。认知心理学拥有长期的研究历史，积累了丰富的"人是怎样学习的"数据与见识，便于在课堂教学中运用。可以相信，"儿童是怎样学习的"理解在进展。我们也期待脑神经科学的成果有助于教学的改进。我们至今未能找到直接测定心理过程的技术，于是研究者便通过观察并测定行为来替代心理。从所观察并测定的行为来推测心理观察的学问就是心理学。实际上，认知心理学就是从行为主义的思维方式——旨在观察并测定行为——来认识心智而发展起来的研究领域。由于认知心理学与行为主义持续地测定行为（测验成绩等），基于行为主义心理学的研究在对教学活动提出建议之际，也包含了认知研究。行为主义心理学、认知心理学、神经科学均属于实验系列的学问。不过，认知心理学的研究方法并不仅仅提供关于"什么是有效的"的信息，还有助于接受某种教学方法优于别的方法的理由。

"从实验室到课堂"（Lab to Classroom），作为研究过程的模型也是重要的——并非所有的研究者都在实验室里进行研究，他们也从实验室走向"田野研究"，因而存在不同的研究水准：其一，"基础实验"水准——运用单纯化的实验教材，在实验室里进行识字、无意义单词的实验，研究的背景（场所、环境、状况）是严格控制的、非现实的。其二,"应用实验"水准——使用教育现场不用的信息,进行实验室里的实验(比如,教科书、视听演讲)。参与者不是学习简略化的教材,而是学习同教育相关的教材。其三,"课堂应用实验"水准——使用教育现场所用的教材(信息),在学校的课堂里进行实验(比如变革教学方法),借助教师的帮助,验证现实状态下教学方法的有效性。

传递学习的科学——众多的研究领域有助于理解"人是怎样学习的",认知心理学可以提供有关因果关系的强有力的证据。认知心理学领域最初是在研究室里实施基础研究,然后进行应用研究(提升研究用教材与设定的关联性),最后同课堂里实施的研究链接。我们的科学家在这里并没有止步。为了防止误解与解释的错误,必须超越学术的框架来传递研究成果。当然,至今尚无有关人的学习方法的决定性信息的研究,也有从研究得出的结论同别的研究结果相矛盾的,作出结论并非是轻而易举的事。重要的是,由于"在'理解神经科学'、'脑的基础知识'与'准确理解表达的微妙'之间存在着复杂的关系"[9],我们需要对作为"科学证据"的相关术语有一个准确的理解,同时警惕媒体的相关报道也可能造成对"科学证据"的误读与误解。

"学习科学"是集合了诸多研究领域(诸如认知心理学、神经科学)之科学证据的"科学证据的集合体"。在医学的世界,围绕"疫苗"的使用展开了旷日持久的"基于个人的经验与直觉"还是"基于科学的专业知识"的长期争论。幸运的是争论的结果:重视"科学的专业知识"比重视"个人的经验"更为重要。然而"在学校教育现场,大多数教师不是依赖研究成果,而是凭借个人的直觉","尽管学生与教师的经验在思考教学的策略方面是珍贵的,但是基于经验的直觉并不总是正确的。依赖直觉的结果是,选择错误的教学方法,无视科学根据,形成难以修正的偏见"[10]。拉斯基(E. Laski, 2013)以"认知心理学对数学教学重要性有多大"为题、对美国小学数学教师进行了问卷调查。结果表明,几乎所有的回答都说是重要的。实际上阅读过认知心理学文献资料的回答者却极其罕见。对"为了有助于实践,你阅读认知心理学杂志的频度如何"的问题,回答最多的是"完全没有读过"。从美国教师教育的教科书看,20世纪以来从认知心理学研究得到最大支持的教学方法,几乎被无视了。波默朗斯(L. Pomerance,

2016)的调查表明,在美国教育课程与教师教育的教科书中几乎没有关于有效教学的认知心理学原理的内容。就是意味着,从认知心理学研究得出最多证据的六个教学策略,并没有系统地嵌入课堂中的学习经验。所以,教育心理学家克林杰(F. N. Kerlinger, 1977)在美国教育研究协会大会上对此问题作了演讲。他主张,教育应当关注与解释人是怎样学习的、怎样展开行动的基础研究。我们不仅要关注知觉、注意、记忆之类的基础性的认知过程,而且应当聚焦应用研究。[11]

检视我国的学校教育现实,在认知心理的"研究"与一线教师的"实践"之间同样存在着巨大的鸿沟。由于理论与实践的长期隔绝,学术研究与教学实践的长期隔绝,特别是在课堂教学领域崇尚直觉与经验、造成误读与误解、形成信息茧房与偏见,已是见怪不怪了。这是应试教育的温床、素质教育的大敌。基于"科学证据"探寻教育的真实并付诸实践,是每一个教师的天职,倡导基于"科学证据"的教学是当下我国学校教育面临的挑战。

三、基于"教师学习"的教学

杜威(J. Dewey, 1904)早在一个多世纪之前就指出,教师教育同其他专业(医生、律师)的教育一样,应当从"师徒制教育"变革为"实验室方法"(Laboratory Method)的途径。所谓"实验室方法"也称"知性方法"(Intellectual Method),意味着以"理论与实践相结合"作为专家教育的核心。[12]如今,世界各国的教师教育正在沿着杜威指引的方向变革。

教师形象的转变——作为"技术熟练者"的教师形象大体是在20世纪80年代以前,"如何习得专业知识"受到高度重视。也就是说,教师的学习被视为记忆"学科内容的知识""教学方法的知识""关于学生的知识"。当然,这些知识对于教师而言是重要的,不过,记住这些知识并不可能上好课。比如,在上课之前设想的提问不能发挥作用、出现料想之外的回答;同学之间的矛盾纠纷也时有发生。要为儿童提供更好的学习,就得把握教学实践中的状况,临机应变。而要从日常经验中学习,重要的是在积累经验的同时,反思经验、抽取教学中默会行为的本质,作为经验的知识。荷兰教育学家科萨根(F. A. Korthagen, 2001)把教师从经验中学习的过程界定为 ALACT 模型——(1)Action(行为)(2)Looking back on the action(行为的反思)(3)Awareness of essential aspects(发现本质)(4)Greating alternative methods of action(扩大行为的选项)(5)Trial(尝试)。就是说,不仅是展开教学的实践,而且需要辅以反思实践、提升经验知识的过程,才能实现教师的学习[13]。"21 世纪型的教师不仅是教的专家,而且必须是学的专家","作为学的专家的教师是'反思性教师',不仅教学生,而且意味着'教师自身通过作为学的专家的实践反思与熟深度思考'而持续学习的专家"[14]。

教师学习的特征——学校是教师学习与成长的最有效的场所。作为教师学习的特征可以从三个视点加以把握:"从经验中学习""支援学习的校内境脉""长期的变化过程"。教师通过复杂多样的"教学实践的事实",作为"案例"来学习如何把握教学的状况、如何作出判断与决策的可能性。这里的"案例",按照李·舒尔曼(L. Shulman, 2004)的界定,由四个侧面构成:(1)教师的意图,(2)不得不变更意图与计划的"变化",(3)当下作出的"判断",(4)从该判断及其结果学到了什么的"反思"。这四个侧面都需要有用语言表达的"场域"——教师自身在教学的具体展开中或某种特定的场景中是怎样把握"事件"(料想之外的状况、值得关注的儿童的动作等)的;怎样作出判断与决策;课后又是怎样进行分析的。[15]这个"场域"就是校内的"教学研修"。"教学研修"具有教师学习的效果,表现在如下两点:一是促进教师通过教学直接地学习;二是通过教学研究的同僚之间关系的变化,形成学校中教师之间相互学习的关系。

教师学习共同体——"教师学习共同体"是借助什么形成的呢?佐藤学回答说,在作为专家的学习共同体发挥作用的学校里,在实践的"设计"、实践的"活动"、实践的"反思"、实践的"协作"等场域,教师之间相互学习、共同成长。换言之,教师的学习无非就是教学实践的"设计""活动""反思""协作"的建构与再建构。经验的反思即便个人也可以进行,但借助伙伴与同僚之间的反思,就有可能实现一个人不可能达到的丰富的学习。在学校教育中,无论教师还是学生都需要建构相互学习的共同体。布朗(A. Brown,1996)倡导"学习共同体"的如下原理:1.学生是学习的主体。学生是自己学习的设计者、积极地处理学习的学习者。保障学生积极地尝试学习方略,设计反思自身理解的机会。要求得深度理解也需要相互监督。2.分散化资源与分享—差异的合理化。班级是多样的熟练者的集合,分散拥有的人力资源集合起来得以共享。认识到班级成员拥有各自多样的作用,彼此之间的差异是重要的。每一个人作为某部分的熟练者拥有自身的责任,共同分享。重要的是重视偶然性,重视多样的发展方向与机会。3.对话与协作。借助对话分享知识、展开交流。通过对话,让课堂播下思维的种子,成为交流的场所。4."参与—实践真实的文化活动"的共同体。参与有文化意义的活动超越班级的壁垒,让学生自主选择,展开值得自己探究的学习。5.境脉化学习。明确活动的目的,在行动中思考,反复地反思,使自己作为一个探究者沉潜于想象的世界,相互评价。课程与教学计划随着学习的进展而灵活地变更。随着信息技术的发展,不局限于班级中,而是让在班级之间与专家之间形成超越班级的各种人士相互协作的沟通网络的学习环境,有了现实的可能性。超越封闭性的学习团队,就能提升认知性参与。在成员之间形成思维积累与分享之中,就能形成深度学习,酿造独特的文化。作为积累的知识一旦建构起来,也就能形成学习的故事,产生共同体的学习风格与语汇。[16]

"教师"不是单纯的书本知识的传递者。佐藤学提出,"21世纪的教师应当从'教的专家'转型为'学的专家'"[17],而作为"学的专家"的教师在教学中的作用也在发生着变化。"21世纪型教学"的教师是以三种活动——学习课题的设计、探究与协作的沟通、学习的反思(观察与判断)——为中心展开活动的。就是说,现代学校的教师是学习的设计、沟通与反思的专家"[18]。没有"教师学习"与教师角色的转型,就不可能有真正的课堂转型。

学校需要每一个教师编织"希望"的故事。满怀希望的"教师学习共同体"一旦形成,我们的教育世界一定会变得更加美好。千里之行始于足下。期待一线教师在学校教育的每一个角落里掀起"希望"的涟漪,而这个涟漪或许今天就从你和你所在的团队开始。

参考文献

【1】【2】岩田惠子.学习—发展论[M].东京:玉川大学出版部,2022:2-15,111-115.

【4】杜威.学校与社会[M].赵祥麟,译.北京:人民教育出版社,1994:44.

【3】【5】查尔斯·M·赖格卢斯,等.教学设计的理论与模型:实现学习者中心的教育(第4卷)[M].铃木克明,主译.京都:北大路书房,2020:9-11,15-25.

【6】斯坦尼斯拉斯·迪昂.精准学习[M].周加仙,等,译.杭州:浙江教育出版社,2023:249.

【8】林英惠.健康技术大全[M].东京:钻石社,2023:32-37.39-42.

【7】津川友介.戏剧性地减少疾病概率的健康习惯[M].东京:集英社,2022:218.

【9】【10】【11】Y.韦恩斯坦,等.认知心理学家推荐的最佳学习法[M].山田佑树,校.冈崎善弘,译.东京:东京书籍股份公司,2022:71,47-48,14.

【12】佐藤学.培育作为专家的教师:教师教育改革的宏观设计[M].东京:岩波书店,2015:55.

【13】弗雷德·柯瑟根.教师教育学[M].武田信子,主译.东京:学文社,2010:52-57.

【14】佐藤学.走向课堂与学校的未来:学习的革新[M].东京:小学馆,2023:11-12.

【15】【16】秋田喜代美,藤江康彦.授业研究与学习过程[M].东京:放送大学教育振兴会,2010:232-233,254-256.

【17】【18】佐藤学.培育作为专家的教师:教师教育改革的宏革设计[M].东京:岩波书店,2015:42,82.

后 记

  优质教育的"深度"与"高度"是从教育活动的"温度"开始的,富于人情味的心理学研究及其科学证据,正是支撑"有温度"的教育所不可或缺的元素。从这个意义上说,学校的"教学革新"需要每一个教师从心理学常识起步。然而,长期以来我国教育界在心理学理论与教育实践之间缺乏有效的沟通与交流,同"基于科学证据"的教学愿景相去甚远。具体表现在:其一,我国一线教师大多满足于凭借自身的直觉与经验来展开教学,不讲究"基于科学证据"的教学活动。其二,我国师范院校设置的心理学课程大多满足于"学科逻辑"的叙事,不讲究基于"实践逻辑"的梳理。本书的编撰站在一线教师的立场,旨在以"课堂学习的心理基础"为中心,架起一座沟通心理学与教学实践的桥梁。为此,尝试从两个方面作出努力:一是从夯实教师素养的角度,梳理有代表性(发展心理学、教育心理学、社会心理学)的关键概念,基于"实践逻辑"作出简明扼要的陈述;二是从优化教育实践的角度,反映前沿研究若干进展(诸如,生涯发展论、脑科学见解、可视化学习、积极心理学),并提供有益的教育建议。

  本书分三编十五讲。第一编"认识儿童的发展"(1—4讲),侧重阐述"儿童发展",主要梳理"发展心理学"中各种不同的"发展观",然后从"知、情、意"三个维度,引述公认的概念界定,揭示"生涯发展"的复杂性与"生涯教育"的重要性。第二编"理解学习的过程"(5—11讲),主要归纳"学习心理学"的各种流派及教育神经科学对"学习"的界定,然后从学习动机、认知过程、概念形成、认知风格及今日流行的"社会情感学习"的角度,梳理若干代表性学说与例证。第三编"优化教学的境脉"(12—15讲),主要梳理"社会心理学"中基于学习者的"自我效能"与"集体效能"的"教学革新"的若干方略。引言开宗明义亮明本书的主题——心理学研究的学术积累是"教学革新"不可或缺的科学证据。结语阐述一线教师从"教师中心"的教学转向"学生中心"的教学所面临的挑战性课题。可以相信的一点是,有关教育的心理学知识原本就拥有从理论基础出发、观照教育实践的学术性格。教育实践中的诸多疑问与困惑是可以借助心理学的概念框架,找到问题解决的线索的。一言以蔽之,教育现场的"实践知识"与心理学的"理论知识"并非二元对立,而是相辅相成的。

基于"实践逻辑"的理论陈述是一件极其繁难的工作,主要的挑战在于需要对旨在揭示基本的学习与成长过程的关键概念,作一番确切的转述与阐释。期待本书有助于提升我国中小学教师研修的活动、推进"基于科学证据"的教学实践,也期待广大读者的检验与指点。笔者在编撰过程中得到钟舞美(SHO MAMI)女士的大力帮助。华东师范大学出版社教育心理分社社长彭呈军和责任编辑朱小钗为本书的出版付出了莫大的辛劳,在此谨向他们致以衷心的谢意。

钟启泉教授近期著作集锦

《解码教育》
解码教育症候，开拓教师学习新世界

《教学心理十讲》
洞察儿童心灵，助力课堂转型

《透视课堂：日本授业研究考略》
透视课堂，把握新时代授业研究的脉动

《深度学习》
解构深度学习的"前世今生"，拥抱哥白尼式的变革

《教学设计》
教学设计,激荡教育智慧的旅程

《教学策略》
教学策略,教育技术与艺术的合金

《教学革新:从心理学常识起步》
启迪自我的觉醒,发掘多彩的潜能

《班级经营:创意型班级的营造》
营造创意型班级,哺育个性化成长